Oskar Negt

Die Faust-Karriere

Oskar Negt

DIE FAUST-KARRIERE

Vom verzweifelten Intellektuellen zum
gescheiterten Unternehmer

1. Auflage 2006
Copyright © Steidl Verlag, Göttingen 2006
Alle Rechte vorbehalten
Lektorat: Christa Jordan, Eltville
Umschlaggestaltung: Steidl Design/Claas Möller
Satz, Druck, Bindung:
Steidl, Düstere Str. 4, 37073 Göttingen
www.steidl.de
Printed in Germany
ISBN 3-86521-188-7
ISBN 13: 978-3-86521-188-0

Vorwort

Ich war vierzehn, als ich zum ersten Mal einen Gedichtband von Goethe in die Hände bekam und Stück für Stück studierte, manches auswendig lernte. Sätze, die mir grundlegende Lebensweisheiten zu enthalten schienen, schrieb ich in Großbuchstaben ab, um sie in einer Jackentasche aufzubewahren und ständig verfügbar zu haben. Auch das reichlich pathetische Geleitwort Gerhart Hauptmanns, der ihn zum größten Weltweisen deutscher Zunge erhob, muß ein Motiv für diese ungeheure Begeisterung gewesen sein, mit der ich Goethe aufnahm. Seit dieser Zeit begleitet mich Goethe; über Jahre im Hintergrund, dann wieder in intensiverer Berührung. Von ihm habe ich gelernt, was *menschliche Maßverhältnisse* ausmacht und was *Bildung* ist.

Obwohl nun seit gut einem halben Jahrhundert meine eigene Bildungsgeschichte in engem Zusammenhang mit Goethes Werken steht, ist nichts von dem, worüber ich nachgedacht und was ich aus verschiedenen Anlässen formuliert hatte, bisher veröffentlicht worden. Wenn ich angeben wollte, was der Grund dafür sei, so käme ich mit einer Antwort in Verlegenheit. Da ich mich über viele und sehr verschiedene Gegenstände ausgelassen habe, kann es nicht am Erkenntnisobjekt liegen; die Hemmung liegt in meinem höchst persönlichen Verhältnis zum Werk Goethes begründet. Wo Bildung durch einen bestimmten Autor, ob es sich nun um einen Dichter, Wissenschaftler oder Philosophen handelt, *mehr* und *anderes* ist als Qualifikation und Anhäufung von Wissen – wo sie buchstäblich mit der Persönlichkeitsentwicklung verknüpft ist, oder noch schärfer: mit Aufstiegsproblemen (wie in meinem Fall mit dem Herausarbeiten aus kleinbäuerlichen Verhältnissen), da droht die für wissenschaftliche Untersuchungen gebotene analytische Distanz verlorenzugehen. Vielleicht ist das auch einer der Gründe, warum ich Germanistik nicht im Hauptfach studiert habe. Aber mit Sicherheit spielt noch ein anderer Aspekt eine Rolle. Brechts Rede von der *Einschüchterung durch Klassizität* hat prototypischen Rang in bezug auf die Person Goethes. Auf ihn war sie auch gemünzt. Es bedarf, will man sich nicht in den Interpretationstechniken und den Vorratslagern germanistischer Literatur verlieren, erheblicher Kraftanstrengung und des Mutes, diese Klassizität aufzubrechen und eine Position zu beziehen, die Außenblicke ermöglicht. Geschichtliche Menschen, die wir sind, können wir auch bei der Betrachtung Goethes nur durch eine geschichtliche Gegenwartsbeziehung vermeiden, von der in Büchern akkumulierten toten Arbeit erdrückt zu werden. Die geronnene Klassizität blockiert immer den Wahrheitsgehalt eines Werkes, der gerade dort, wo er viel an humaner Substanz enthält, nichts Zeitloses dokumentiert; vielmehr sind geschichtliche Ablagerungen aufzubrechen und in den Zeitverwerfungen des Interpretationsmaterials die Originalschriften immer aufs Neue zu entziffern.

In einem Alter angekommen, in dem das angenehme Gefühl entsteht, nichts mehr werden zu müssen und vielleicht nicht viel zu verlieren, habe ich mir eine Art Jugendwunsch erfüllt, über *Faust* eine öffentliche Vorlesung zu halten. Auch das war bereits eine verspätete Angelegenheit. Denn als ich Mitte der siebziger Jahre einen großen Vorlesungszyklus zur Literatursoziologie plante, sollten Goethe und Schiller den Mittelteil ausmachen, umrankt von Novalis und E. T. A. Hoffmann auf der einen, Hölderlin und Kleist auf der anderen Seite. Über mehrere Semester zogen sich vielfältige und intensive Diskussionen über Novalis und E. T. A. Hoffmann hin, auch mit der Ausarbeitung der Tonbandnachschriften hatte ich begonnen. Sie liegen vor und harren, unter dem Arbeitstitel: *Der romantische Eros,* der endgültigen Bearbeitung. Mir war dann aber, als es mit Goethe und Schiller losgehen sollte, der Atem ausgegangen. Fast zwanzig Jahre dauerte es, bis ich den abgerissenen Faden wieder aufzunehmen den Mut fand und eine über zwei Semester gehende umfangreiche *Faust*-Vorlesung hielt. Mir war klar, daß es ein Risiko ist – ich fühlte mich in der Situation eines Wilderers in einem von anderen bewachten und versorgten Gehege. Es wäre unaufrichtig, würde ich meine lückenhafte Kenntnis der *Faust*-Literatur verbergen; das bedeutet für mich keine Abwertung der literaturwissenschaftlichen Forschungsarbeit zu diesem epochalen Werk. Da ich aus der Literaturwissenschaft keinen Beruf gemacht habe, Goethe aber in seinen Originaltexten verstehen wollte, war es eine Frage der zeitökonomischen Gewichtung meiner erkenntnisleitenden Interessen.

Der Titel dieses Buches, *Die Faust-Karriere,* verweist auf den Identitätskampf eines Menschen, der in einer Welt gesellschaftlicher Umbrüche denkt und handelt; es ist die Gebrochenheit der Existenzweise des modernen Menschen, der weitreichende Umdefinitionen erfährt. Nicht nur Faust ist eine Figur der Epochenschwelle zur modernen Zeit, auch Goethe selbst ist in diesen gesellschaftlichen Umwandlungsprozeß einbezogen, in dem kapitalistischer Erwerbsgeist, moderne Wissenschaft und Ruhelosigkeit des Daseins allmählich vom Menschen Besitz ergreifen. Der Geist des Kapitalismus, wie ihn Max Weber mit der innerweltlichen Askese des totalitären Erwerbstriebes verknüpft, zieht sich wie ein roter Faden durch beide Teile des *Faust,* dessen

Hauptfiguren Goethes Leben ja praktisch vom Jugendalter bis zum Tode begleiten.

Da mögen, in einer gesellschaftlichen Gegenwartsatmosphäre, in der »Faust-Formeln« von einem zum Idealtypus aufgerückten unternehmerischen Menschen die Runde machen, Gedanken auftauchen, die eine bizarre und häufig auch groteske Aktualität anzeigen. Hat Goethe gewußt oder doch wenigstens gespürt, daß man Tragödien nur noch verfassen kann, wenn man die Gesamtsituation des modernen Menschen zum Gegenstand macht? Der Blick ist zu eng, wenn man in Faust eine ausschließlich deutsche Figur sieht; deutsch ist sie gewiß auch, aber schon der Teufelspakt enthält einen Inhalt, der viel weiter reicht und eher auf ein Existential der bürgerlich-kapitalistischen Gesellschaft verweist. Wer *Faust* aus der Perspektive des fünften Aktes zu lesen versteht, wird Stufe für Stufe auf Situationen und Kategorien stoßen, die alle das in Frage stellen, was unter der Polis-Utopie zu verstehen ist.

Das dem Teufelspakt zugrundeliegende Versprechen: »Werd' ich beruhigt je mich auf ein Faulbett legen: / So sei es gleich um mich getan!« (1692/93), könnte heute, aus Angst vor den die Existenz bedrohenden Folgen, jedem abgepreßt werden, der einen Arbeitsvertrag eingeht. Und die Parole: »Wer immer strebend sich bemüht / Den können wir erlösen« (11936/37, bei Goethe freilich schon mit der Brechung eines Zitats gesetzt) – das ist doch im Augenblick die magisch aufgeladene Beschwörungssprache der Arbeitsagenturen. Im Laufe seiner Karriere, die ihn aus dem Hörigkeitsgehäuse des Intellektuellen befreit, macht Faust Erfahrungen in sehr verschiedenen Berufsfeldern, wie dem des Poeten, dem des Feldherrn, dem des Staatsmanns, um sich schließlich, auf der Grundlage eines kaiserlichen Lehens, als

»volksfreundlicher« Modernisierer und Wohnungsunternehmer zu betätigen. Wollte man diese Karriere zu einer Satire umformen, könnte man von Umschulungen Fausts sprechen. Warum diese »Umschulungen« als angesammelter Erfahrungsschatz in die Unternehmerwelt Fausts kaum eingehen, bleibt freilich ein Problem.

Ich habe bewußt den Titel *Karriere* gewählt und nicht, was auch möglich gewesen wäre, *Lebensgeschichte,* weil der Ursprungssinn des Wortes genauer trifft, was ich mit diesem Buch beabsichtige. Das Wort bezeichnet im neuzeitlichen Gebrauch eine berufliche Laufbahn; im 18. Jahrhundert entlehnt aus dem gleichbedeutenden französischen *carrière,* was vormals »Rennbahn« und manchmal auch »verschärfter Galopp« bedeutete (im Mittellateinischen *via carraria,* im Italienischen *carriera*), stecken gleichzeitig »der Wagen«, »der Karren« mit darin und »die Fahrstraße«, die für Bewegung und Transport einen befestigten Boden bietet.

Faust ist genau das, was Joseph Schumpeter als dynamischen Unternehmer bezeichnet: immer zerstörerisch und aufbauend in einem; ein Hauptmerkmal dieses zum Unternehmer mutierten Menschen ist es, fortwährend neue Kombinationen ökonomisch verwertbarer Kräfte zu basteln. Das ist nun die andere Seite dieses zweiten Lebenslaufs, der den verzweifelten Intellektuellen in die Produktionsgemeinschaft und die Ideologie des Unternehmerlagers treibt.

Von dieser *Ethik des Erfolgs,* wie Hans-Olaf Henkel, ehemaliger hoher Verbandsfunktionär der Arbeitgeber, das im neoliberalen Glaubensbekenntnis bezeichnet hat[1], ist freilich die Ebene der Gewalt, des Betrugs, des Mordes und der Ausbeutung nicht abzulösen; Mephisto weiß das, und Faust übernimmt in keinem

Punkt seiner Handlungen die Verantwortung für das, was er nahegelegt oder befohlen hat. »Krieg, Handel und Piraterie, / Dreieinig sind sie, nicht zu trennen.« (11187/88) Das ist im großen und ganzen *seine* Ethik des Erfolgs. Und das Feuer gehört zu dieser Unterseite der Verbrechensgeschichte der Faust-Karriere. Man muß keineswegs so weit gehen wie einer der bedeutendsten Faust-Darsteller, Will Quadflieg, der Faust schlicht als einen faschistischen Typen charakterisiert. In der großen Zeit der Verdrängung, 1957, 1958, spielte er mit Gustaf Gründgens als Mephisto den ersten und zweiten Teil. Aber Gründgens, als Intendant, habe ihm nicht erlaubt, diese faschistische Komponente auszuagieren, wohl auch, wie Quadflieg hinzufügt, aus Gründen seiner eigenen Verwicklungen in den Nationalsozialismus. Er sagt: »Faust war für mich nie dieser Habe-nun-ach!-Philosoph. Ich fand ihn immer hybrid, arrogant und rücksichtslos. Und keine Angst vorm Satan. Im Gegenteil. Er läßt sich lustvoll mit ihm ein. Das hatten wir doch gerade hinter uns, dieses Koste-es-was-es-wolle. ›Mich plagen keine Skrupel und Zweifel‹, und koste es Millionen Menschen. Faust ... war für mich der faschistische Typ. Er mordet und vergewaltigt.«[2] So ist nun, neben der räuberischen Form kapitalistischer Kolonialisierung, welche die Bewegungsgesetze menschlicher Existenzweise gegenwärtig bestimmt, auch eine Seite deutscher Geschichte in Erinnerung gebracht, in der das Feuer, das Abbrennen von Problemen, von Häusern und Menschen, zur schmerzhaften Tradition geworden ist.

Es ist dies ein entscheidendes Motiv für mich, die *Faust*-Tragödie, beginnend mit dem Ende und vom gesellschaftlichen Untergrund her, *neu* zu lesen. Keine Figur der modernen Literaturgeschichte hat in ähnlicher Weise die Phantasie der Menschen erregt und angeregt, ihre Lebensgeschichte fortzuschreiben oder in Wort und Musik umzugewichten. Viele Opernhäuser und Konzertsäle würde es füllen, allein die musikalischen *Faust*-Variationen aufzuführen. Mozart wäre, wie Goethe meinte, wohl der geeignetste Komponist seines *Faust* gewesen, aber die Lebensspanne Mozarts reichte eben nur bis in die Zeit des *Urfaust,* der ihm unbekannt blieb. Schumann, Berlioz, Gounod, Liszt, Boito und viele andere haben den Faust-Stoff verwendet und vertont. Die Literatur ist, wenn ich nicht irre, mit *Faust*-Variationen so üppig und dicht angefüllt, daß auch hier die Übersicht verlorenzugehen droht. Thomas Manns *Doktor Faustus* greift die Symbolgestalt auf, stutzt aber gleichzeitig das Maßlose in ihr auf eine faßbare Gestalt.

Aber auch Kuriositäten finden sich in diesem dichten Gewebe der *Faust*-Traditionen. Oswald Spengler hat, nicht ganz ohne Einfluß auf den bedürftigen Seelenzustand der Nazis, aus Nietzsches Gegensatzpaar von apollinischen und dionysischen Gestaltungskräften die »Faustische Seele« herauspräpariert. Das »Faustische« ist eine grandiose Mischung von grenzenlosem Raum und tiefster Bewußtheit; diese Seele ist »gestalteter Ausdrucksraum«, ist Eroberung, Land- und Seenahme im Sinne Carl Schmitts. Apollinisch sei die griechische Kultur, faustisch die nordische. »Apollinisch ist die Bildsäule des nackten Menschen, faustisch die Kunst der Fuge.«[3] Wie dieses nun nach Nietzsche absolut apollinische Werk der Präzision und der Grenzsetzungen, Bachs *Kunst der Fuge,* mit der faustischen Maßlosigkeit zu vereinbaren sei, bleibt das Geheimnis dieses Autors, der einer Erwähnung nicht bedürfte, wenn er nicht zentral zum Verwirrspiel der Faust-Konfigurationen gehörte. Aber noch andere Kuriositäten verknüpfen sich mit der Faust-Figur. Hanns Eisler hatte die Absicht, die Geschichte von Johann Faustus zu einer Nationaloper umzugestalten und zu komponieren. Zur Vorlage wählte er allerdings vornehmlich das Puppenspiel von Dr. Faust, das, wie Gert Mattenklott und Friederike Wißmann erklären, »in manchen Passagen ausführlich und sogar wörtlich in das Libretto übernommen ist. Goethes *Faust* ist eher indirekt denn in unmittelbarem Rekurs präsent.«[4] Eisler hatte also die Absicht, den Dr. Faustus dorthin zu versetzen, wo er hergekommen ist, in die Zeit der Bauernkriege und der gewalttätigen Phase der ursprünglichen Akkumulation. Das stieß auf den Vorwurf der SED-Granden, Eisler verhalte sich respektlos gegen die Weimarer Klassik. Eisler unterließ die Komposition.

Ein Vorwort ist nicht der Ort, den ganzen Text im Vorgriff zu erörtern. Sinnvoll und hilfreich ist es jedoch, zu erläutern, wie er zu lesen sei. Er ist, um es noch einmal mit Nachdruck zu sagen, kein Beitrag zur *Faust*-Forschung. Die *Faust*-Philologie im engeren Sinne hat durch meine Erörterungen keinen Gewinn zu verbuchen. Mancher Germanist wird vielleicht die Hände über dem Kopf zusammenschlagen und ein herbes Fachurteil fällen. Ich muß das hinnehmen. Gegenüber der soliden Forschung kann ich mich nur verbeugen und mit Respekt die vielen Anregungen aufnehmen, deren einzelne Autoren, die ich im Verlaufe meines Lebens gelesen habe, ich nicht mehr benennen kann. Die wenigen, die mir gegenwärtig sind, möchte ich hier allerdings ausdrücklich erwähnen: Da ist zunächst der hilfreiche Kommentar von Erich Trunz, ein Lebenswerk, 1986 erschienen, 1994 bereits in der Auflage von 360 000.[5] Dann (in hervorragendem Ausmaß) Texte und *Faust*-Kommentare von Albrecht Schöne im Deutschen Klassiker Verlag.[6] Immer wieder habe ich bei Albrecht Schöne Rat gesucht und gefunden. Eine großartige, quellenreiche Kommentierung der *Faust*-Dichtung. Zwei Goethe-Forscher der Gegenwart, die mir persönlich bekannt sind und deren Arbeiten ich mit großer Anerkennung und Achtung begegne, haben wesentlich zur Ermutigung beigetragen, diese *Faust-Karriere* zu verfassen. Das ist vor allem Leo Kreutzers Essay *Mein Gott Goethe*[7], der die mir sympathische Botschaft vermittelt, daß Goethe zu schade sei für die Germanistik und den Fachleuten nicht allein überlassen bleiben dürfe.[8] Das kann nur ein ausgewiesener Germanist und speziell ein kompetenter Goethe-Forscher äußern, von einem Außenstehenden wie mir wäre das anmaßend. Aber Leo Kreutzer wollte damit darauf hinweisen, daß die Außensicht auf Goethe und besonders den *Faust* kein erschlichenes Unternehmen, sondern eine durchaus legitime Zugangsweise ist. Und die Öffnung dieses Blicks setzt sich fort, wenn Ekkehart Krippendorff in seinen, im übrigen von Leo Kreutzer angestoßenen, Forschungen die Politik- und Gemeinwesenarbeit Goethes einer präzisen Untersuchung unterzieht. Das ist ja einer der Skandale der üblichen Goethe-Forschung, soweit sie dem Genie-Kult des Dichters folgt, daß die Gesellschaftsutopie, die Weimar-Polis, völlig unterschlagen wurde. Ekkehart Krippendorff hat in seiner Schrift *Wie die Großen mit den Menschen spielen. Versuche über Goethes Politik*[9] dieser Phase der Entwicklung Goethes zentrale Aufmerksamkeit gewidmet und, wie ich meine, zum ersten Mal ins Licht seines literarischen Werkes gerückt, was von den Fachleuten der Germanistik bisher fahrlässig oder vielleicht auch bewußt im Dunkeln gehalten wurde. Hervorzuheben ist auch sein Buch *Goethe. Politik gegen den Zeitgeist*[10]. Krippendorff eröffnet ganz neue Interpretationszugänge zu Goethes Politikverständnis, die bisher nur beiläufig erwähnt wurden, aber auch nach Kenntnis seiner Schrift keiner besonderen Aufmerksamkeit teilhaftig geworden sind.

Die Wirklichkeitsschichten sind in der folgenden Untersuchung nicht so angeordnet, daß sie fugenlos zueinander passen. Bestimmte Textkonstellationen, die sperriges Material enthalten, entziehen sich der eindeutigen Interpretation; es sind Herausforderungen für die eigene soziologische und politische Phantasie, Verbindungen zu eigenen Erfahrungswelten herzustellen. Das entspricht in den Grundzügen jenem Verfahren, das Goethe selbst bevorzugte, nicht nur in der von Raum- und Zeitverschiebungen und Perspektivbrechungen durchdrungenen Architektur des zweiten Teils des *Faust,* sondern auch theoretisch begründet. In den *Materialien zur Geschichte der Farbenlehre* spitzt er den Widerspruch der Denkweisen von Plato und Aristoteles zu, jeweils den Aufbauprinzipien ihrer Philosophien folgend. »Plato verhält sich zu der Welt wie ein seliger Geist, dem es beliebt einige Zeit auf ihr zu herbergen. ... Was er sich im einzelnen von irdischem Wissen zueignet, schmilzt, ja kann man sagen, verdampft in seiner Methode, in seinem Vortrag. Aristoteles hingegen steht zu der Welt wie ein Mann, ein baumeisterlicher. Er ist nun einmal hier, und soll hier wirken und schaffen. Er erkundigt sich nach dem Boden, aber nicht weiter als bis er Grund findet; von da bis zum Mittelpunkt der Erde ist ihm das übrige gleichgültig. Er umzieht einen ungeheuren Grundkreis für sein Gebäude, schafft Materialien von allen Seiten her, ordnet sie, schichtet sie auf und steigt so in regelmäßiger Form pyramidenartig in die Höhe, wenn Plato, einem Obelisken, ja einer spitzen Flamme gleich, den Himmel sucht.«[11] Es besteht nicht der geringste Zweifel, daß mit dieser Beschreibung der philosophischen Methode des Aristoteles Goethes eigenes Verfahren gemeint ist.

Und ein weiteres methodisches Element bedarf der Erwähnung. Was ich vortrage, sind oft Überlegungen eines Philosophen und Soziologen, der sich Gedanken über das gewaltige literarische Werk *Faust* in seiner immer aufs Neue erregenden Aktualität macht. Es ist deshalb eher eine Aufforderung zum wiederholten Nachdenken und vor allem zur Lektüre der Originaltexte; übrigens ganz in der Goetheschen Manier, daß alles Wahre schon einmal gedacht und gesagt worden ist, es aber immer aufs Neue bedacht werden müsse: also das Drehen und Wenden der Texte bis zu den Punkten, wo Überraschendes, ja Unübliches sich zeigt. Meine Art, mich *Faust* zu nähern, ist dem Lesen von Palimpsesten vergleichbar, der Entzifferung alter Handschriften, auf denen, um das wertvolle Schreibmaterial neu verwenden zu können, die ursprüngliche Schrift beseitigt worden ist, aber doch in mühevoller und umsichtiger Arbeit wieder lesbar gemacht werden kann. Jede Zeit sucht natürlich diese Urschrift zu entziffern. Deshalb ist es auch unvermeidlich, daß *mein* Blick auf *Faust* die Gegenwart als Deutungshorizont enthält. Wer hermeneutische Verwicklungen und Bezüge zwischen Gegenwart, Vergangenheit und Zukunft zu umgehen versucht, wird nicht die zeitlos gültige Wahrheit zurückbehalten, sondern eine nichtssagende Abstraktion.

In dreifacher Hinsicht läßt sich von einem geschichtlichen Wahrheitskern der *Faust*-Tragödie sprechen: Es ist das Zeitmilieu des magischen Praktikers selbst, um den sich Legenden und Erzählungen ranken. Es ist die Goethe-Zeit mit ihren revolutionären Umbrüchen und den schmerzhaften Restaurationen. Und schließlich ragt *Faust* mit allen dort dargestellten Problemen in den Fragehorizont einer Gesellschaft, die in einem krisenhaften Umwälzungsprozeß begriffen ist, der die Gefahr extremer Lösungen bereithält. Der Leserin, dem Leser wird auffallen, daß ich verschiedene *Faust*-Zitate mehrfach verwende; das ist kein

Versehen, sondern Absicht. Sie verweisen auf Varianten in den Bedeutungszusammenhängen.

Dank habe ich vor allem Anja Meyerrose abzustatten, die das Diktatmaterial mit Geduld und Umsicht in Computerformat umgesetzt hat.

Hannover, im Februar 2006
Oskar Negt

Schicksal und Charakter. Eine »philosophische Tragödie«

Gäbe es nur den *Urfaust* und den ersten Teil des Dramas, dann erübrigte sich die Frage, warum Goethe dieses Bühnengeschehen als Tragödie bezeichnet und nicht eher, wo doch zahlreiche Anklänge zu finden sind, als Komödie, wie Dante dieses verwickelte Spiel zwischen Himmel und Erde und Hölle nennt. Wir haben es im ersten Teil mit zwei tragischen Komplexen zu tun; der erste dreht sich um eine *Gelehrtentragödie,* der zweite um den tragischen Ausgang einer Liebesgeschichte für eine junge Frau, die an ihrer Liebe zerbricht. Gelehrtentragödie und *Gretchen-Tragödie* haben einen ähnlichen Rhythmus, sie sind ineinander verschränkt und ergänzen sich. Diese Struktur findet sich bereits im *Urfaust,* und sie unterscheidet sich schon in dieser Fassung grundlegend von allen Vorlagen der Faust-Geschichte, die Goethe kannte oder später erst kennenlernte, wie den *Faust* von Christopher Marlowe, den er nach eigenem Bekenntnis erst 1818 gelesen haben will. Die »Tragische Historie vom Doktor Faustus«, deren englischer Erstdruck 1604 erschien, ist freilich eine reine Gelehrtentragödie. Den zahllosen *Faust*-Variationen – Puppenspielen, »Gedichten« (Nikolaus Lenau), Tragödien, Imitationen, Tanzpoemen (Heinrich Heine) usw. – liegt die von Johann Spies 1587 in Frankfurt am Main herausgebrachte *Historia von D. Johann Fausten* zugrunde. Von diesem Buch, mit dem Untertitel: »dem weitbeschreyten Zauberer und Schwartzkünstler«, nahm das gesamte welthistorische Fortleben der Gestalt Fausts und seiner Lebensgeschichte seinen Ausgang. Faust wird immer stärker in den Rohstoff der weitgefaßten Geschichtserzählungen eingebunden und bekommt allmählich die Statur eines typisch deutschen

Sozialcharakters – selbst dort, wo er, wie bei Christian Dietrich Grabbe, mit dem südlichen Don Juan verkoppelt wird.

Die erste Fassung des Goetheschen *Faust,* der sogenannte *Urfaust,* ist 1775 abgeschlossen, aber wirklich zum Abschluß gelangt nichts an dieser Faust-Dichtung bis zu jenem Tage, an dem Goethe das Manuskript versiegelt und seine Veröffentlichung für die Zeit nach seinem Tod vorbehält, um vor den Deutungen der verschlüsselten Texte und den Aufrechnungen der Zeitgenossen, was gelungen sei und was man als abwegig zu betrachten habe, sicher zu sein. Goethe hatte wohl kaum zu Unrecht die Befürchtung, die damaligen erwartungsvollen »Germanisten« zu enttäuschen.

Es ist eine Tragödie, die einzige übrigens, die unter den dramatischen Werken Goethes als solche bezeichnet wird. Aber auch in dieser Hinsicht ist der traditionelle Rahmen gesprengt. Diese Goethesche Tragödie ist praktisch mit allen Formelementen versetzt, die es in der Dichtung bis hin zu seiner Zeit gegeben hat. Es gibt darin tragikomische Elemente, epische Weiten, in denen die dramatische Zuspitzung der Handlung völlig stillgelegt ist, Satiren, Maximen und Reflexionen; auch das ganze Repertoire der Versmaße wird aufgeboten.

Die meisten der von Aristoteles definierten Merkmale der Tragödie hat Goethe in ihrem spezifischen Zusammenhang, der sie von Epos und Komödie unterscheidet, *nicht* beachtet; aber es ist, bei näherem Hinsehen, unschwer herauszufinden, daß nahezu alle Elemente, aus dem charakteristischen Definitionszusammenhang herausgelöst, im *Faust* auftreten; das gilt z. B. für die Forderung, die Tragödie versuche, so weit als möglich, sich in einem einzigen Sonnenumlauf oder doch nur wenig darüber hinaus zu entwickeln – während das Epos über unbegrenzte Zeit verfüge.

Auch ließe sich an vielen Stellen das Wort des Aristoteles dokumentieren, die Tragödie sei »die nachahmende Darstellung einer ernsten und in sich abgeschlossenen Handlung, die eine gewisse Größe hat, in kunstvollem Stil (und in gewählter Rede), der in den einzelnen Teilen sich deren besonderer Art anpaßt, einer Handlung, die nicht bloß erzählt, sondern durch handelnde Personen vor Augen gestellt wird und die durch Mitleid und Furcht erregende Vorgänge die Auslösung (Katharsis) dieser und ähnlicher Gemütsbewegungen bewirkt.«[12] In einzelnen Passagen der Goetheschen Tragödie finden sich allerdings zweifellos Bestimmungen, die der Komödie nahestehen, von der Aristoteles sagt, sie sei die »Nachahmung von Gemeinerem, die nachahmende Darstellung niedrigerer Menschen, aber nicht in bezug auf jede Art von Schlechtigkeit, sondern nur des Lächerlichen, das ein Teil des Häßlichen ist.«[13] Die Wirkung einer Katharsis wird im *Faust*, außer in dem Tragödienteil, der Gretchen betrifft, den Zuschauer und Leser kaum erreichen. Von den sechs der Tragödie zugeschriebenen Elementen, nämlich: Mythos, Charakter, Rede, Absicht, Szenerie und Musik, sind wiederum alle versammelt, aber in zeitlich und räumlich fügeartig verschobenen Zusammenhängen.

So ist, nehmen wir die poetische Grundform als Ausgangspunkt unserer Betrachtungen, die *Faust*-Dichtung nicht anders zu verstehen als der in handelnden Personen verkörperte Bericht über das Glück und das Unglück des modernen Menschen. Die Geschichte läßt eine dominante poetische Form nicht mehr zu; im Zerfall des Kosmos, in den sich verflüchtigenden Sicherheiten räumlicher und zeitlicher Zuordnungen von Himmel, Welt und Hölle kündigt sich die prometheische Kraftanstrengung des Menschen an, die ganze Welt noch einmal aus dem Subjekt heraus zu schaffen.

Der Weisheit *vorletzter* Schluß – im Anfang war die Tat, und nur der gewinnt das Leben, der täglich es erobern muß, die Tathandlung Fichtes – bringt Goethe wiederum in die Nähe der aristotelischen Anforderung an die Tragödie, für die der Aufbau der Handlungen das Wichtigste ist. »Denn die Tragödie ist nicht eine nachahmende Darstellung von Menschen, sondern eine solche von Handeln und Leben. Glück und Unglück (der Helden) ist in ihren Handlungen beschlossen, und das Ziel (der Darstellung) ist eine Handlung, nicht eine Eigenschaft. Hinsichtlich ihres Charakters haben die Personen gewisse Eigenschaften, aber glücklich oder unglücklich werden sie durch ihre Handlungen. Die Dichter lassen sie also nicht handeln, um ihren Charakter zur Darstellung zu bringen, sondern sie nehmen den Charakter mit auf, um daraus die Handlung hervorgehen zu lassen. So ist also die Handlung, das heißt, die Fabel, das Endziel der Tragödie; dieses aber ist von allem das wichtigste. Ohne Handlung kann es keine Tragödie geben, dagegen *ohne Charakter* wäre eine solche möglich.«[14]

Die Tragödie setzt also dort ein, wo der Mythos seine Macht über die Menschen bereits zu verlieren beginnt; daß dieser Zug in der Tragödie im beginnenden bürgerlichen Zeitalter, das der Subjektivität eine einzigartige Stellung zuschreibt, vertieft und erweitert werden mußte, ist Goethe bewußt. Der Belehrung durch Napoleon, den von ihm auch im *Faust*-Zusammenhang hochgeschätzten Heroen, der anläßlich des Erfurter Fürsten-Kongresses im Jahre 1808 Goethe empfing, bei dieser Gelegenheit auf den *Werther* als ein modernes Schicksalsdrama zu sprechen kam und dabei die Politik in den Rang des Schicksals hob, hätte es kaum bedurft. Goethe bezieht den *Faust*-Stoff nicht nur aus einer Zeit großer geschichtlicher Umbrüche, sondern auch aus seinen eigenen Erfahrungen, und das macht vielleicht das Klassische an seinem Werk aus: Es ist zentral auf die Zeitdiagnose einer in sich zerrissenen Welt und auf die Kräfte der Zerstörung und des Heilens konzentriert. Nicht ohne einen gewissen Stolz berichtet Goethe selbst von dieser Unterredung mit Napoleon, in der der Kaiser kundtut, daß er den *Werther* mehrmals gelesen habe. »Der Kaiser … kehrte zum Drama zurück und machte sehr bedeutende Bemerkungen wie einer, der die tragische Bühne mit der größten Aufmerksamkeit gleich einem Kriminalrichter betrachtet und dabei das Abweichen des französischen Theaters von Natur und Wahrheit sehr tief empfunden hatte. So kam er auch auf die Schicksalsstücke mit Mißbilligung. Sie hätten einer dunkleren Zeit angehört. Was, sagte er, will man jetzt mit dem Schicksal? Die Politik ist das Schicksal.«[15]

Erst im 17. Jahrhundert finden Übersetzungen der Tragödie in die Kunstform des Trauerspiels statt, gar des bürgerlichen Trauerspiels, in dem Schicksal und Charakter, so wie Walter Benjamin das in Beziehung setzt, den Handlungsablauf des dramatischen Geschehens bestimmen. Goethe dagegen hält am antiken Ursprung der Tragödie fest; *trágos* heißt »Ziegenbock«, *tragodía* ist der »Bocksgesang«. Bei den dionysischen Festen traten die Sänger als Böcke verkleidet auf. Wie sich aus diesen mythischen Ursprüngen, welche die Sprache aufbewahrt hat, etwas entwickeln konnte, das dann die hochartifizielle Kunstform der Tragödie, zum Beispiel des Sophokles, ausmacht und sich im Eigensinn der *Antigone* niederschlägt, ist mir nicht bekannt; es bleibt wohl, worauf Nietzsches Erklärungsversuche nachdrücklich verweisen, der Ursprung des Tragischen weitgehend ein Geheimnis.

Für meine Überlegungen ist nur ein einziger Punkt an der Tragödie, über die ich sprechen möchte, von entscheidender

Bedeutung: nämlich das Prinzip *moderner Subjektivität*. Hegel hat in seiner Ästhetik die moderne Tragödie durch diesen Begriff der Subjektivität von der klassischen des Griechentums unterschieden. Er sagt: »Der Schluß der Tragödie ist die Versöhnung, die vernünftige Notwendigkeit, die Notwendigkeit, die hier anfängt, sich zu *vermitteln;* es ist die Gerechtigkeit, die auf solche Weise befriedigt wird mit dem Spruch: es ist nichts, was nicht Zeus ist, nämlich die ewige Gerechtigkeit. Hier ist eine rührende Notwendigkeit, die aber vollkommen sittlich ist; das erlittene Unglück ist vollkommen klar; hier ist nichts Blindes, Bewußtloses. Zu solcher Klarheit der Einsicht und der künstlerischen Darstellung ist Griechenland auf seiner höchsten Bildungsstufe gekommen. Doch bleibt hier ein Unaufgelöstes, in dem das Höhere nicht als die unendliche geistige Macht hervortritt; es bleibt unbefriedigte Trauer darin, indem ein Individuum untergeht.«[16] Und das selbst bei verantwortungswürdigen Menschen auf der Bühne.

Es ist die Abtrennung vom sittlichen Zusammenhang, das in Einsamkeit gestoßene Besondere, das Partikulare, das aus der kosmischen Ordnung und der sittlichen Welt der Menschen herausfällt, was das Unbefriedigte und Friedlose, ja am Ende das Unversöhnte in den modernen Tragödien bestimmt. Hegel trifft hier eine Seite der *Faust*-Dichtung, die uns noch näher beschäftigen wird; es ist die Suche in der eigenen Subjektivität, gleichsam nach jenem archimedischen Punkt, an dem das Ich in seiner monadischen Existenzweise aufgehoben werden kann, ohne seine Identität zu verlieren und im Allgemeinen unterzutauchen. Es ist das Recht der Subjektivität als solcher, sich als alleiniger Inhalt festzuhalten, in der Einseitigkeit der Liebe, in der der persönlichen Ehre, in der der Leistung des unternehmerischen Menschen, des Gelehrten, oder in der des Genusses. Diese Einseitigkeiten, diese verständlichen Abstraktionen, zur wesentlichen Substanz und zum Zweck zu erheben, verschafft den Menschen das Besondere des Handelns in dieser Welt, schlägt sie aber gleich mit der Einseitigkeit der kalten Abstraktion, welche die Tendenz in sich trägt, aus Realitätsmangel in Gewalt umzuschlagen.

Hegel nennt Goethes *Faust* eine »absolute philosophische Tragödie…, in welcher einer Seits die Befriedigungslosigkeit in der Wissenschaft, anderer Seits die Lebendigkeit des Weltlebens und irdischen Genusses, überhaupt die tragisch versuchte Vermittlung des subjektiven Wissens und Strebens mit dem Absoluten, in seinem Wesen und seiner Erscheinung, eine Weite des Inhalts gibt, wie sie in ein und demselben Werke zu umfassen zuvor kein anderer dramatischer Dichter gewagt hat.«[17] So ist nach Hegel in der *modernen Tragödie das Prinzip der Subjektivität von Anfang an präsent.* Das Schicksal ist in der Tat aufs Innigste mit dem Politischen verwoben. Und damit auch mit dem Charakter der handelnden Figuren, nicht nur mit den Handlungen. Diese geschichtliche Dominanz der freien Subjektivität macht es möglich, die Tragödie als Zusammenstoß von *zwei gleich substantiellen Rechtssystemen,* dem archaischen der Erdbestattung des rebellischen Bruders und dem modernen des Kreon, zu begreifen, deren Kollision (wie in der *Antigone*) das Subjekt in seiner Besonderheit vernichtet. Die tragische Lösung dieses Konflikts ist notwendig. »Die sittliche Substanz und Einheit wird mit dem Untergange der ihre Ruhe störenden Individualität wieder hergestellt.«[18] Durch bloße Beseitigung des rebellierenden Besonderen ist das substantielle Allgemeine nicht wiederherzustellen. Es sei denn in Maulwurfsarbeit, die eines Tages wieder Zeichen ihrer unumgehbaren Existenz setzt.

Ich untersuche die Gesamtentwicklung des Faust in seiner Karriere und der Architektonik des individuellen Erfahrungsgehalts aus dem Blickwinkel des zweiten Teils der Tragödie. So stellt sich für mich von vorneherein das Problem von Kontinuität und Bruch in den zwei Teilen – ein Problem übrigens, mit dem Goethe selber wahrscheinlich lange Zeit beschäftigt gewesen ist. Zunehmendes Alter, das vielfältige Entwicklungen nicht mehr offen läßt, mag ihn zum Abschluß gedrängt haben, diesem epochalen Werk dann doch einen versiegelten Schlußpunkt zu setzen. Wer die Teile Stück für Stück aus sich selbst heraus entwickeln wollte, um sich aller Brüche und Verwerfungen, ja der Charakterwandlungen der Personen zu entledigen, um ein in klassischer Harmonie gefügtes Werk zu gewinnen, wird wohl stark auf Ersatz- und Verlegenheitskonstruktionen zurückgreifen müssen. Denn nichts folgt dieser Kontinuitätsvorstellung, schon gar nicht Goethes Arbeitsrhythmus an diesem Werk.

»Faust II« versiegelt als »inneres Märchen«

1808 ist der »Tragödie Erster Teil« erschienen. Aber die Helena-Passagen gehören zu den ganz frühen Ausarbeitungen, lange vor Abschluß des ersten Teils gibt es Niederschriften für den zweiten. Dennoch: der erste Teil gehört zum Lebens- und Erfahrungskreis des »jungen« Goethe, wenn man ihn so im Alter von 59 Jahren bezeichnen kann, als der erste Teil in die Öffentlichkeit gelangte. Der zweite Teil, in seinen umwegigen Ausarbeitungen, häufig durch lange Perioden des Beiseitelegens unterbrochen, gehört zweifellos in die Erfahrungswelt des alternden Goethe. Aber auch daraus ist keine teleologische Entwicklungslinie des dramatischen Geschehens abzuleiten.

Wenn der zweite Teil beginnt, vollzieht sich ein spektakulärer Wechsel in den Beziehungen zwischen *Innen und Außen,* zwischen dem eingerichteten Betrieb der häuslichen Bürgerwelt, der Gelehrtenstube Fausts, der Wohnung Gretchens, der Berghöhle des zeitweiligen Eremiten, die alle über ihre je eigene Umwelt verfügen, und dem *weltgeschichtlichen Boden,* der so in den Vordergrund drängt, daß selbst Faust Mühe hat, sich als eine eigenständig handelnde Figur, ohne Masken und Verhüllungen, ins volle Licht der dramatischen Handlungsbegebenheiten zu bringen. *Von der kleinen Welt zur großen Welt.* Damit ist das Theater ebenso gemeint wie die verschiedenartigen Behausungen, die sich als *Außenhaut* der Menschen verstehen lassen. Hier kann sich das Subjekt in seinem Beziehungsreichtum austoben, ohne andere Risiken eingehen zu müssen als die, die im Denken, in Gewissen und Schuld lauern. In der großen Welt tritt das Subjekt Faust zurück, das anthropozentrische Weltbild und die Ich-Bezogenheit der Räume gehen zunächst, bis in den dritten Akt hinein, fast vollständig verloren.

Die lineare dramatische Entwicklung, deren geschlossener Handlungszusammenhang durch Peripetien, durch zugespitzte Situationen des Glücks und des Unglücks, durch Trauer und Vergebung strukturiert ist, verliert sich im zweiten Teil weitgehend – nicht das Nacheinander, die schlüssige Folge der Handlungen und die reflektierten Rückbezüge bestimmen den Text, sondern es geht in die Tiefe, nicht immer bis zu den »Müttern«, aber doch ins Wesen der Dinge, zu den *Urphänomenen der Geschichte* und des gesellschaftlichen Lebens. Ursprungsphilosophische Motive erfassen eine Bewegung, die den kontinuierlichen zeitlichen Ablauf aufsprengt und die geschichtlich verschiedenen

Schauplätze in sinnlich faßbare Gleichzeitigkeit bringt. Der Bruch zwischen *Faust I* und *Faust II* ist eindeutig, er ist auch immer unstrittig gewesen; von Goethe auch gewollt. Für diesen Tatbestand freilich Gründe aufzuführen, vielleicht sogar Beweggründe, welche die Notwendigkeit eines solchen Bruchs unter Beweis stellen, ist dagegen äußerst schwierig, in letzter Instanz aber zentraler Punkt der *Faust*-Deutung. Möglicherweise ist es die Tatsache, daß ein langes Leben in Abgründen und Höhepunkten in solchen Brüchen besteht. Ohne daß man das erklären könnte.

Mir kommt es vor, als hätte Goethe sehr lange nach einer poetischen Konstruktion gesucht, nach Abschluß des ersten Teils die angespannte, in dieser Dimension nicht fortführbare Subjektivität zurückzunehmen, einen *Weg ins Vergessen* ausfindig zu machen, um Faust als wirkliches, das heißt, durch Ambivalenzen und Widersprüche bestimmtes, Lebewesen zu retten. Das ist nur möglich, wenn auch die poetische Form sich ändert, wenn das dramatische Gedicht, das mit Beschleunigung, mit Verdichtung und Zuspitzung arbeitet, den Raum einer erzählenden, einer epischen Breite gewinnt. So muß die Beschleunigungszeit des ersten Teils angehalten werden, das Geschehene verschwimmt im Strom des Vergessens, Innehalten, Anhalten, Bewegung im Stillstand sind Merkmale des Neubeginns in der Bearbeitung des Faust-Stoffes. Die Zeitstrukturen selber differenzieren sich; ist im ersten Teil nur der Kontinuitätsablauf der individuellen Lebenszeit Thema, so wird im zweiten Teil deutlich, daß *Lebenszeit* und *geschichtliche Zeit* nicht synchron verlaufen. Aber auch die Natur gewinnt in ihrem *Zeitrhythmus* ein Gewicht, das weder im Osterspaziergang noch im Trost spendenden Mondlicht erkennbar ist. Es bilden sich, sagt Eckermann, im *Faust* »lauter für sich bestehende kleine Weltenkreise, die, in sich abgeschlossen, wohl aufeinander wirken, aber doch einander wenig angehen.«[19] Goethe bestätigt das.

Faust fällt in Natur zurück; was immer schon heilsame Kräfte für ihn bereithielt, als Trostgrund, als Gegenstand der Achtung und der Wiederherstellung von Proportionen, wird hier, im ersten Akt des zweiten Teils, zur Kraftquelle eines Neuanfangs, der ohne Vergessen des Vergangenen nicht gelingen kann. »Anmutige Gegend. Faust auf blumigen Rasen gebettet, ermüdet, unruhig, schlafsuchend. Dämmerung. Geisterkreis schwebend bewegt, anmutige kleine Gestalten.« Nicht die Fortsetzung der Faust-Geschichte ist das Bindeglied, nach dem Goethe suchte; vielmehr ist es die Natur, der Kreislauf des natürlichen Geschehens. In Lethes Fluten liegt Vergessen und Verjährung. Es sind die heilenden Kräfte der Sonne und der Nacht, welche die verzerrten *Maßverhältnisse* zwischen Mensch und Natur rückgängig machen müssen, um Faust einen neuen Erfahrungsboden für ein künftiges Leben zu schaffen. Die Bedingungen, unter denen Handeln steht, werden neu definiert. Anders als in einer griechischen Tragödie, wo die Erinnyen, die das sittliche Universum, Gerechtigkeit und Natur einklagenden Rachegöttinnen, weder durch Beschwichtigung noch durch Ausgrenzung von den Schuldigen fernzuhalten sind, wird hier das erste *Verschulden* Fausts, das Verbrechen an Gretchen und ihrem Bruder, durch Natur getilgt. Faust bekommt eine zweite Chance; sein Vergehen wird durch keinen irdischen Gerichtshof vergolten, sondern durch einen Akt der Versöhnung des Menschen mit der Natur.

Nehmen wir, um uns des Bruchs zwischen erstem und zweitem Teil bewußt zu werden, deren eigentümliche Anfänge zum Vergleich. Nach Art eines Gutsbesitzers versammelt im ersten Teil der Herr seine Untertanen, um von ihnen Rechenschaft über das ihnen anvertraute Gemeinwesen zu verlangen. Daß für diese Versammlung und die von Mephisto vorgeschlagene, vom Herrn jedoch keineswegs bestätigte Wette die Bibelstelle des Hiob Vorlage gewesen sein mag, ist immer wieder betont worden; es ist für mich nicht der Hauptpunkt. Zweierlei ist dagegen von Bedeutung: Zum einen wird der Lichtkosmos gefeiert, die »Paradieses-Helle« steht der »tiefe(n) schauervolle(n) Nacht« (253/54) gegenüber. In »Brudersphären Wettgesang« (244) ertönt die Sonne in ihrem unveränderlichen Lauf, den die Menschen bewundern und verehren können, der aber im Grunde mit ihrem wirklichen Leben nicht vermittelt ist.

Der erste Teil des *Faust* ist also »von oben« her aufgebaut; der Herr, die himmlischen Heerscharen, Licht und Sonne, die drei Erzengel treten in Erscheinung. Der erste Monolog drückt den Verzweiflungsschrei eines zum bloßen Geistwesen degenerierten, leidenden Menschen aus, der, wie Hieronymus im Gehäuse, die Natur *außer sich* hat, nur in der Anschauung, aber nicht als etwas, das er selber ist und wovon er lebt. So ist sie in verschiedenen Formen des anderen Menschen, wie der Liebesbeziehung zu Gretchen, oder als Objekt der Anschauung nur in einem Beziehungsverhältnis des Genießens, nicht der Umgestaltung vorhanden.

Die Geisterwelt am Beginn des zweiten Teils ist in der Natur heimisch; Ariel, der hier den Kreislauf der Natur beschreibt und ihn in Verbindung zu den menschlichen Lebensrhythmen setzt, steht den Elfen vor, einem Chor von Luftgeistern aus Shakespeares »Sturm«. Auch hier werden die himmlischen Sphärentöne angeschlagen, das von den Horen gehütete Himmelstor wird krachend geöffnet. Das Abschütteln von Dunkelheit, von Nacht hat jedoch nichts an sich, was dem Verfliegen eines Alptraums vergleichbar wäre. »Schon verloschen sind die Stunden, / Hingeschwunden Schmerz und Glück; / Fühl' es vor! Du wirst gesunden; / Traue neuem Tagesblick.« (4650–4653) Eine neue Kraftquelle des Lebens wird hier entdeckt; die Lichtmetaphysik, die den Faust des ersten Teils treibt, hat hier ihre Kraft verloren, und was als »lumen naturale« erscheint, bezieht seine Kraft eher aus den Lichtübergängen, der Dämmerung, eben aus dem »farbigen Abglanz«, an dem wir unser Leben haben. (4727)

Ist so die Architektonik des zweiten Teils von unten her aufgebaut, von der Erde, den freundlichen Naturgeistern, von der Materie, in der ja immer, nicht nur sprachlich, *māter* steckt, der natürliche Nährboden, so ist doch auf der anderen Seite Faust kein völlig anderer Mensch geworden. Wollte man modern ausdrücken, worin die Kontinuität besteht, so liegt sie im fortbestehenden *Leistungsmotiv,* das jedoch sowohl die Zwecke als auch die Kraftquellen verändert hat.

Der Chor, dem der freundliche Erdgeist Ariel vorsteht und den man schon hier gut als Sprachrohr eines kollektiven Wunsches verstehen kann, schlägt bereits Töne der Melodie des fünften Aktes an. Faust zugewendet, singen die Geister: »Schlaf ist Schale, wirf sie fort! / Säume nicht dich zu erdreisten / Wenn die Menge zaudernd schweift; / Alles kann der Edle leisten, / Der versteht und rasch ergreift.« (4661–4665) Als wäre es Natur, wird diese Botschaft gleichsam unbewußt an Faust weitergegeben, der, erwachend, in sich sofort wieder den Drang zur Tätigkeit, zum Handeln, zur Betriebsamkeit spürt. »Des Lebens Pulse schlagen frisch lebendig, / ... / Du Erde warst auch diese Nacht beständig / Und atmest neu erquickt zu meinen Füßen, / Beginnest schon mit Lust mich zu umgeben, / Du regst und rührst ein kräftiges Beschließen, / Zum höchsten Dasein immerfort zu streben. –« (4679–4685) usw., usw.

Aber was dieses höchste Dasein ausmacht, kann in keinem Punkte mehr verwechselt werden mit dem, was den Ausbruch aus dem Gehäuse der Wissenshörigkeit eines Gelehrten motiviert, der nach des Lebens grünem Baum Ausschau hält und ihn dort findet, wo die eine Tragödie in die andere einmündet, wo aus dem rastlosen, begierigen Gelehrten der Lebenshungrige, genauso abstrakt handelnde Sinnenmensch wird. *Der Dummheit des Gescheiterten entspricht die Blindheit der genießenden Sinnlichkeit,* so könnte ein Weisheitssatz lauten, z. B. Senecas. Im ersten Monolog Fausts im zweiten Teil der Tragödie sind schon die Motive für die Ursprungsquellen der Natur und des menschlichen Lebens in ihrer Widersprüchlichkeit versammelt; das Abwenden von der Sonne – »So bleibe denn die Sonne mir im Rücken!« (4715) –, die Flammenmeere von Liebe und Haß, die glühend uns umwinden, der Augenschmerz, den ungetrübte Himmelsklarheit verursacht.

Will man das, was ich zu erörtern versucht habe, auf eine philosophiegeschichtliche Kontroverse bringen, so könnte man sagen, daß der Faust des ersten Teils Platoniker ist; das Gute und Wahre ist der Inbegriff eines Ideenhimmels, an dem wir durch eigenes Streben und durch Mühe mehr oder weniger teilhaben können (*metexis* nennt Plato das). Der zweite Teil beginnt ganz im Geist des Aristoteles. Die eigentliche Kraft der Dinge kommt aus deren Mitte, Tugenden sind die, die wesenhaft Tüchtigkeit ausdrücken und von konkreten Bezügen zum Gemeinwesen nie ganz abzulösen sind.

Der Abstieg von der Welt des Geistes mit den darin vermuteten magischen Kräften, die dem beschwörenden Willen der Menschen dienstbar sind, zur Sinnlichkeit eines möglichst einvernehmlichen Zusammenhangs mit der Natur hinterläßt Wunden, die auf diesem Wege eines festgehaltenen ontologischen Grabens zwischen Sinnlichkeit und Verstand nicht heilbar sind. So muß im zweiten Teil die ganze Dimension der poetischen Konstruktion verändert werden. Nicht mit dem Subjekt setzt Goethe ein, sondern mit dem, was es gerade in Frage stellt, wenn es sich als Gegenüber versteht, was aber gleichzeitig seine bestimmende Kraftquelle ist, aus der es sich entwickelt. Nicht als Idealist, sondern, wenn man nichts Geistfremdes darin sieht, als Materialist setzt er an. Nicht Metaphysik, zu erkennen, »was die Welt / Im Innersten zusammenhält« (382/83), ist das Leistungsmotiv des Gelehrten, sondern Naturwissenschaft, Technologie, Geschichte sind jene Handlungsmedien, um die herum sich Wohl und Wehe des Gemeinwesens organisieren.

Bewahrt im ersten Teil Faust seine Identität, gehärtet gegen andere und gegen sich selbst, so bricht diese Charakterstruktur in den ersten drei Akten des zweiten Teils auseinander, verliert gleichsam einen Teil der Panzerung, um dann am Ende wieder etwas von dem anzunehmen, was in der Mitte des bearbeiteten Faust-Stoffs überwunden zu sein schien.

Ein lebenslanges inneres Märchen – am Ende versiegelt

Als Alexander Kluge und ich Ende der siebziger Jahre das Buch *Geschichte und Eigensinn* schrieben, begriffen wir Deutschland als Produktionsöffentlichkeit. Die Mechanismen der deutschen Geschichte versuchten wir an der unbewußten Geschichtsschreibung der Märchen zu entziffern. Vieles von dem, was wir damals untersuchten und was die gesamte deutsche Geschichte, nicht lediglich die Westdeutschlands, betraf, hat heute brennende Aktualität gewonnen. Es ist mir eine überraschende und verblüffende Erfahrung, daß mich nach 1989, als sich die Wiedervereinigung abzeichnete, meine Interessen immer deutlicher in Richtung auf eine deutsche Geschichtserzählung drängten, die ich bisher eher im Range einer Welttragödie des modernen Menschen gesehen hatte.

Goethe schob sich in den Vordergrund, vor allem aber die *Faust*-Tragödie. Hier freilich weniger der erste Teil, sondern viel stärker der Schluß und insgesamt der zweite Teil. Indem ich vom Ende her zu lesen begann, bekam die Faust-Erzählung immer klarere Züge einer menschlichen Existenz, die in einer Umbruchphase lebt und im Neuaufbau ihrer Welt alle Sicherheiten der gewohnten alten Identität verloren hat. Plötzlich tauchen die Kantischen Fragestellungen wieder auf: »Was kann ich wissen? Was soll ich tun? Was darf ich hoffen? Die Geborgenheit des alten Gemeinwesens ist verlorengegangen, was kann ich tun, um ein neues aufzubauen? Was an modernem Geist in die alte Welt eindringt, ist auch zerstörerisch und auf Enteignung der Menschen gerichtet. Es wäre gut, wenn ich wenigstens wissen könnte, womit ich zu rechnen habe.« Es sind existentielle Deutungen des Menschen, die Goethe in seinem *Faust* auseinanderlegt; kaum zufällig, daß diese Figur selbst der Übergangszeit vom Mittelalter zur modernen bürgerlichen Welt entstammt. Aber das gibt der Fabel nur die Grundlage. Der Rohstoff, aus dem die Figuren gemacht sind, und die Erzählelemente werden plastischer und lebendiger gerade in einem solchen Aufbruch. In der Welt der großen Umbrüche wird das Zeitkontinuum aufgesprengt. Die kulturelle Dimension, in der Goethe seinen Faust leben läßt, ist durch die Gleichzeitigkeit aller möglichen geschichtlichen Räume und Zeiten ebenso bestimmt wie durch die lebendige Gegenwartserfahrung jener Gebrochenheit der Gesellschaft und des modernen Menschen, die Goethe über sechzig Jahre seines Lebens mitverfolgt hat und in dieser Figur prägnante Gestalt werden ließ.

Was Faust von anderen Prominenten des Dramas unterscheidet, ist nicht allein sein Machtwahn; den haben die meisten der Shakespeare-Figuren ebenso wie die des Sophokles. Faust operiert, in großen Zukunftsprojekten oder auch real, mit den Machtmitteln der *naturwissenschaftlich-technischen* Moderne. Es ist gerade nicht der bloße Wille, die Allmachtsphantasie, sondern es ist die Grenzenlosigkeit des Wissens, die ihm den Status eines »Prothesengottes«[20] verschafft.

Der zweite Teil der Tragödie ist verschlüsselt, mit Zitaten und Andeutungen versetzt; es wird wenig entlang eines Leitfadens erzählt, weder gibt es einheitliche Versmaße, noch entwickeln sich Raum- und Zeitebenen auseinander. Der Text ist eine gewaltige Baustelle, Rohmaterial, von dem Goethe befürchtete, es könnte die Zeitgenossen und vor allem die Kritiker, die seit Jahrzehnten auf den Abschluß dieses Werkes gewartet hatten, unbefriedigt lassen. So kokettiert er mit dem Versiegeln. Man berichtet, er habe am 22. Juli 1831, also nicht lange vor seinem Tod, den *Faust II* abgeschlossen und versiegelt. Am 22. März 1832 ist er gestorben. Bei Förster, Gesprächsbericht vom 25. August 1831, heißt es: »Bei meinem letzten Besuche (1831) lagen zwei starke Foliobände, Manuskripte enthaltend, auf seinem Arbeitstische, und auf diese zeigend, sagte er: ›Unter sieben Siegeln liegt hier der zweite Teil des Faust verschlossen; erst aber, wenn ich es nicht mehr imstande sein werde, mögen andere ihre Hand daran legen.‹«[21] An Zelter schreibt Goethe am 4. September 1831: »Wenn du nun aber nach dem Faust fragst, so kann ich dir erwidern: daß der zweite Teil nun auch in sich abgeschlossen ist. Ich habe seit so vielen Jahren recht gewußt was ich wollte, habe aber nur die einzelnen Stellen ausgeführt die mich im Augenblick interessierten. Dadurch wurden Lücken offenbar, welche ausgefüllt werden mußten. Dieses alles nun zurechtzustellen, faßt ich den festen Vorsatz, es müsse vor meinem Geburtstag geschehen. Und so ward es auch; das Ganze liegt vor mir und ich habe nur noch Kleinigkeiten zu berichten, so siegle ich's ein, und dann mag es das spezifische Gewicht meiner folgenden Bände *(der Ausgabe letzter Hand),* wie es auch damit werden mag, vermehren.«[22] An Boisseré schreibt er am 8. September 1831: »Es ist mir nämlich gelungen, den zweiten Teil des Faust in sich selbst abzuschließen. Ich wußte schon lange her *was,* ja sogar *wie* ich's wollte, und trug es, als ein inneres Märchen, seit so vielen Jahren mit mir herum, führte aber nur die einzelnen Stellen aus, die mich von Zeit zu Zeit näher anmuteten. Nun sollte und konnte dieser zweite Teil nicht so fragmentarisch sein als der erste. Der Verstand hat mehr Rechte daran... Da steht es nun, wie es auch geraten sei. Und, wenn es noch Probleme genug enthält, keineswegs jede Aufklärung darbietet, so wird es doch denjenigen erfreuen, der sich auf Miene, Wink und leise Hindeutung versteht. Er wird sogar mehr finden als ich geben konnte. Und so wird denn das Manuskript endlich eingesiegelt, daß es verborgen bleibe und dereinst, wenn's glückt, die spezifische Schwere der folgenden Bände meiner Werke vermehren möge.«[23]

Von ernstgemeinten Scherzen spricht Goethe und betont immer wieder: »dem vernünftigen Leser (mußte) mehr entgegengearbeitet werden, wenn ihm auch noch an Übergängen zu supplieren *(ergänzen)* genug übrigblieb«[24]; der zweite Teil verlangt mehr Verstand vom Leser. War das der Grund, warum Goethe von einem Buch mit sieben Siegeln sprach?

Der zweite Teil des *Faust* ist in der Tat verständnislos aufgenommen worden, die zeitgenössischen Rezensenten, die den ersten Teil kannten, vermißten mit Recht fast alles, wodurch die Geschichte hätte weitergeführt werden müssen – nach konventionellen Maßstäben, die sie sich angewöhnt hatten. Die Großmeister der Kritik haben tatsächlich diese gewaltige Geschichtserzählung von der Tragödie des modernen Menschen als ein mißglücktes Alterswerk verworfen: Enttäuschend, dieser alternde Goethe, dessen jugendlicher Schwung verbraucht ist! Der zweite Teil des *Faust* ist des ersten nicht würdig! Hätte er doch nur einen zweiten ersten Teil geschrieben! Dann wären wir damit einverstanden! – Das aber war, wie wir wissen, von Anfang an nicht Goethes Absicht. Nach der Versiegelung geht es in anderer Richtung weiter. Weiter auf der Suche nach den Urphänomenen in Natur und Gesellschaft.

Vom Glück und Unglück des »Prothesengottes«. Aktuelle Überlegungen 2005

»Es klingt nicht nur wie ein Märchen, es ist direkt die Erfüllung aller – nein, der meisten – Märchenwünsche, was der Mensch durch seine Wissenschaft und Technik auf dieser Erde hergestellt hat, in der er zuerst als ein schwaches Tierwesen auftrat und in die jedes Individuum seiner Art wiederum als hilfloser Säugling

– *oh inch of nature!* [Shakespearehafte Worte, die aber nicht von Shakespeare stammen, O. N.] – eintreten muß. All diesen Besitz darf er als Kulturerwerb ansprechen. Er hatte sich seit langen Zeiten eine Idealvorstellung von Allmacht und Allwissenheit gebildet, die er in seinen Göttern verkörperte. Ihnen schrieb er alles zu, was seinen Wünschen unerreichbar schien – oder ihm verboten war. Man darf also sagen, diese Götter waren Kulturideale. Nun hat er sich der Erreichung dieses Ideals sehr angenähert, ist beinahe selbst ein Gott geworden. Freilich nur so, wie man nach allgemein menschlichem Urteil Ideale zu erreichen pflegt. Nicht vollkommen, in einigen Stücken gar nicht, in anderen nur so halbwegs. Der Mensch ist sozusagen eine Art Prothesengott geworden, recht großartig, wenn er alle seine Hilfsorgane anlegt, aber sie sind nicht mit ihm verwachsen und machen ihm gelegentlich noch viel zu schaffen. Er hat übrigens ein Recht, sich damit zu trösten, daß diese Entwicklung nicht gerade mit dem Jahr 1930 A. D. abgeschlossen sein wird. Ferne Zeiten werden neue, wahrscheinlich unvorstellbar große Fortschritte auf diesem Gebiete der Kultur mit sich bringen, die Gottähnlichkeit noch weiter steigern. Im Interesse unserer Untersuchung wollen wir aber auch nicht daran vergessen, daß der heutige Mensch sich in seiner Gottähnlichkeit nicht glücklich fühlt.«[25]

FAUST: Der du die weite Welt umschweifst,
Geschäftiger Geist, wie nah fühl' ich mich dir!
GEIST: Du gleichst dem Geist den du begreifst,
Nicht mir! *Verschwindet.*
FAUST: *zusammenstürzend* Nicht dir?
Wem denn?
Ich Ebenbild der Gottheit!
Und nicht einmal dir! (*Faust I,* Nacht, 510–517)

Diese Herabsetzung vermag der Ich-Patriot nicht hinzunehmen. Deutet doch der Name schon Glück und Macht an. *Faustus* war ein römischer Beiname. Lucius Cornelius Sulla *Faustus:* der mit Glück und Macht ausgestattete Diktator Sulla. *Fausta,* die Tochter Sullas. *Faustus* bedeutet »günstig«, »glücklich«, besonders »von günstiger Vorbedeutung«, »glückbringend«.

Wäre das Jahr 2005 ein Jahr wie jedes andere gewesen, mit »normalen« Skandalen, empörenden Verbrechen und den üblichen Alltagsgeschehnissen, dann könnte das Pathos, mit dem ich ihm einen herausragenden Symbolwert zuzuschreiben versuche, leicht der Lächerlichkeit verfallen. Es war jedoch in keinerlei Hinsicht ein normales Jahr. Alte Wunden sind aufgebrochen, neue sind hinzugekommen; und die allseits beschworene Hoffnung, daß sechzig Jahre nach dem definitiven Ende unglaublicher Geschichtsverbrechen, von Krieg, Völkermord und Beschädigung aller menschlichen Züge unserer hochzivilisierten Gesellschaftsordnungen, Frieden im Innern und zwischen den Staaten dieser Weltgesellschaft eintreten könnte, weckt die Skepsis wacher Zeitgenossen.

Daß die Zustände in den Kernbereichen jener europäischen Staaten und Völker, die in der ersten Hälfte des vergangenen Jahrhunderts auch untereinander eine bis dahin in der Geschichte unbekannte Leistung vollbracht hatten, sich nämlich in gewaltigen Materialschlachten gegenseitig umzubringen, mit Bomben und Granaten den Unterschied zwischen Zivilbevölkerung und Soldaten zu verwischen, in der zweiten Hälfte dieses Jahrhunderts unvergleichlich menschlichere, den Möglichkeiten dieser Gattung angemessenere Züge haben, ist ganz unbestreitbar. Anzunehmen, es könnte noch einmal Krieg zwischen Frankreich und Deutschland, zwischen Österreich und Italien oder beliebig anderen Koalitionen geben, kommt uns immer seltener in den Sinn. Aber für die meisten Menschen ist die Abwesenheit von herkömmlichen Kriegen nicht gleichbedeutend mit Frieden. Ihr Gefühl betrügt sie nicht. Noch hält sich mörderischer Kriegszustand an den Rändern Europas, mit ethnischen »Säuberungen« und einem unbeschreiblichen Sadismus in der Verfolgung von Menschen anderer Hautfarbe und Andersdenkender.

Aber Gewalt brodelt auch im Innern der großen, auf ihren Fortschritt stolzen Gesellschaftsordnungen, die vor Reichtum überquellen und doch, was das menschliche Maß ausmacht, von Gerechtigkeit in der Verteilung von Arbeit, Wohlstand und politischer Beteiligung heute weiter entfernt sind als in den Aufbaujahren nach dem Krieg. Christa Wolf hat in ihrer *Kassandra*-Erzählung einen Mahnruf formuliert, der beherzigenswert ist. »Wann Krieg beginnt, das kann man wissen«, sagt sie. »Aber wann beginnt der Vorkrieg. Falls es da Regeln gäbe, müßte man sie weitersagen. In Ton, in Stein eingraben, überliefern. Was stünde da. Da stünde, unter anderen Sätzen: Laßt euch nicht von den Eignen täuschen«.[26]

Eine Regel gibt es, meine ich: Der Kampf gegen den Vorkrieg und damit gegen den Krieg beginnt in den banalen Alltagsverhältnissen, der Schritt für Schritt unternommenen Aufhebung von *Angst und Gewalt*. Die gerechte Organisation des Systems gesellschaftlicher Arbeit und die Herstellung befriedigender individueller Arbeitsverhältnisse sind eine Grundvoraussetzung für den innergesellschaftlichen Friedenszustand und damit für den Frieden insgesamt. Und es gibt eine weitere Regel, die nicht weniger beherzigenswert ist: Wer in seinem Denken und Fühlen bewußt oder auch fahrlässig verloren gibt, über den Menschen nachzudenken, sich von ihm einen Begriff zu machen, in jedem

Ereignis, jeder Handlung auch erkennbar zu machen, was den Sinn seines Lebens stiftet, warum er da ist und wofür er arbeitet – der wird am Ende nichts mehr übrigbehalten, wofür es zu arbeiten und zu denken lohnt. Das ist aber nur die Hälfte dieser Regel; die andere besteht darin, daß kein menschliches Wesen, von welchem Individualisierungstrend es sich auch bestätigt und aufgehoben glaubt, Lebenssinn, Glück und befriedigende Erfahrungen im Umgang mit Menschen und Dingen ausschließlich aus sich gewinnen kann; in jedem Augenblick ist es mit dem konfrontiert, was das Gemeinwesen ausmacht. So ist die dritte Regel so zu formulieren: Wer das Gemeinwesen beschädigt, ruiniert am Ende sich selbst.

Was der Mensch vermag, ist Gegenstand des philosophischen Nachdenkens seit Entstehung der Hochkultur. Die unheimliche Botschaft des Delphischen Orakels: »Erkenne dich selbst!«, war ja darauf gemünzt, daß die Menschen nach innen gehen: erkennen, was wir können und was unser Vermögen überschreitet. Ich selbst bin es, der oder die wesentlichen Anteil am Gang der Welt hat. Die Abgründe der Gefühle und Gedanken der Menschen zu erfahren, in ihren Wahnsinn und ihre eigentliche Kraft hinabzusteigen, ist ein Urmotiv der Philosophie genauso wie der Dichtung. Viele Übersetzungen des *Antigone*-Chors sind verfügbar, in dem das benannt wird. Eine dieser Übersetzungen lautet: »Vieles ist ungeheuer, nichts ungeheurer als der Mensch« (πολλὰ τὰ δεινὰ κοὐδέν ἀνθρώπου δεινότερον πέλει). Das Unheimliche, das hier der Chor als das kollektive Gewissen der Polis ausspricht, bedarf der Bannung durch Worte und des Aufzählens in einer sichtbaren Bilanz. In dieser Bilanz, wie sie z. B. Aristoteles aufmacht, fehlt nichts an extremen Ausschlägen, die der *Antigone*-Chor erwähnt.

Das durchfährt auch die fahle Flut
in des reißenden Südsturms Not;
…

Völker der Vögel, frohgesinnt,
fängt in Garnen er, rafft hinweg
auch des wilden Getiers Geschlecht,
ja, die Brut der salzigen See
in eng geflochtenen Netzen,
der klug bedachte Mann, besiegt
mit List und Kunst das freie,
bergebesteigende Wild und umschirrt mit dem
Joche den mähnigen Nacken des Rosses und
auch des unbeugsamen Bergstiers.

Und Rede und, rasch wie der Wind,
das Denken erlernt' er, den Trieb,
die Staaten zu ordnen, …
allbewandert, in nichts unbewandert schreitet er
ins Künft'ge: vorm Tod allein
sinnt er niemals Zuflucht aus;
doch für heilloser Krankheit Pein
fand er Hilfe.

Mit kluger Geschicklichkeit für
die Kunst ohne Maßen begabt,
kommt heut er auf Schlimmes, auf Edles morgen.[27]

Aristoteles begreift das Gefährliche der extremen Triebenergien. Er bestimmt Tugend als das, was sich in der Mitte hält (*mesotes*), weil es dauerhaft und förderlich für das Gemeinwesen ist. Tapferkeit ist die Mitte zwischen Tollkühnheit und Feigheit. Je komplexer und unübersichtlicher die Gesellschaftsordnungen werden, in denen sich die Menschen bewegen, desto vorsichtiger wird philosophische Reflexion in der Bestimmung eines zentralen Wesensmerkmals des Menschen. Solche Definitionen sind freilich immer wieder versucht worden; Aristoteles spricht vom *zoon politikón*, vom Menschen als einem unabdingbar in Gemeinwesen existierenden Lebewesen, außerhalb dessen nur Götter oder Tiere leben können. In der mittelalterlichen Philosophie ist der Mensch das *animal rationale*, das mit Verstand und mit Vernunft ausgestattete Lebewesen. Die Renaissance hatte als Selbstideal des Menschen den universell Gebildeten *(uomo universale)*. Die moderne Welt tendierte eher zum *tool making animal* oder dem *homo faber*, dem Menschen als einem arbeitenden und Werkzeuge produzierenden Lebewesen. In der heutigen wirtschaftlich zugeschnittenen Weltanschauung entsteht die Neigung, ein Bild zurechtzuzimmern, in dem sich der unternehmerische mit dem allseits verfügbaren Menschen verbindet.

All das sind Definitionen aus Verlegenheit. Der aus den kosmologischen Zusammenhängen herausgefallene Mensch ist in seinem Wesen nicht mehr eindeutig definierbar, weil das, was sein Wesen ausmacht, in entscheidendem Maße von ihm selbst abhängt. So überlagert allmählich das *Sollen,* das, was der Mensch seinen Möglichkeiten nach sein soll, das *Sein,* wie er tatsächlich ist. Fichte spricht nicht vom Wesen des Menschen, sondern von seiner *Bestimmung.* In der Endfassung der *Kritik der reinen Vernunft* ist alles Interesse der menschlichen Vernunft (das spekulative sowohl als das praktische), wie Kant sagt, vereinigt in folgenden drei Fragen: »Was kann ich wissen?« »Was soll ich tun?« »Was darf ich hoffen?«

Wissen, Hoffen, Tun sind spezifische Ausdrucksformen des Menschen; sie allerdings zu vermischen, bedeutet, alle drei zu korrumpieren. Wer diese in ihrem ganzen Umkreis zu entwickeln und darzustellen vermag, hat einen Begriff vom Wesen des Menschen. Es ist für Kants Denken jedoch bezeichnend, daß sich in den nachgelassenen Schriften, in Notizen und Aufzeichnungen der *Vorlesungen zur Metaphysik* eine vierte Frage den übrigen dreien anschließt, die gesonderter Behandlung bedarf. Was er in der *Kritik der reinen Vernunft* offenläßt, wird hier, im mündlichen Ausdruck, deutlich benannt. Kant sagt: »Das Feld der Philosophie in sensu cosmopolitico läßt sich auf folgende Fragen zurückbringen:

1. Was kann ich wissen? Das zeigt die Metaphysik.
2. Was soll ich thun? Das zeigt die Moral.
3. Was darf ich hoffen? Das lehrt die Religion.
4. Was ist der Mensch? Das lehrt die Anthropologie.«[28]

Aber auch jener Teil der Philosophie, der sich Anthropologie nennt, schafft keinen direkten Zugang zum Wesen des Menschen. Fähigkeiten werden hier beschrieben, Anlagen, Fingerzeige der Natur, Grenzen des Verstandes, der Sinne, der Gefühle. Von Natur aus ist der Mensch weder gut noch böse, Neigungen und Interessen, die Lust an der Zwietracht und am Krieg machen staatliche Zwangsgesetze erforderlich, denen er, wenn die aus dem Innern kommenden moralischen Gesetze nicht ausreichen, unterworfen werden kann. Wissen, Hoffen und Tun bezeichnen den Umkreis menschlicher Ausdrucksformen, die das Wesen der Menschen ausmachen. »Man könnte alles Anthropologie nennen, weil sich die drei ersten Fragen auf die letztere beziehen«, fügt Kant dem zweifachen »Zeigen« und zweifachen »Lehren« hinzu[29], verwirft aber diesen Gedanken der Vermischung der Ebenen sogleich wieder. Er bleibt bei der säuberlichen Trennung der Verstandestätigkeiten, die mit Gesetzen und zwingenden Beweisverfahren operieren, und jener Bereiche, in denen empirische Erfahrungen und spirituelle Ausblicke allenfalls gut begründete Lehrgebäude ermöglichen. »Metábasis eis állo génos«, dieses gewiß lustvolle, aber mit folgenreichen Irrtümern bezahlte »Springen« von einer Ebene zur anderen, von Aristoteles als Denkfehler bezeichnet, zerstört für Kant jedes verantwortungsbewußte und redliche Philosophieren.

Kant macht sich über die Abgründe und das Unheimliche im Menschen keine Illusion: »…aus so krummem Holze, als woraus der Mensch gemacht ist, kann nichts ganz Gerades gezimmert werden. Nur Annäherung zu dieser Idee ist uns von der Natur auferlegt.«[30] Der Krieg sei ein Apriori, also *vor* jeder Erfahrung, einfach »auf die menschliche Natur gepfropft«. Und das »Problem der Staatseinrichtung ist, so hart wie es auch klingt, selbst für ein Volk von Teufeln (wenn sie nur Verstand haben) auflösbar«[31].

Indem ich mich auf solche Überlegungen über das Wesen des Menschen einlasse, merke ich, wie beschwerlich und umständlich der Weg ist, um zu meinem eigentlichen Thema zu kommen. Ich bin auf der Suche nach jener Bruchstelle in der Definition des Menschen, an der das absolut Neuartige erkennbar wird. Die Gewalt am Menschen, die Quälereien von Seele und Körper, die Schändung der Besiegten – das alles findet sich dargestellt und in spannungsreichen Szenen verdichtet bereits bei Homer; läßt sich an Schmerz und Leid überbieten, was Prometheus passiert, an einen Felsen genagelt, wehrlos, zusehend, wie ein Raubvogel die stets nachwachsende Leber Stück für Stück herausreißt? Oder das grenzenlose Unglück des Sisyphos – der Alptraum jedes

Menschen, dessen mühevolle Arbeit keinen Abschluß finden kann? Der Härte und Unerbittlichkeit dieses Mythos ist schwerlich durch leichtfertige Ästhetisierung des Absurden etwas Weiches und Menschenfreundliches abzutrotzen, wie Albert Camus es will: »Jedes Gran dieses Steins, jeder Splitter dieses durchnächtigten Berges bedeutet allein für ihn eine ganze Welt. Der Kampf gegen Gipfel vermag ein Menschenherz auszufüllen. Wir müssen uns Sisyphos als einen glücklichen Menschen vorstellen.«[32] Nein, das ist nur schwer vorstellbar. Irgendwann müßte der verdammte Stein über den Berg rollen! »Homo sum, humani nihil a me alieno puto«, ist die auf Menander zurückgehende Spruchweisheit des Komödiendichters Terenz, die in der Zeit des Humanismus besonders gerne gebraucht wird. »Ich bin ein Mensch, und nichts Menschliches ist mir fremd«, heißt das ja.

Sind also die Probleme, mit denen wir es heute zu tun haben, wenn wir nach einer Begriffsbestimmung für den Menschen suchen, lediglich Variationen längst bekannter uralter Kräfte, die für unsere Neugier und unser Wissensbedürfnis nichts mehr offen lassen? So könnte der Mensch selbst zum Mythos werden, existierend in einem geschlossenen Kreis, in den nichts Neues eindringt. Eine Monade, die in der Tat fensterlos wäre.

Plötzlich taucht dann aber doch etwas ganz Neuartiges auf. Sechzig Jahre ist es jetzt her, daß das Massensterben im Krieg ein Ende fand und die wenigen Überlebenden eines völlig neuartigen, staatlich organisierten Verwaltungsmassenmordes aus den Vernichtungslagern befreit werden konnten. Systematisches Quälen, Aushungern und Zerstören der Menschen durch Arbeit ziehen sich zu einer Art Urbild des modernen Krieges zusammen, in dem die wehrlos Gemachten nicht mehr geschützt, sondern getötet werden. Prometheus hatte den Raub des Feuers, das den

Menschen aus der Roheit der Natur befreien sollte, mit Fesselung und Leid bezahlen müssen; die modernen Geschöpfe des Prometheus verwenden das Feuer ganz anders, sie bauen Krematorien, in die Massen von Menschen gedrängt werden, sie legen Brände in Synagogen und schleudern Brandfackeln in bewohnte Häuser, sie errichten Scheiterhaufen für Bücher und Menschen.

Aber auch dort, wo der Wahnsinn der Vernichtung Restlegitimationen der Leidvermeidung ins Feld führen kann, weil das Ende des Krieges stets ein sinnvolles Ziel ist, werden Tore für neue Entwicklungen aufgestoßen, die nicht mehr ein Volk von Teufeln benötigen, um die Zerstörung der Erde und die Selbstzerstörung des Menschen zu betreiben. Es ist dieser Mordzusammenhang des Atombombenabwurfs auf Hiroshima und Nagasaki. Ist es Mord oder nur eine Probe aufs Exempel möglicher Selbstzerstörung? Es ist unvergleichlich in allem, was an Absichten und strategischen Überlegungen dahintersteckt. Aber auch hier zeigen sich Urphänomene des modernen Krieges, in dem fast nichts mehr von den Clausewitzschen Prinzipien des Krieges, als einer Form des Handels und der Fortsetzung von Politik mit anderen Mitteln, enthalten ist. Dieser Krieg ist die brennende Hölle, der Schmelzofen, durch den Materie und Organisches unterschiedslos ineinanderfließen.

Vieles ist ungeheuer, aber, wie der bereits zitierte Chor der *Antigone* sagt, nichts ungeheurer als der Mensch. Sind diese Möglichkeiten, die zur Realität geworden sind, aus der heutigen Definition des Menschen auszuschließen? – Nein. Wenn hier aber auch, in diesen extremen Ausprägungen unserer Welt, ein Aspekt des modernen Menschen erkennbar wird, dann ist die Sorge um den Begriff des Menschen ein existentielles Problem des Lebens. Ein weites Feld von Scharlatanerien und hohlen Versprechungen öffnet sich, wenn eine begriffliche Leerstelle bleibt.

Die verheerenden Wirkungen der Atombomben, die auf zwei Städte abgeworfen wurden, haben Günther Anders veranlaßt, von der »Antiquiertheit des Menschen«[33] zu sprechen. Gemeint hat er den Widerspruch zwischen den durch Kopf und Hand des Menschen produzierten Zerstörungsmitteln und der alten Verstandes- und Sinnesausstattung, die sich im Prozeß von Jahrtausenden gebildet hat und die jetzt dem, was er selbst zu produzieren vermag, nicht mehr gewachsen ist. Fast alle Kategorien der herkömmlichen Geschichte des Denkens haben sich verdreht. Denn alle Grausamkeiten der Vergangenheit zusammengenommen, alles menschliche Leid und alle Verbrechen waren doch nicht ausreichend, daß die Menschen anders als in ihren Mythen und Religionen das Ende der Welt denken konnten. Zum ersten Mal in der menschlichen Geschichte ist es jetzt möglich, daß die Menschen sich selbst und die Naturgrundlage ihres Lebens auf unabsehbare Zeit zerstören können. Das setzt einen radikal neuen Punkt für das Nachdenken über den Menschen und seine Wesenskräfte. *Herstellungskraft* und *Vorstellungskraft* weichen, wie Günther Anders zeigt, so radikal auseinander wie noch nie in der menschlichen Geschichte.

In diesem Zusammenhang stellen sich für mich die Kantischen Grundfragen neu. Um das Programm des Zeitalters der Kritik und der Aufklärung zu bezeichnen, das wesentlich auf Beseitigung des Bürgerkriegs im Denken zielt, stellt er, wie erwähnt, drei Fragen: Was kann ich wissen? Was soll ich tun? Was darf ich hoffen? Die erste dieser Fragen war für ihn offenbar noch ein Problem, denn es ging ihm um gesicherte, und das hieß für ihn: naturwissenschaftlich begründete, Erkenntnis, die zur Realitätsaneignung und -bewältigung tauglich ist. Die Frage ist heute leicht zu beantworten, denn selbst prominente Naturwissenschaftler wie Erwin Chargaff sind mittlerweile erschrocken über die Beschleunigungsgeschwindigkeit, mit der die Naturwissenschaften voranschreiten, und er plädiert für die Rückkehr zur »kleinen Wissenschaft«, also für einen eher handwerklich bestimmten Wissenschaftsbetrieb.

Mir scheint demgegenüber notwendig zu sein, das Kantische »Können« als einen von den Sachverhalten her, auf die er sich ursprünglich bezog, veralteten Begriff zu betrachten und ihn durch ein nicht prinzipielles, jedoch offenes »Sollen« zu ersetzen: Was *sollte* ich wissen, damit die Gefahren, die mit dem Machbaren und Erkennbaren verknüpft sind, vermieden werden können? Ein solches Wissen würde technisch-naturwissenschaftliche Erkenntnis einbinden in gesellschaftliches und geschichtliches Bewußtsein und den Irrtum vermeiden, es wäre gegenständliches, wertneutrales Wissen. Wenn ich der Gentechnologie das Wort rede, *sollte* ich wissen, was unter bestimmten Herrschaftsbedingungen damit gemacht werden kann. *Ich kann es wissen,* aber es wäre notwendig, auch die Konsequenzen eines solchen Wissens zu bedenken: Dieses würde nicht nur technischer Art sein, sondern sich auf den Lebenszusammenhang der Menschen beziehen.

Daran angefügt ist bei Kant die Frage: Was soll ich tun? Ich soll alles tun, was der *Menschheit in meiner Person* zu ihrem Recht verhilft. Das jedoch ist ein Imperativ, der so allgemein gehalten ist, daß er zu nichtssagenden Bekenntnissen herausfordert. Die Kantische Frage muß also umformuliert werden, indem nicht das Sollen, sondern ein in *Handlungszusammenhängen* eingebundenes *Können* unsere auf Erkenntnis und Wissen gehende Neugierde bestimmt. Welche Möglichkeiten des Eingriffs in die Verhältnisse bestehen, welche Folgen haben sie? Denn es ist häufig die Formel der in Ohnmacht versetzten Menschen, daß sie nichts tun *können,* obwohl sie sich dessen doch bewußt sind, daß sie etwas tun *sollten.* Von dieser Entmutigung des Tuns, die jedem einzelnen widerfährt, lebt der zerstörerische Selbstlauf der Verhältnisse.

Und schließlich bedürfen wir nicht des Kantischen: Was *darf* ich hoffen?, sondern unsere Frage lautet: Was *muß* ich hoffen, damit die in mir arbeitende Phantasietätigkeit, die Einbildungskraft, nicht bloße Privattätigkeit bleibt oder dem gesellschaftlichen Betrieb eingefügt wird, wie etwa an den Formen der ghettoisierten Kunstpraxis abzulesen ist. Das Jahr 2005 war eines der Rückerinnerungen, von Trauer und Glück der Davongekommenen, der gewaltigen Aufwendungen für Verdrängung und Realitätsverleugnung. Es ist ein merkwürdiges Klima der Spannungen entstanden, niederträchtige Aufrechnungen auf der einen Seite, Beschwörungen auf der anderen, aus der Vergangenheit zu lernen und nichts der Vergessenheit preiszugeben. Aber sind wir sicherer in unserem Gefühl geworden, daß das Vergangene nicht wiederkehrt? Das ist schwer zu sagen.

Sechzig Jahre nach Kriegsende ist diese Offenheit der Situation eine bedrückende Erfahrung. Nicht, daß es immer schlimmer würde, kann als Signum dieser Zeit verstanden werden. Die extremen Ausschläge nehmen zu, die Maßlosigkeit im Verhältnis von Innen und Außen, von Wärme und Kälte. Das ist das Problem.

Ob diese Steuerungslosigkeit in den Beziehungen zwischen Innen und Außen, zwischen der Binnenwelt des Hauses, der Familie und der Gesellschaft, den politischen Institutionen, dem Staat in der deutschen Geschichte bis zum heutigen Tage besonders ausgeprägt ist? Ich weiß das nicht, aber es ist erstaunlich, wie viele Erzählungen, Schauspiele, Tragödien, Romane diese Unausgewogenheit zwischen Innen und Außen zum Gegenstand haben. Die Territorien und Reiche, die sich mit der subjektiven Innenwelt, dem *noúmenon,* dem Intelligiblen, dem Raum der reinen Zwecke und der Freiheit auseinandersetzen, haben gewaltige Ausmaße in der deutschen Literatur. Wo sich dagegen ein Roman auf das politische Feld wagt, die nationalen Symbole und Institutionen nicht einfach verschlüsselt, sondern in ihrer prekären Gestalt präzise beschreibt (wie im Falle von Günter Grass' Roman *Ein weites Feld*), erzeugt das Wut und Entrüstung, obwohl doch die französische Romanliteratur und ihr spezifischer Realismus ohne Gesellschaftskritik überhaupt nicht verständlich wären.

So ist mir das Jahr 2005 aus vielerlei Gründen Anlaß, den »Prothesengott« Faust in ein geschichtliches Milieu einzuordnen, in dem sich die Zeitdimensionen von Vergangenheit und Gegenwart verschränken und Lernprozesse auslösen können. Weimar und Buchenwald – Buchenwald und Weimar gehören zu einer solchen Konstellation, die Bestürzung und Verwundung immer aufs Neue bewirkt; einer geschichtlichen Szenerie, ohne deren Einbeziehung Goethes Tragödie in politische Hohlräume fallen und einen erheblichen Teil ihres Wahrheitsgehalts einbüßen würde. Niemand hat das zurückhaltender und subtiler zum Ausdruck gebracht als Jorge Semprún, KZ-Häftling Nr. 44904, in zwei eindrucksvollen und authentischen literarischen Dokumentationen, die sein Leben in beiden Welten, der teuflischen Buchenwalds und der zutiefst humanen Goethes, berühren: *Was für ein schöner Sonntag!*[34] und *Die große Reise*[35]. Besonders nachhaltig und eindrucksvoll muß jene Textcollage Jorge Semprúns gewesen sein (übrigens sein erstes Theaterstück), die auf dem Ehrenfriedhof der Roten Armee 1995 unter dem Titel *Bleiche Mutter, Zarte Schwester* uraufgeführt wurde und neunmal wiederholt worden ist. Klaus Michael Grüber hat dieses moderne Tragödienstück inszeniert. Ich habe es selbst nicht gesehen, aber die Texte zwingen uns, über Prothesengötter weiter nachzudenken – auch über Faust.

Die für dramatische Zwecke auseinandergelegte Einheit: Faust und Mephisto

Ist nicht die Schicksalhaftigkeit der ein für allemal geprägten und identisch bleibenden Charaktere Thema einer Tragödie, sondern sind deren Gegenstand Handlungszusammenhänge, also das wirkliche Verhalten der Menschen, die nicht alles machen *müssen,* was sie tun *können,* dann spielt die Veränderung der Erfahrungsmilieus, die Verschiedenartigkeit der jeweiligen raumzeitlichen Umwelt eine entscheidende Rolle für den Persönlichkeitswandel. Charakterwandlungen gibt es, aber keine Lernprozesse vom ersten Teil des *Faust* zum zweiten. Am besten läßt sich das an der Veränderung der Beziehung zwischen jenen Personen zeigen, die dauerhaft miteinander zu tun haben, ja, die in einer Art Symbiose aneinandergekettet sind und deren Dialoge auch die intensivsten und spannungsreichsten sind: an *Faust* und *Mephisto*.

Auch Mephisto ist keine konstante Gestalt. Buchstäblich im Schatten Fausts existierend, als eine Art gestaltetes Gegenprinzip eingeführt, sind seine Handlungen und Ratschläge, seine offenen Absichten, seine hinterhältigen Gedanken doch auf ganz verschiedene Zwecke gerichtet. Stumpfsinnig wäre es in der Tat, hätte Mephisto in beiden Teilen des Dramas immer nur die Absicht, die recht einseitige Wette mit dem Herrn unter allen Umständen und stets in direktem Zugang zu den für ihn günstigen Objekten zu gewinnen. Im ersten Teil ist Mephisto zweifelsfrei der Versucher, der Verführer; im zweiten Teil betätigt er sich ganz anders, er ist der Berater, manchmal der vernünftige Freund, zeitweilig der Beschützer, häufig zwar seine Kompetenzen überschreitend, aber nie so, daß für Faust ein zureichender Grund bestünde, den Streit mit Mephisto zum Hauptkampfplatz zu machen. Manchmal präsentiert er sich als ein wahrer Freund, einfühlsam und die unausgesprochenen Absichten Fausts verständnisvoll deutend, wenn dieser die *unbeabsichtigten* Nebenfolgen seines Handelns gerne in die Verantwortung eines anderen schieben möchte. Viele Hinweise gibt es darauf, daß Faust der Gesinnungsethiker bleiben möchte, dem der gute Wille ganz im Sinne Kants für die Begründung der Tat ausreicht. Wenigstens zweimal hat die geringfügige Umdeutung des Faustischen Willens durch Mephisto tödliche Folgen, für die Faust jedoch jede Verantwortung bestreitet.

»Trüber Tag. Feld. Faust. Mephistopheles.« So ist gegen Ende des ersten Teils eine Szene beschrieben, in der harte Wahrheiten ausgetauscht werden. Noch liegt Blutschuld auf der Stadt, »von deiner Hand«, sagt Mephisto, als Faust ihn beschimpft und nach Tyrannenart die Rettung Gretchens befiehlt. Als wäre er der Kenner der antiken Mythologie, erinnert Mephisto, sonst für die griechische Antike *nicht* zuständig, an die unsichtbaren Verfolger des Verbrechens. »Über des Erschlagenen Stätte schweben rächende Geister und lauern auf den wiederkehrenden Mörder.« (Trüber Tag, Feld, 53–55)

Am Ende sind Gretchens Mutter und Bruder tödliche Opfer von Fausts Liebesverlangen. Faust selbst führt den tödlichen

Schlag gegen Valentin, und das Fläschchen mit den, von ihm als ungefährlich bezeichneten, Tropfen übergibt er persönlich Gretchen. Wollte er in beiden Fällen die unbeabsichtigten Nebenfolgen seines Handelns vor sich selbst verbergen, sie gar nicht zur Kenntnis nehmen? Oder wußte er, was er tat, weil sein starrer Blick auf das Ziel, das er erreichen wollte, ihm jede Möglichkeit der abwägenden Überlegung über die Mittel verstellte? Mephisto legt jedenfalls auf diese Wunden schadenfroh seinen Finger. Faust: »Mir wühlt es Mark und Leben durch, das Elend dieser einzigen; du grinsest gelassen über das Schicksal von Tausenden hin!« Mephisto antwortet darauf: »Nun sind wir schon wieder an der Grenze unsres Witzes, da wo euch Menschen der Sinn überschnappt. Warum machst du Gemeinschaft mit uns, wenn du sie nicht durchführen kannst? Willst fliegen und bist vor'm Schwindel nicht sicher? Drangen wir uns dir auf, oder du dich uns?« (Trüber Tag, Feld, 26–34)

Das ist nun die entscheidende Frage, die sich durch die ganze Tragödie zieht.

Der zweite tödliche Irrtum passiert im fünften Akt, bei der Vertreibung von Philemon und Baucis. Gewiß, Faust erinnert an seinen ausdrücklichen Auftrag: »War't ihr für meine Worte taub! / Tausch wollt ich, wollte keinen Raub.« (11370/71) Ein Fluch folgt, aber jetzt ist die letzte Wegstrecke eingeleitet. Den Auftrag zur Vertreibung, daran kann auch Faust keinen Zweifel lassen, hat er selbst erteilt; als er den Türmer jammern hört, verdrießt ihn diese ungeduldige, von ihm selbst eingeleitete Tat des Abbrennens zu »halbverkohlter Stämme Graun« (11343). Die Vertreibung der Alten hält er für gerechtfertigt, im Sinne höherer Interessen, denn in seiner Vorstellung ist dieses kleine Stückchen Erde, auf dem Philemon und Baucis mit der Kapelle sitzen, nicht vernünftig genutzt. Und sie könnten doch froh sein, daß sie eine neue Wohnung bekommen. In seiner Wahrnehmung ist es eine sozialverträgliche, mit individuellen Vorteilen verknüpfte Umsiedlung, eigentlich kein Gewaltakt. So beruhigt sich Faust im Augenblick der Wahrnehmung der abbrennenden Waldung, des vernichteten Lindenwuchses, der Hütte und der Kapelle.

> Da seh ich auch die neue Wohnung,
> Die jenes alte Paar umschließt,
> Das, im Gefühl großmütiger Schonung,
> Der späten Tage froh genießt. (11346–11349)

Mephisto erweist sich als eine nicht weniger schillernde und in sich zerrissene Figur als die Fausts. Er ist der freundliche Berater, der hinterhältige Versucher, der eine für ihn hoch gesetzte Wette gewinnen oder die im Vertrag festgelegte Leistung für sich in Anspruch nehmen will, aber auch der Zyniker und jene negative Kraft, von der keineswegs immer zu sagen ist, daß sie das Böse will und stets das Gute schafft.

Natürlich ist etwas von der höchst konventionellen literarischen Konstruktion von Herr und Diener in dieser Doppelfigur enthalten, einer Konstruktion, die mit dem aufkommenden Bürgertum die Fortentwicklung des vertrauten Sklaven als reflektierender Schatten eines Herrn erfahren hat, der Standesunterschiede nicht mehr respektiert, weil ihm als freiem Bürger die ganze Welt offen steht. In der in Hegels *Phänomenologie des Geistes* entwickelten Herr-Knecht-Dialektik trägt am Ende, weil er ein arbeitendes Selbstbewußtsein gegenüber dem abstrakten Herrschaftswillen des Herren in Anschlag bringen kann, der Knecht den geschichtlichen Sieg davon. In Goethes *Faust* kommt es nicht zu dem Punkt, an dem der Abhängige zum Herrscher wird, aus ganz einfachem Grund: *Der Herrscher selbst entwickelt bürgerliche*

Leistungsmoral. Nicht ganz ohne teuflische Hilfe, aber doch aus innerer Motivationskraft. So läßt sich die Doppelfigur von Don Quichote und Sancho Pansa nur entfernt mit dem vergleichen, was die Beziehungsdialektik zwischen Faust und Mephisto ausmacht. Andere durch Herrschaft bestimmte Doppelfiguren aus der Literatur wären heranzuziehen, um sie an dem Verhältnis zwischen Mephisto und Faust zu messen. Bemerkenswert an dieser Konfiguration ist jedoch, daß weder Charaktermängel noch Situationsfehler im Handeln konstant bleiben. Ja, ihre persönliche Identität, wenn man davon sprechen will, wird gleichsam durch Außenblicke, insbesondere im zweiten Teil, durch Maskierungen und das Hineinschlüpfen in andere Figuren ständig auf die Probe gestellt. Diese Doppelfiguren üben sich in vielfältigen Verwirrspielen. Auch sind die jeweiligen Machtbefugnisse von Ort und Zeit abhängig; über die antike Welt hat Mephisto z. B. nur eingeschränkte Macht.

Bestimmte Lebenszüge bleiben freilich in beiden Figuren konstant. Bei Faust sind es der grübelnde Charakterzug, die immer wieder auftretenden Selbstzweifel, der entschiedene Wille, für keine Schandtat, kein Leid oder Verbrechen persönliche Verantwortung zu übernehmen, verknüpft mit einer Art Willensmetaphysik, die sein Abenteurertum und seinen unternehmerischen Geist in fast allen Situationen bestimmt. *Über diesem Prinzip des verantwortungslosen Handelns liegt ein Schleier schicksalhaften Getriebenseins.*

Mephisto ist durchgängig der mit zynischem Unterton auftretende Bilanzbuchhalter von Gutem und Bösem. Es wäre verfehlt, ihn als rein negatives Prinzip zu verstehen. In häufig unpassenden Situationen erinnert er an das, was Faust vergessen hat oder verdrängen möchte. Er ist in vielen Punkten kompletter Kantianer: Er geht von den ungünstigsten Bedingungen der Welt aus; die Wahrscheinlichkeit des Scheiterns setzt er sehr hoch an. Eine gesellschaftliche Friedensorganisation mit Teufeln, die Verstand haben, könnte gut zu seinen Vorstellungen passen.

Man kann nicht sagen, daß Mephisto ins Scheitern verliebt sei, ihm liegt jedoch viel an der Aufklärung: Er haßt die *Selbsttäuschung der Menschen*. Wenn sie für gut ausgeben, was nichts mit Moral zu tun hat, sondern mit ihren begierigen Interessen. Mephisto ist ein äußerst kompetenter Interessenpsychologe, der den von Faust immer wieder nach oben gerichteten Blick zu den hehren Zielen und zu den guten Absichten auf jenen Punkt zurückbringt, an dem die Blamage dieser von Interessen gereinigten Ideenschau den irdischen Boden erkennen läßt.

Die geschichtlichen Zeitverhältnisse aus diesem Paar, das friedlich miteinander weder leben kann noch sich zu trennen imstande ist, völlig herausziehen zu wollen, wäre ein vergeblicher Versuch. Ich weiß nicht, was für Goethe selbst die geschichtliche Vorlage ist. Mir drängen sich die politischen Figuren in der ganz ähnlich angespannten, aber untrennbaren Beziehung von *Citoyen* und *Bourgeois* auf. Auch bei diesen geschichtlichen Handlungsfiguren läßt sich nichts idealtypisch Reines festmachen. Sie kleben aneinander, bekämpfen sich, entwerten gegenseitig das, was der je andere macht und denkt, kooperieren andererseits, wenn es um gewagte Unternehmungen und riskante Projekte geht. Wer von beiden der Gute und wer der eindeutig Böse ist, lässt sich in konkreten Handlungszusammenhängen häufig gar nicht unterscheiden. Der Citoyen will zweifellos der wirkliche, *menschliche Mensch* sein, der über sich hinausgewachsen ist und die Alltagswelt als das Banale hinter sich gebracht hat. Seine Existenz ist auf das Gemeinwesen existentiell bezogen, aber der Bourgeois, der die Basis für Sicherheit und materiellen Wohlstand schafft, kann die Verachtung des Citoyen gut verkraften. Denn die wirkliche Macht verkörpert diese Figur des Egoismus, der Verschlagenheit, der diabolischen Gemeinheiten – gegenüber dem anderen, der in platonische Lichthöhen sich erhebt.

So drängt sich mir der Gedanke auf, daß Faust und Mephisto im Grunde eine einzige Figur sind, aus Gründen der poetischen Handlungsdramatik in zwei Gestalten auseinandergelegt; aber nur wenn man die Selbstzerrissenheit, die Ansätze von Glück und Unglück, das Teuflische und das Humane gleichzeitig denkt, gewinnt man den Begriff vom modernen Menschen, so wie ihn Goethe wohl in dessen Steuerungslosigkeit und den damit verknüpften extremen Ausschlägen seines Denkens und Handelns zeigen wollte. Das ist selbstverständlich ein sehr spekulativer Gedanke, der vielleicht eher dazu dient, in diesen beiden poetischen Figuren *Seiten* aufzudecken, die brennende Aktualität besitzen und in der Tat mit dem Geschehen des 20. Jahrhunderts, dem blutigsten der Jahrhunderte, aufs engste verknüpft sind.

Goethe selbst ist dieser Gedanke nicht so fremd; er hat wohl an eine in sich geschlossene, aber selbstzerrissene Gestalt gedacht, die jedoch über das weit hinausgeht, was es an Schattenkonstruktionen in der Literatur gibt, z. B. in Chamissos *Peter Schlemihl* oder in Balzacs *Das Chagrinleder* oder in Heines »Caput VI« des *Wintermärchens,* wo er die Geschichte der Doppelnaturen entwirft. In einem Gespräch mit Eckermann am 27. März 1831 sagt er: »Merck und ich waren immer miteinander wie Faust und Mephistopheles. So mokierte er sich über einen Brief meines Vaters aus Italien, worin dieser sich über die schlechte Lebensweise, das ungewohnte Essen, den schweren Wein und die Mosquitos beklagt, und er konnte ihm nicht verzeihen, daß in dem herrlichen Lande und der prächtigen Umgebung ihn so kleine Dinge wie Essen, Trinken und Fliegen hätten inkommodieren [belästigen] können. Alle solche Neckereien gingen bei Merck unstreitig aus dem Fundament einer hohen Kultur hervor; allein, da er nicht produktiv war, sondern im Gegenteil eine entschieden negative Richtung hatte, so war er immer weniger zum Lobe bereit als zum Tadel, und er suchte unwillkürlich alles hervor, um solchem Kitzel zu genügen.«

Nur wenn man Faust und Mephisto als eine einzige Person denkt, also Fausts Leiden am Zerfall der Seele in zwei selbständige Teile ernst nimmt, hat man den Goetheschen Bezugsrahmen für eine Gegenwartsdiagnose des modernen Menschen gewonnen. Wäre Mephisto bloßer Spiegel oder Schatten oder im jederzeit gehorsamen Knechtschaftsbewußtsein kommentierender Diener, dann würden alle wirklich tragischen Elemente dieser Tragödie, die ja ohne die Willensautonomie des modernen Menschen gar nicht mehr denkbar sind, ins Bukolische abrutschen. Vor dem Tor, beim Osterspaziergang, schwärmt Wagner vom Glück des Wissens und von der behäbigen Zufriedenheit im beruflichen Erfolg. Dem ganz auf Sinnenfreuden der Buchgelehrsamkeit beschränkten Wagner erläutert Faust, worin der Wesenskern seiner Persönlichkeit besteht:

Du bist dir nur des einen Triebs bewußt;
O lerne nie den andern kennen!
Zwei Seelen wohnen, ach! in meiner Brust,
Die eine will sich von der andern trennen;
Die eine hält, in derber Liebeslust,
Sich an die Welt, mit klammernden Organen;
Die andre hebt gewaltsam sich vom Dust
Zu den Gefilden hoher Ahnen. (1110-1117)

Sind für Goethe Faust und Mephisto deshalb nicht mehr in einer einzigen Gefäßgröße auf die Bühne zu bringen, weil die zum Zerreißen angespannten Möglichkeiten der modernen Subjektivität (wie der Anfangschor der *Antigone* andeutet) nicht mehr in einer Gestalt faßbar sind und aus dramaturgischen Gründen auseinandergezogen werden müssen? Ich vermute das. Es gibt ja viele Varianten dieser gebrochenen Identität des Menschen und seiner Selbstzerrissenheit. Kant hat diese ins Subjekt gesetzte Zwei-Seelen-Lehre in dem Bild von einem inneren Gerichtshof festgehalten, in dem das reflektierende Subjekt als Ankläger, Verteidiger und Richter gleichzeitig auftritt.

In diesem Bild eines ins Innere des Menschen verlagerten Gerichtshofes moderner Prägung, der allen Beteiligten eine Chance des Rechtssieges offenhält, dem Anwalt des Staates ebenso wie dem Angeklagten und dem Richter, ist ein urbürgerliches Phänomen der Rechts- und Gewissenswelt formuliert. Gerade dieses merkwürdige Bild von Kant zeigt, wie sehr er selbst *Moralität* und *Legalität* in unüberbietbarer und prinzipieller Strenge auseinanderhält, in der konkreten Subjektivität des wirklichen bürgerlichen Menschen beides so genau wiederum nicht auseinanderzuhalten vermag. Auf Kant sich zu beziehen, um der poetischen Figur Faust Charaktermerkmale in den Realitätsverwicklungen der modernen Welt abzugewinnen, kann nicht ganz abwegig sein.

Es ist ja die vorbürgerliche Welt, in der alles mit allem verknüpft ist; der Himmel ist eindeutig definiert als das *empyrēum,* als konkret erfahrbarer und sichtbarer Ort, der Erde im Gegenstandscharakter darin durchaus vergleichbar; Gegenprinzip ist die Hölle. Der Zerfall dieser kosmologischen Ordnung, die bis in die Verankerungen der Subjektivität geht, gibt dem aufstrebenden Bürger das Bewußtsein, daß er das erste umfassende Tat-Subjekt in der Geschichte ist, weil er konstituiert, Dinge, die eigentlich zusammengehören, verbinden kann und Dinge, die nur dunkel vermischt werden, zu trennen vermag. Reflektierende Urteilskraft, aus der *Struktur des Besonderen* das verbindliche Allgemeine ausfindig zu machen, ist Hauptkennzeichen von Aufklärung. Nicht das, was Kant auch benennt: die *bestimmende* Urteilskraft; für diese ist das Gesetz gegeben, und gesucht wird nur der Anwendungsfall, das Besondere. Solche Lernprozesse entwickeln kein Unterscheidungsvermögen. Es ist bloßes Auswendiglernen.

Geschichtlich sind die zwei Seelen, die Faust in ihrer Zerrissenheit beklagt, lutherisches Erbe; die Stelle seiner Übersetzung des Römerbriefs, in dem er die Gnade Gottes ausschließlich dem Glauben vorbehält und nicht verursacht sieht durch des Gesetzes Werke, also das *solum* (»ausschließlich«) hinzufügt (wie ihm das die Papstfolger vorwerfen), das zieht sich mit Varianten, z. B. der calvinistischen Gnadenwahl, durch die gesamte bürgerliche Welt. Wagner, dieser »trockne Schleicher« (521) im Gewande des Gelehrten, spielt im *Faust* die Rolle des Alltagsspießers. Seine Erfolge sind von *dieser* Welt. Er könnte glücklich sein, wenn er eine wohlgeordnete Familie hätte, Erfolg als Wissenschaftler, Anerkennung für seine medizinischen oder sonstigen Leistungen. Die empirische Welt erfüllt den Lebenssinn dieses Menschen. Gegen *ihn* ist der Protest des aus allen Fesseln gelösten Bürgers gerichtet, der sich der Unendlichkeit des Subjektvermögens bewußt zu werden beginnt. Es ist das Menschheitspathos, das gegen diese empirische Enge der sichtbaren Welt Einspruch erhebt. Die sinnlich faßbare Welt ist zu eng für diese revolutionäre Kraft des Aufbruchs.

Aber was ist in diesem *Besonderen* der revolutionäre Ausbruch? Es ist verblüffend, wahrzunehmen, wie so radikal verschiedene Intellektuelle wie Goethe und Kant in einer Reihe bürgerlicher Gemeinsamkeiten sich treffen; aber beide sehen die Grenzen des »Prothesengottes«, als der sich der Mensch zu begreifen beginnt, und verwerfen die Nebentätigkeit seines Handelns, die von einer Gesellschaft zunehmender Kälte berührt wird.

Das will ich erweitern, weil dem zu wenig Aufmerksamkeit gewidmet worden ist. *Faust* ist nur am Rande als ein Werk der *politischen Philosophie* aufgenommen worden; das entspringt der Unterbewertung des zweiten Teils dieser *Tragödie des modernen Menschen*; schon Goethe hatte ja zusätzliche Gedankenarbeit für diesen Teil angekündigt. Diese Tragödie hat hier ihren *literarischen* Ausdruck, wie in der Philosophie des deutschen Idealismus ihren *philosophischen*. Kant, Fichte, Hegel – auch der Bruch des Idealismus: Marx, Kierkegaard, Nietzsche – stehen diesem den Verstand herausfordernden Werk äußerst nahe.

Es ist viel Aufwand mit der Interpretation der »zwei Seelen« Fausts getrieben worden, ohne Aufmerksamkeit darauf zu richten, daß hier Grundwidersprüche und Selbstzerrissenheit im mühsamen Entwicklungsprozeß des bürgerlichen Subjekts zum Ausdruck kommen. Wenn ich behaupte, Faust und Mephisto sind im Grunde eine Wesenseinheit, aber aus *Handlungsgründen* nach bestimmten Eigenschaften gebündelt und auseinandergelegt, dann hat die Arbeit an der Wiederherstellung eines ganzen Menschen mit seinen widersprüchlichen Willensimpulsen und Denkweisen noch eine ganz andere, viel breitere Dimension. Es ist ein philosophisches Grundthema der Moderne, das Faust anstößt. Die Sinnenwelt, in Raum- und Zeitkoordinaten eingebannt, *res extensa*, wie Descartes diesen Schwereblock der Welt nennt, löst sich immer stärker von jener luftigen Geisterwelt der Metaphysik, in deren Behausungen Ideen, Träume, Allmachtswünsche geschoben und gepflegt werden. Der Philosophie fällt neuerdings, im Unterschied zur Tradition, in der es wesentlich um Herstellung von Verbindungen zwischen den Dingen ging, eine ganz neue Aufgabe zu: die mühevolle Arbeit der *Entmischung*. Faust hält nichts von dieser Tätigkeit; ja, er verachtet sie. Wenn schon Erkenntnis nicht mehr mächtig genug ist, dem *Übermenschen* (ein Begriff, der hier, V. 490, im *Faust* zum ersten Mal erscheint) alle Tore zur Natur- und Menschenbeherrschung zu öffnen, dann müssen eben andere Kräfte mobilisiert werden. Der Renaissance-Arzt, Zeitgenosse von Martin Luther, von Lukas Cranach und Albrecht Dürer, Naturforscher und Philosoph: Theophrastus Bombastus von Hohenheim, genannt Paracelsus, rebellierte entschieden gegen diese von allen Geistern verlassene, ausgedörrte Welt. Paracelsus erklärt: »Die Magie kann die himmlische Kraft in das Medium Mensch bringen und in demselben seine Operationen vollbringen.«[36] Wagner, der seine Geistesfreuden »von Buch zu Buch, von Blatt zu Blatt« (1105) findet – gerade ihm erläutert Faust sein quälerisches Seelenproblem, das den Grenzen der Menschennatur entspringt, mit einem dritten Ach (wobei er doch das erste schon überhaupt nicht verstehen konnte): »Ach! zu des Geistes Flügeln wird so leicht / Kein körperlicher Flügel sich gesellen.« (1090–1091)

Was sich nun in der Charakterspaltung Fausts niederschlägt, ist nicht weniger als die zugespitzte Form des seit Plato bestehenden Problems jener Trennung, die dann als *chorismós* in das Denken der europäischen Philosophie eingegangen ist. *Chorismós* bedeutet die strikte Getrenntheit der Seinssphären voneinander in bezug auf das Erkennen, am entschiedensten formuliert bei

Plato, der eine scharfe Abkopplung der Ideensphäre von der Welt der Wirklichkeit vornimmt. Dieser *chorismós*, der ontologische Graben zwischen der Sinnenwelt, den Gegenständen möglicher Erfahrung, und der erfahrungsunabhängigen Verstandeswelt, erhält im Kantischen Denken eine besondere Prägung. Unentwegt ist Kant mit der Arbeit von Entmischungen beschäftigt. Eine Vielzahl von Begriffen bezeichnen solche radikalen Trennungen; *a priori* und *a posteriori*, Ding-an-sich und Erscheinung, *noúmenon* und *phenómenon*, Verstand und Sinnlichkeit – und in allen diesen Fällen beharrt er auf der *Unübersetzbarkeit* dieser verschiedenen Sphären und Dingwelten ineinander. Wo Vermischungen eintreten, ist das Zentrum der Erkenntnis bedroht. Nun ist Erkenntnis weder aus reiner Erfahrung noch aus reinem Denken möglich; die zwölf Kategorien sind Grundformen des Denkens und bestimmen gleichzeitig den Zusammenhalt der Dinge. Die Kategorie der Kausalität ist eine apriorische Denkform, nicht, wie David Hume meinte, eine durch unendliche Wiederholung geprägte Gewohnheitskategorie. Mit ihr (der Kategorie Kausalität) alleine können wir natürlich allerhand anstellen, in einer die Erfahrung überschreitenden Geisterwelt, so wie Swedenborg das tut und worauf Kant bissig in seinen *Träumen eines Geistersehers* antwortet. Wenn nun aber Kategorien nicht aus Erfahrung gewonnen werden können und Sinnenerfahrungen für Erkenntnis nicht ausreichen – wie kann Kant dann Erkenntnis auf eben diese zwei Stämme: *Sinnlichkeit und Verstand*, gründen? Wo ist das Dritte, wodurch sie im Erkenntnisprozeß miteinander verknüpft werden?

Das ist eben ein zentrales Problem der Kantischen Philosophie; will er die ganze *Entmischungsarbeit* nicht rückgängig machen und auf das zurückgreifen, was dann später Schelling mit der Idee einer »intellektuellen Anschauung« macht, muß er auf ein dialektisches Drittes sein Augenmerk richten. Im Kapitel »Vom Schematismus der Kritik der reinen Vernunft« müht er sich, das Auseinanderfallen von Sinnlichkeit und Verstand, die aber doch nur gemeinsam das konstituieren, was Erkenntnis ausmacht, in einer *dritten* Kraftquelle vermitteln zu lassen. »Nun sind aber reine Verstandesbegriffe, in Vergleichung mit empirischen (ja überhaupt sinnlichen) Anschauungen, ganz ungleichartig, und können niemals in irgendeiner Anschauung angetroffen werden. Wie ist nun die Subsumtion der letzteren unter die erste, mithin die Anwendung der Kategorie auf Erscheinungen möglich, da doch niemand sagen wird: diese, z. B. die Kausalität, könne auch durch Sinne angeschauet werden und sei in der Erscheinung enthalten? Diese so natürliche und erhebliche Frage ist nun eigentlich die Ursache, welche eine transzendentale Doktrin der Urteilskraft notwendig macht, um nämlich die Möglichkeit zu zeigen, wie *reine Verstandesbegriffe* auf Erscheinungen überhaupt angewandt werden können.«[37]

Es muß nach Kant ein Drittes geben, was diese totale Ungleichartigkeit mildert oder aufhebt. Er greift deshalb auf zwei Vermittlungsformen zurück, auf zwei menschliche Vermögen, könnte man auch sagen: *Urteilskraft* und *Einbildungskraft*. Es ist eine der merkwürdigsten Konstruktionen der Kantischen Philosophie, wenn er Bild und Schema miteinander verkoppeln will. Das Bild kommt aus der sinnlichen Anschauung, das Schema, transzendentales Schema nennt er es, aus der Welt apriorischer Begriffe und Kategorien. Das Schema kann man als eine *sinnenfremde* Struktur bezeichnen. Kants Mühe ist groß, diesen ontologischen Graben, den seine Philosophie noch einmal vertieft, überschreitbar zu machen. So scheut er auch nicht vor Konstruktionen zurück, die Goethe in seiner Kunst der Verrätselungen im zweiten Teil des *Faust* durchaus gefallen würden. Es kommt eine Art transzendentaler Hund zum Vorschein, ein Pudel ganz besonderer Prägung: »Der Begriff vom Hunde bedeutet eine Regel, nach welcher meine Einbildungskraft die Gestalt eines vierfüßigen Tieres allgemein verzeichnen kann, ohne auf irgendeine einzige besondere Gestalt, die mir die Erfahrung darbietet, oder auch ein jedes mögliche Bild, was ich in concreto darstellen kann, eingeschränkt zu sein.«[38]

Im Grunde geht es hier um eine Vermittlungstätigkeit jener zwei Seelen, die in der Brust Fausts auseinandertreiben; Goethe reklamiert für diesen Vermittlungsprozeß die Poesie, Einbildungskraft in einem sehr weit gefaßten Sinne, die selbst das Einfühlungsvermögen in die Maßverhältnisse der Natur umgreift. Für Kant sind es Urteilskraft und das Einbildungsvermögen, beides aber Kraftquellen, die sich nur als Grenzbereiche verstehen lassen. »Dieser Schematismus unseres Verstandes, in Ansehung der Erscheinungen und ihrer bloßen Form, ist eine verborgene Kunst in den Tiefen der menschlichen Seele, deren wahre Handgriffe wir der Natur schwerlich jemals abraten, und sie unverdeckt vor Augen legen werden.«[39]

Der Kant-Exkurs in diesem Zusammenhang kann hilfreich sein, die tragische Vermittlungslosigkeit von sinnlicher und übersinnlicher Welt in der Faust-Karriere als den durchgängigen Rohstoff für Flucht, Unzufriedenheit und Weltverachtung Fausts besser zu erklären. Auch dort, wo er zum Beobachter und zum distanziert Genießenden aufsteigt oder gar die Rolle des Poeten übernimmt, bleiben die zwei Seelen unversöhnt. Diese verborgene Kunst in den Tiefen der menschlichen Seele zu enthüllen, reichen freilich Praktiken der Beschwörung und der Magie nicht aus; für Goethe ebenso wie für Kant führt kein Weg daran vorbei, die menschliche Autonomie zu erweitern und im eigenen Interesse und im Blick auf die Natur mündiger und das heißt: *urteilsfähiger* zu machen. Diesen Weg beschreitet Faust nicht; ihm ist es deshalb verwehrt, in seinen Karrieresprüngen gewonnene Erfahrungen aufzubewahren und im Sinne seiner Persönlichkeitserweiterung zu verarbeiten.

Die Seelenklage Fausts mag manchen auf die Fährte führen, die ihn zu jener Stelle im Beschluß der *Kritik der praktischen Vernunft* bringt, welche die Weite des Universums, auf die auch Faust immer wieder spekuliert, mit der nicht geringeren Reichhaltigkeit und Weite irdischer Gebundenheit verknüpft, die das Reich der Freiheit ausmacht. Auch hier ist eine Spanne bezeichnet, die für den Menschen an sich zu groß geraten ist und die er nur überwinden kann, wenn er sich als ein autonom gestaltendes moralisches Lebewesen versteht. »Zwei Dinge erfüllen das Gemüt mit immer neuer und zunehmender Bewunderung und Ehrfurcht, je öfter und anhaltender sich das Nachdenken damit beschäftigt: *der bestirnte Himmel über mir, und das moralische Gesetz in mir.* Beide darf ich nicht als in Dunkelheiten verhüllt, oder im Überschwenglichen, außer meinem Gesichtskreise, suchen und bloß vermuten; ich sehe sie vor mir und verknüpfe sie unmittelbar mit dem Bewußtsein meiner Existenz.«[40]

Das ist eben die entscheidende Differenz zwischen Kant und Faust; die faustische Existenzweise will selbst den bestirnten Himmel über sich ergreifen und Bewunderung und Ehrfurcht auf jenes Subjekt legen, das dieses Herrschaftszugriffs mächtig ist. Kant beschränkt sich auf Bewunderung und Ehrfurcht.

»Meere des Irrtums« und »Inseln der Wahrheit«. Der englische und der deutsche Faust

Christopher Marlowes Faust stirbt im Kreise seiner Berufskollegen, der Himmel und Hölle unentwegt kommentierenden Gelehrten; hilfsbereit trösten sie ihn, aber ohnmächtig müssen sie zusehen, wie unentrinnbar Faust dem Absturz in die Hölle entgegentaumelt. *Dieser* Faust hat ein Bewußtsein von seinem Untergang; sein Todesgang hat ganz und gar irdische Züge. Beim Zwölf-Uhr-Schlag bricht er, der zur Erde zurück will, in eine ungewöhnliche Klage aus: »Es schlägt! Es schlägt! Leib, lös dich auf in Luft, sonst trägt dich lebend Luzifer zur Hölle! O Seele, wandle Dich zu Wassertropfen und fall ins Weltenmeer, ewig unauffindbar!« Das ist ein großer Gedanke vom Sterben. Versinken – unauffindbar im Weltenmeer. Aber das Ende spielt sich auch nicht in einem Palast ab, sondern im Nebenraum von Fausts Studierzimmer. Und die Worte der drei Gelehrten, Wissenschaftskollegen Fausts, klingen nicht hämisch, sondern anerkennend besorgt um das bittere Ende einer so hoffnungsvoll begonnenen Karriere. So sagt der erste Gelehrte: »Ihr Herrn, hat nun auch Faust ein End' genommen, daß jedes Christen Herz drob jammern muß, so war er doch ein Lehrer, einst bewundert an deutschen Schulen für sein großes Wissen; drum laßt gebührend uns sein arm Gebein bestatten, und in Trauerkleidern sollen ihn die Studenten all zum Grab geleiten.«

Studenten sind es, die hier für die Grablegung sorgen, nicht, wie bei Goethe, die »aus Ligamenten [Sehnen und Bändern] und Gebein / Geflickten Halbnaturen« (11512/13) der Lemuren, die mit Spottversen Fausts letzten Weg begleiten. Warum nicht Studenten? Goethe war sich offenbar dessen bewußt, daß ein verzweifelter Intellektueller auch kein achtungswürdiger akademischer Lehrer sein kann. Zwar spielen auf dem Großen Vorhof des Palastes, wo das Grabgeschehen sich entwickelt, Fackeln, wie bei Studentenehrungen für ihre akademischen Lehrer, eine Rolle, aber es sind alles verbogene und zwielichtige Gestalten, die sich hier bewegen. Wie sollten Studenten auch einen Magister und Doktor ehren können, der sich, weil er seine maßlosen Ansprüche auf absolutes Wissen nicht erfüllt findet, entschieden weigert, den Reichtum seines *begrenzten Wissens* Schülern zu übermitteln?!

Diese Nicht-Achtung kritischer Aufklärung durch begrenztes Wissen, durch das, was wir wissen können, setzt schon im »Habe nun, ach!«-Monolog ein und hält sich durch. Faust ist der Intellektuelle mit der Schlagseite eines Betrügers, der für seinen Betrug stets höhere Interessen geltend machen kann. Er sagt es nicht den anderen, was seine Grenzen sind. »Heiße Magister, heiße Doktor gar, / Und ziehe schon an die zehen Jahr, / Herauf, herab und quer und krumm, / Meine Schüler an der Nase herum – / Und sehe, daß wir nichts wissen können!« (360–364) Das ist eben die Täuschung; wir wissen nicht alles, aber das, was wir wissen, ist nicht belanglos.

Das unterschiedliche Ende von Marlowes *Faust* und von Goethes *Faust* mag auch in der entscheidenden Differenz nationaler Charakterprägungen liegen. Der als Epilog gekennzeichnete »Chorus« Marlowes ist äußerst sparsam, trägt nichts Geheimnisvolles in sich und beinhaltet nicht viel mehr als eine Ciceronische Spruchweisheit, aus der Faust-Karriere zu lernen, die *Maßverhältnisse* der menschlichen Lebensbezüge nie aus den Augen zu verlieren. So ist hier Anfang und Ende gemessen: Was hat Faust aus seinem Leben gemacht? Das Ende ist lateinisch, kaum zufällig für ein Renaissance-Drama.

Chorus: »Das hoffnungsvoll schön aufgeschlossene Reis / ist nun geknickt, Apollos Lorbeerzweig, / der dieses Mannes Haupt umgrünt, verbrannt. / Faust ist dahin, sein satanseigenes Schicksal / sein Höllensturz mög' jeden Weisen lehren / nur staunend anzusehn das Unerlaubte: / *der* Abgrund muß solch kühnen Geist verleiten, / das gottgesetzte Maß zu überschreiten.«

Terminat hora diem; terminat autor opus: »Endigt die Stunde den Tag, endigt der Dichter sein Werk.«[41] – Herkunft nicht nachweisbar.

Ich kann dieses Ende des Maloweschen *Faust* nur so deuten, daß eine gewisse Verständnislosigkeit bei der durch verläßliches Wissen geprägten Gelehrtenzunft übrigbleibt, was dieser Faust mit dem Teufelspakt eigentlich im Schilde geführt haben könnte. Goethes *Faust* endet dagegen im Überschwenglichen, mit einem *Chorus mysticus*; ist das charakteristisch für deutsches Denken? Aber selbst die weit diesseitigere Faust-Gestalt Marlowes hat in England und den anderen europäischen Ländern wenig Einfluß gehabt und die literarische Phantasie kaum erregt. »Alles Vergängliche / Ist nur ein Gleichnis; / Das Unzulängliche / Hier wird's Ereignis; / Das Unbeschreibliche / Hier ist es getan; / Das Ewig-Weibliche / Zieht uns hinan.« Finis. (12104–12112) Sind diese zu weitgespannten Deutungen verrätselten Geheimnisworte spezifisch deutsche Prägungen? Warum endet der deutsche *Faust* mit einem Chorus mysticus und der englische *Faust* mit einer Vorstellungswelt, in der Faust den sehr menschlichen Wunsch äußert, seine Seele möge als Wassertropfen ins Weltmeer stürzen, unauffindbar? Es ist eine merkwürdige Mentalitätsdifferenz zwischen englischem und deutschem Denken. Als Kant mit der Frage beschäftigt war, ob ein Selbstmord zulässig sei oder moralisch verworfen werden müsse, tauchten Humesche Gedanken auf, daß es doch im Interesse aller sein könne, wenn der Selbstmörder sich aus der Gesellschaft durch eigenen Entschluß entferne. Kant widerspricht leidenschaftlich; denn in diesem Fall benutze der Mensch sich selbst als *bloßes Mittel* – was der kategorische Imperativ verbiete.

Andererseits sei es Hume gewesen, der ihn aus dem »dogmatischen Schlummer geweckt« habe. Es ist nicht, wie Descartes in den *Meditationen* vorführt, der methodische Zweifel, der Faust Schritt für Schritt ins Unglück führt, weil der sichere Boden des Denkens immer kleiner wird und am Ende nur die *res cogitans*, das »Ich denke«, übrigbleibt. Es ist auch nicht das anwachsende Lebensgefühl, die Enge der Schulphilosophie aufsprengen zu müssen und sich dem Weltwissen zu öffnen und so das Subjekt mit allem auszustatten, was zuverlässige Orientierung für wahrheitshaltiges Handeln im Blick auf die Neuschaffung der sichtbaren Welt ermöglichen würde. Denn auf diese *Tathandlung* der Neuschaffung will Faust ja hinaus, wenn er, aus ursprungsphilosophischem Erkenntnisinteresse heraus, das »heilige Original« in sein »geliebtes Deutsch« (1222 f.) zu übertragen sich entschließt; im Zuge zunehmender Entwertung des Fleisch gewordenen Logos, wie Luther ihn, als Wort, sehr verengt, übersetzt, entsteht eine ganz neue Rangfolge der Weltanfänge: Vom Wort und Sinn über Kraft zur Tat.[42] Aber um Begründungen geht es Faust selbst in der Zeit seines Intellektuellendaseins überhaupt nicht mehr; da er nicht alles wissen kann, verzichtet er ganz auf diesen wissenden Zugang zur Welt und zum Ich, und in dieser Haltung hat sich ein hohes Maß an Wissenschaftsverachtung angesammelt. »Des Denkens Faden ist zerrissen«, klagt er, »Mir ekelt lange vor allem Wissen. / Laß in den Tiefen der Sinnlichkeit / Uns glühende Leidenschaften stillen!« (1748–1751)

Zwar hat Faust eine Ahnung davon, was es bedeutet, Verstand und Wissenschaft zu verachten (Mephisto, in Fausts Mantel gehüllt, verweist darauf), aber ihn treibt dieses unstillbare Hungergefühl, das ihn nicht ruhen läßt, immer weiter, und je mehr er in der Welt erobert, desto stärker wird das Gefühl, in der Fülle zu verhungern (vgl. 11462). Im Grunde weiß Faust nicht mehr, was richtig und was falsch ist. Wenn Wahrheit keinen benennbar festen Ort mehr hat, dann wird der Mensch vom Meer des Irrtums erfaßt und überschwemmt. Faust benutzt nicht das Wissen, um eine Landkarte im Aristotelischen Sinne zu entwerfen, wo die Orte gesicherter Erkenntnis, die Orte des Ungewissen und jene des Unerkennbaren eingezeichnet sind, sondern für ihn ist nicht einmal das ein verläßlicher Boden, was dann in der bürgerlichen Philosophie seit Descartes methodischem Zweifel als absolut gesicherte Ausgangslage für die Neu-Begründung und Neu-Konstitution der Welt gilt: Das *Ich*. Gerade dieses Ich will er ja opfern, um in die Geheimnisse der Welt Eingang zu finden.

Ich-Entgrenzung oder *Ich-Erweiterung* (um es positiv auszudrücken) müssen nicht verknüpft sein mit dem Verlust der urteilsfähigen Einbildungskraft; Identität bloß über den Subjektentwurf herstellen zu wollen, dem jener objektive Halt fehlt, der die Aristotelische Wissenslandschaft charakterisiert, verfängt sich leicht in historischen Fallstricken. Es ist schon merkwürdig, daß Faust als Intellektueller, der ja vielleicht auch eine Genußseite im Erkennen hätte empfinden können, im *begrenzten* Erkennen, nichts als Klagetöne vorrätig hat. Man weiß nicht so recht, warum er diesen Beruf als Wissenschaftler überhaupt gewählt hat; ist es nur dem zu danken, daß er die Grenzen unseres Wissens überprüfen möchte, um darüber hinauszugehen? Dann wäre aber das Wissen genau das, was es bei Kant und jenen Philosophen ist, die aus erkenntnistheoretischen Begründungen heraus den Anspruch auf Totalitätswissen verneinen. So erklingt die Klage des verzweifelten, seiner Kindheitswurzeln beraubten Intellektuellen, wenn Faust das Wissen, das er hat, nicht nur als unzulänglich verachtet, sondern sogar für unbrauchbar hält.

O glücklich! wer noch hoffen kann
Aus diesem Meer des Irrtums aufzutauchen.
Was man nicht weiß das eben brauchte man,
Und was man weiß kann man nicht brauchen. (1064–1067)

Das kann nur einer sagen, der zwischen der Welt des Irrtums und der Welt der Wahrheit nicht mehr zu unterscheiden vermag; sollte Faust die Utopie haben, aus dem Meer des Irrtums aufzutauchen, dann müßte er sich mit den Inseln der Wahrheit zufriedengeben können – das tut er aber gerade nicht. Meer, Land und Inseln spielen im bürgerlichen Denken eine bedeutende (metaphorische) Rolle. Landgewinnung, Landnahme, wie Carl Schmitt das als originäre Rechtssetzung jedes neuen »Nomos der Erde« bezeichnet hat, haben ein großes Gewicht in der aufklärerischem Denken verpflichteten bürgerlichen Denkweise, die auf Trockenlegung des wilden Meeres und seiner rechtspolitischen Gliederung gerichtet ist und die menschliche Vernunft ins Zentrum aller unserer Bemühungen rückt, *Landgewinnung* als Erweiterung des Freiheitsspielraums der Menschen zu begreifen. Wenn der Faust des fünften Aktes genau darin den Sinn seines Lebens sieht, dann begeht er Verrat an Prinzipien intellektueller Redlichkeit bereits viel früher. Ohne intellektuelle Verantwortung ist die Tat, die *Tathandlung*, welche die Neuschätzung der Welt bewirkt, vor Versinken im Meer des Irrtums nicht gesichert. Will man aus dem Meer des Irrtums auftauchen, muß man eine Vorstellung davon haben, wo das Land der Wahrheit zu vermuten ist.

Goethe hat Kant sehr geschätzt, wie berichtet wird. Vermutlich aber kaum gründlich gelesen. Denn Kants Art und Weise zu argumentieren ist der des »trocknen Schleichers« Wagner (521) so ähnlich, daß Phantasiebedürfnisse Goethes in dieser Figur kaum Halt haben finden können. Selbst Goethes Freund Schiller hat ihm Kant nicht seelenverwandt machen können. Aber viele Themen dieser beiden, Goethe und Kant, sind in einer so eindrucksvollen Art durch ähnliche oder gleichlaufende Fragestellungen bestimmt, daß eine Goethe-Lektüre und eine parallel vorgenommene Kant-Lektüre durchaus sehr viele Querverbindungen der Gedanken herstellen könnten. Selten ist es in der Goethe-Literatur oder der Kant-Literatur *so* gemacht worden.

Kant sagt: »Wir haben jetzt das Land des reinen Verstandes nicht allein durchreiset, und jeden Teil davon sorgfältig in Augenschein genommen, sondern es auch durchmessen, und jedem Dinge auf demselben seine Stelle bestimmt.«[43] Das ist eine *Entmischungsarbeit*, wie sie vorher nur Aristoteles geleistet hatte, nicht Plato, dessen ontologischer Entwurf auf die Wissenslandschaft überhaupt keine Rücksicht genommen hatte. In dieser Entmischung ist allerdings die klare Trennung von Land und Meer enthalten. Dieses Land der Wahrheit ist für Kant eine Insel, eine Subjekt-Insel, auf der das Ich, wie später Freud sagen wird, noch nicht einmal das Privileg hat, Herr im eigenen Hause zu sein. Und diese Insel ist durch die Natur selbst in unveränderliche Grenzen eingeschlossen. Kant erläutert: »Es ist das Land der Wahrheit (ein reizender Name), umgeben von einem weiten und stürmischen Ozeane, dem eigentlichen Sitze des Scheins, wo manche Nebelbank und manches bald wegschmelzende Eis neue

Länder lügt, und indem es den auf Entdeckungen herumschwärmenden Seefahrer unaufhörlich mit leeren Hoffnungen täuscht, ihn in Abenteuer verflechtet, von denen er niemals ablassen, und sie doch auch niemals zu Ende bringen kann.«[44]

Schon die *Kritik der reinen Vernunft* beginnt mit der Ankündigung einer unumgehbaren Selbstverwicklung der Vernunft, die ein hohes Maß an Reflexion und Selbstkontrolle erfordert, um aus diesem widersprüchlichen Argumentationsgeflecht Auswege benennbar machen zu können. Vernunft ist die Kraft, die das Problem erzeugt, zu dessen Lösung sie selbst aufgefordert, aber nicht vollständig imstande ist. »Die menschliche Vernunft«, so setzt die erste »Kritik« ein, »hat das besondere Schicksal in einer Gattung ihrer Erkenntnisse: daß sie durch Fragen belästigt wird, die sie nicht abweisen kann, denn sie sind ihr durch die Natur der Vernunft selbst aufgegeben, die sie aber auch nicht beantworten kann, denn sie übersteigen alles Vermögen der menschlichen Vernunft. In diese Verlegenheit gerät sie ohne ihre Schuld. ... (Sie stürzt sich in Dunkelheit und Widersprüche) ... Der Kampfplatz dieser endlosen Streitigkeiten heißt nun Metaphysik.«[45]

Aber Kant geht einen anderen Weg als Faust, um aus diesem Dilemma sich zu lösen – nicht das Beklagen des Begrenzten ist sein Problem, sondern die Frage des sicheren Wissens, also des Weges in die Bescheidenheit des Menschen, daß er eben nicht *alles* wissen kann. Aber auch nicht alles wissen muß, was er wissen könnte. So ist das Inseldasein des Wissens und der Erkenntnis nichts anderes als die Erkenntnisgrundlage, von der wir mit jedem Schritt, den wir weitergehen können, ausgehen müssen, um im wissenden Horizont der Begrenztheit unseres Daseins handeln zu können.

Es ist kaum zufällig, daß die Meer-Metapher in zwei völlig verschiedenen Argumentationszusammenhängen auftaucht, denen jedoch eines gemeinsam ist: die Frage nach Sicherheit und Wahrheitsfähigkeit. Kant stellt sie in erkenntnistheoretischer Blickrichtung; Freud sucht nach jenem Identitäts-Raum des Ich, der dem Räderwerk der Triebe abgerungen ist, ohne sie ganz ausgrenzen zu können. In dem Kapitel der *Kritik der reinen Vernunft*, in dem es um den zentralen Akt der Entmischung und der Trennung von Erscheinungen und Ding-an-sich, *phenómena* und *noúmena* geht, bemüht sich Kant um eine Art Landvermessung, um im wilden Meer der Irrtümer die Orientierung nicht zu verlieren. »Ehe wir uns aber auf dieses Meer [des Irrtums, O. N.] wagen, um es nach allen Breiten zu durchsuchen, und gewiß zu werden, ob etwas in ihnen zu hoffen sei, so wird es nützlich sein, zuvor noch einen Blick auf die Karte des Landes zu werfen, das wir eben verlassen wollen, und erstlich zu fragen, ob wir mit dem, was es in sich enthält, nicht allenfalls zufrieden sein könnten, oder auch aus Not zufrieden sein müssen, wenn es sonst überall keinen Boden gibt, auf dem wir uns anbauen könnten«.[46]

Darum geht es eben, einen Boden zu finden, auf dem wir uns anbauen können. Erst das ermöglicht nicht nur Erkenntnis, sondern auch Erfahrung und Erfahrungserweiterung. Faust gehört zu jener Sorte von Skeptikern, die Kant als »eine Art Nomaden« bezeichnet, »die allen beständigen Anbau des Bodens verabscheuen…«[47]. Die Faust-Karriere enthält ja diesen Wunsch, dem Nomadendasein den Rücken zu kehren und buchstäblich dem wilden Meer anbaufähigen Boden zu entringen, um ohne Magie und ohne Teufels-Hilfe in einem arbeitenden Gemeinwesen leben zu können. Aber es kommt alles zu spät; Faust wird die Nebelbank des Scheins und die magischen Bannkräfte, auf deren Hebelwirkung er nicht mehr verzichten kann, bis zum Ende nicht los.

Goethe hat, wie Albrecht Schöne aufzeigt, ursprünglich wohl eine andere Lösung des Magieproblems ins Auge gefaßt gehabt. In der Vorfassung, die Schöne auf das Frühjahr 1825 datiert, erklärt in der Mitternachtsszene des fünften Aktes Faust: »Ich habe längst schon die Magie entfernt. / Die Zaubersprüche williglich verlernt«. Hier könnte Fausts am Lebensende stehende Seelenrettung geradezu als verdient erscheinen.[48] In der Endfassung ist von dieser Entlastung Fausts jedoch keine Rede mehr; indem er laut jammert, gesteht er ein, daß Wollen und Gedanken fest in der Bindung fremder Mächte sind. Aber erst als die vier grauen Weiber auftreten und sich die Sorge in seinem Raum festsetzt und das Unheimliche ihm zuviel wird, beklagt er seine selbstverschuldete Unmündigkeit.

Könnt ich Magie von meinem Pfad entfernen
Die Zaubersprüche ganz und gar verlernen;
Stünd ich, Natur! vor dir ein Mann allein
Da wär's der Mühe wert ein Mensch zu sein. (11404–11407)

Dem hätte jedoch vorausgehen müssen, daß er bei allen Turbulenzen und Brüchen seiner Lebensgeschichte ein Moment der Achtung gegenüber Vernunft und Verstand zu wahren bereit ist. Obwohl es gegenteilige Bekundungen gibt, ist es dem Faust-Ich doch nie gelungen, die Triebquellen für verläßliche Kulturarbeit zu nutzen und jene Trockenlegung des wilden Meeres als befriedigende und dauerhafte Erweiterung seines Weltblickes zu empfinden. Je umfangreicher die Landgewinnung, desto unzufriedener und unglücklicher gebärdet sich der Herr dieses Bodens.

Indem Faust die Bewältigung des wilden Meeres ganz nach außen wendet und Trockenlegung nur als Naturbeherrschung versteht, bleiben im Innern des Subjekts die Triebe unverändert und im praktischen Erstarrungszustand. Gerade jene Dynamik, die Freud als das Bewegungszentrum von Kulturarbeit betrachtet, verändert überhaupt nichts an der Persönlichkeitsstruktur, die den ganzen Rollenwandel in der Faust-Karriere als unbehauener Block überlebt.

Die Blindheit, mit der der Intellektuelle geschlagen ist, ist charakteristisches Merkmal auch des Unternehmers. Freud hat einen therapeutischen Weg angezeigt, wie sich das Ich, von drei Herren umzingelt: der *Außenwelt*, dem *Über-Ich* und dem *Es*, durch schrittweise Befreiungsakte lösen kann. Damit das geschehen kann, bedarf das Ich einer Zuschreibung von Eigenschaften im Seelenleben, die mit Vernunft, Verstand, Besonnenheit verknüpft sind, während das Es die ungezähmten Leidenschaften repräsentiert. Ob dieser Prozeß der Ich-Stärkung durch verschiedenartige Trockenlegungen, über heilversprechende Weisheiten, Hypnosen oder magische Praktiken gelingen kann, daran äußert Freud erhebliche Zweifel. Aber er ist klug genug, die mystischen Praktiken aus Heilungsprozessen nicht völlig auszuschließen. Deshalb relativiert er seinen Zugang zum Seelenleben. »Man kann sich auch gut vorstellen, daß es gewissen mystischen Praktiken gelingen mag, die normalen Beziehungen zwischen den einzelnen seelischen Bezirken umzuwerfen, so daß z.B. die Wahrnehmung Verhältnisse im tiefen Ich und im Es erfassen kann, die ihr sonst unzugänglich wären. Ob man auf diesem Weg der letzten Weisheiten habhaft werden wird, von denen man alles Heil erwartet, darf man getrost bezweifeln. Immerhin wollen wir zugeben, daß die therapeutischen Bemühungen der Psychoanalyse sich einen ähnlichen Angriffspunkt gewählt haben. Ihre Absicht ist es ja, das Ich zu stärken, es vom Über-Ich unabhängiger zu machen, sein Wahrnehmungsfeld zu erweitern und seine Organisation auszubauen, so daß es sich neue Stücke des Es aneignen kann. Wo Es war, soll Ich werden. Es ist Kulturarbeit, etwa wie die Trockenlegung der Zuydersee.«[49]

Da Faust jedoch das Krankheitsbewußtsein fehlt, ermangelt er auch des Krankheitsgewinns; er beklagt fortwährend seine Misere, aber jeder nächste Schritt ist kein Schritt des Lern- und Reifungszuwachses.

Exkurs 1
Die Aufdringlichkeit der Sinne. Vom machtgeschützten Verlust der gesellschaftlichen Sehkraft

Unsere Sinne sind von aufdringlicher Natur. Durch riechen, schmecken, sehen, tasten, hören werden wir mit Dingen bekannt gemacht, die in unserer Wahrnehmungskraft wie in einem Vorratslager Eingang finden und aufbewahrt werden, ohne daß wir uns dessen bewußt wären. Solche Sinneseindrücke gehen offensichtlich nie ganz verloren und sind, wenn der sortierende Verstand Erinnerungsinteresse bekundet, meist auch aus diesem Vorratslager herauszuholen und als Beweismittel im Zeugenstand zu verwenden. Dieses Aufdringliche der Sinnesempfindungen hat manchmal grausig-tragische Folgen. Es wird berichtet, daß in der Vorbereitungsphase der sogenannten »Endlösung« Himmler Hunderte von Juden hat hinrichten lassen; er wollte als Zeuge anwesend sein. Die Schreie und der Blutgeruch hätten ihn veranlaßt, Wege eines nach außen hin lautlosen Todes ausfindig zu machen. Die Verwendung von Zyklon B in abgedichteten Gaskammern war dann die erfindungsreiche Lösung dieses Dilemmas. Es ist nicht bekannt, ob sich das genau so zugetragen hat. Die Nazis jedenfalls sind versierte Strategen bei der öffentlichen Verwendung der Sinne gewesen; sie richteten viel Aufmerksamkeit auf das, was gesehen werden mußte und was zu sehen und zu hören verboten war.

Aber auch unterhalb dieser Ebene von Grausamkeit und Menschenverachtung spielen unsere gesellschaftlich geprägten Sinne eine maßgebende Rolle. Als aufmerksame Zeitgenossen sind wir gegenwärtig mit einem für unsere Gesellschaft neuartigen Tatbestand konfrontiert, der uns alltäglich in den Medien entgegenschlägt und Glaubwürdigkeit wohl nur deshalb erwarten darf, weil diese durch vollständige Gleichgültigkeit überlagert ist: Ich meine den Verlust der intakten Arbeitsweise unserer fünf Sinne im politischen Feld.

Da verschwinden Aktenberge in der Regierungszentrale, dem mit mehreren tausend Beamten besetzten Bundeskanzleramt – aber niemand hat etwas gesehen, gehört, mit eigenen Händen angefaßt, weggetragen; es ist aber zweifelsfrei Gegenständliches, um das es hier geht, es sind also Objekte von Sinnestätigkeiten, nicht Virtuelles, nichts, was magischen Praktiken zugeschoben werden kann. Es finden Flugreisen statt, aber die begleitenden Fluggäste haben nichts wahrgenommen. Da werden Millionen auf Konten umgebucht, Aktenkoffer mit immensem Geldinhalt durch die Republik getragen, an bestimmten Orten entleert und mit den Empfängern wohl auch das eine oder andere Handelsgespräch geführt – aber niemand hat etwas gesehen, gehört, betastet; die Akteure selbst haben keine Erinnerung mehr an die Situationen, ihr Gedächtnis setzt sich aus Lücken zusammen.

Aber es geht hier nicht um die Akteure; ihr Sonderinteresse an Selbstverschleierung ist weit gespannt. Es reicht vom verständlichen und legitimen Selbstschutz einer moralisch integren, aber interessenverwickelten Persönlichkeit bis zu Charakterprägungen, für die ein erhebliches Maß krimineller Energie bestimmend ist.

Das sinnlich-materielle Umfeld, in dem sich solche Charaktere bewegen und aufgehoben fühlen können, das heißt, das gesellschaftliche Betriebsklima, ist von entscheidendem Gewicht: wer was sieht und welche Bedeutung dem Wahrgenommenen beigemessen wird. Sehen und Hören als physiologische Vorgänge mögen über Jahrzehnte, ja auch Jahrhunderte unverändert bleiben, aber als gesellschaftliche Sinne sind sie angereichert mit Bedeutungsgehalten, die ihre Sprache und ihre Symbole aus dem bestehenden Macht- und Herrschaftsgefüge beziehen. Wir haben es mit einem in den entwickelten Ländern wachsenden Problem des machtgeschützten Verlustes der gesellschaftlichen Sehkraft zu tun. Die zur zweiten Wirklichkeit gewordene Medienwelt scheint den Sinnen ihre Unmittelbarkeit, ja ihre lebendige Wahrheitshaltigkeit zu nehmen.

Was ist »wirklich«? Was ich in den Medien erfahre, oder was ich selbst sehe? Sind meine Sinne vielleicht in Täuschungen befangen? Der Gedanke läßt sich nicht besser erläutern, als durch den Hinweis auf ein Märchen von Hans Christian Andersen: *Des Kaisers neue Kleider*. Darin wird die Geschichte von Wahrnehmungsblindheit und Erkenntnistrübungen erzählt – aber dumm und blind werden die Menschen erst dadurch, daß sie die Urteilsfähigkeit ihrer Sinne dem Machtgedanken opfern. Deshalb sitzen sie alle dem von zwei Betrügern in der Stadt verbreiteten Gerücht auf, die von ihnen produzierten Kleider hätten die »wunderbare Kraft, daß die Menschen, die für ihr Amt nicht taugten oder ungewöhnlich dumm seien, sie nicht sehen könnten«[50]. So kann es nicht ausbleiben, daß alle, weil sie sich für klug und amtsfähig halten, wohlgestaltete Kleider selbst dort sehen, wo absolut nichts Stoffliches faßbar ist.

Diese selbstverschuldete Unmündigkeit im Gebrauch der eigenen Sinne zieht sich bis in die höchsten Hofkreise und erfaßt selbst den Kaiser; dessen bevorzugter Aufenthaltsort ist, wie es heißt, nicht der Kronrat, sondern die Kleiderkammer. So kann das Geldscheffeln der Betrüger bedenkenlos in der Öffentlichkeit und selbst angesichts des Kontrollblicks der hochbezahlten königlichen Aufsichtsräte und der öffentlichen Berichterstatter fortgesetzt werden. Das Aufklärungsende dieses Verkleidungsmärchens ist verblüffend einfach und revolutionär zugleich. Der feierliche Umzug des Kaisers in seinen neuen Kleidern findet das abrupte und bekannte Ende. »Aber er hat ja gar nichts an! Sagte ein kleines Kind.«[51] In seinem Märchen erzählt Andersen die Geschichte eines durch Macht geblendeten Volkes, das zeitweilig seine natürliche, das heißt, im Erfahrungsumkreis seines Alltags gesicherte Urteilsfähigkeit und die Selbstverständlichkeit von Sinneswahrnehmungen verloren hat. Es ist aber alles andere als eine befreites Lachen erregende Geschichte, die Andersen hier erzählt.

Der Verlust jener in sinnlicher Erfahrung begründeten Urteilsfähigkeit der Menschen hat im gerade vergangenen Jahrhundert für viele Menschen tödliche Folgen gehabt. Es ist eine schreckliche Vergangenheit, von der wir heute sehr viel wissen – man hat weggesehen, wenn der jüdische Kolonialwarenhändler in der Nebenstraße plötzlich den Laden zumachte, die Familie verschwand – die sonst intakte Vernunft hatte das Neugier-Interesse verloren, den Wegen des Verschwindens nachzugehen. Das Wegsehen, die machtgeschützte Sinnenblindheit, wenn Menschen verfolgt und vertrieben, vergewaltigt und öffentlich gequält werden – das gehört nicht der Vergangenheit an. Dieses Sehen und Hören, die Hauptwahrnehmung einer Atmosphäre – das sind höchst sensible gesellschaftliche Kräfte, die der Ausbildung und der pfleglichen Sorgfalt bedürfen. Wo Existenzängste die eigenen Verhaltensmöglichkeiten unsicher machen, wird auch das, was ich sehe, sehr schnell in das vorherrschende Machtgefüge eingeordnet. Ich sehe dann nur das, was die Mächtigen *nicht* verärgert. Wenn dieser Angstrohstoff im gegenwärtig nach sozialdarwinistischen Mustern tobenden Überlebenskampf der Menschen wächst (und viele Tendenzen weisen in diese Richtung), dann ist soziale Kälte die Folge. Der Kältestrom in den menschlichen Beziehungen drückt auf die Lebensgeister der Sinne; ihnen fehlt der öffentliche Raum der Entfaltung, sie verarmen. Was in den politischen Handlungszusammenhängen ruchbar wird und einen nach dem anderen Untersuchungsausschuß auf den Plan ruft, ist nur die Spitze des Eisbergs. Darunter liegt auf breiter Front eine kompakte Masse verarmter Sinne. Aber oben ist anzusetzen, wenn es um Glaubwürdigkeit und nachahmenswerte Alternativen geht. Habe Mut, Dich Deines Verstandes ohne Anleitung eines Anderen zu bedienen, heißt es bei Immanuel Kant, wenn er Aufklärung als Ausgang des Menschen aus seiner selbstverschuldeten Unmündigkeit definiert.

Der Verstand reicht für das Mündigwerden jedoch nicht aus. Hinzukommen müssen die in ihrer ursprünglichen Neugier freigesetzten und kritikfähig gemachten Sinne. Wo das, was seit der Blütezeit der römischen Republik vor über 2000 Jahren *Sensus communis* genannt wurde und was Kant kaum zufällig ins Zentrum seines Begriffs öffentlicher Urteilskraft gerückt hat, verlorenzugehen droht oder in der Wertehierarchie ganz nach unten rutscht, da zerbröckeln zivilisatorische Schutzschichten des öffentlichen Lebens. Von der Entfaltung eines urteilsfähigen Sehens im Blick auf das Gemeinwesen hängt vieles ab, was Glaubwürdigkeit ausmacht; was die Politiker gerne als Glaubwürdigkeitsverlust der Politik beklagen, als käme das wie vom Schicksal über die Gesellschaft, dafür tragen sie selbst und in der Regel höchst persönlich ein hohes Maß an Verantwortung. Nur mit kritischer Urteilsfähigkeit versetzte Sinne sind mutig; weil sie das Wegsehen und Überhören nicht mehr nötig haben, zeigen sie sich widerstandsfähig gegenüber den Anmaßungen stumpfen Machtgehabes, von dem sich in Dienst nehmen zu lassen sie immer wieder Neigung verspüren.

Zur politischen Dialektik von Achtung, Nähe und Distanz

Der fünfte Akt des *Faust II* setzt mit einer Szenenfolge ein, die in extremer Spannung zu dem dann folgenden Geschehen steht. Ein Wanderer tritt auf, der dem greisen Paar, das ihn als Schiffbrüchigen einst vor den Fluten gerettet und gastfreundlich versorgt hat, für den weit zurückliegenden Akt menschlichen Wohltuns danken möchte. Er kommt von ferne her, aus der Weite, und der Blick von jener Stelle, auf der er Zuflucht gefunden hatte, geht in eine »offene Gegend«. Was nun in diesem, bei einem wohlbereiteten, aber kärglichen Mahl ausgetragen, in kurzen Viertaktversen formulierten Gespräch geschieht, entwickelt sich zu einer äußerst sensiblen Dramatik. Die Versform selbst, die Albrecht Schöne als »vierhebige Trochäen« benennt, drückt im Allgemeinen kindliche Ruhe und emotionale Gelassenheit aus. Hier aber zeigt sie, wie im Gefüge der menschlichen Bindungen, die die Achtung des Anderen zum Zentrum haben, Risse auftreten und die Angst vor Vernichtung zu wachsen beginnt.

Wenn ich hier die Begriffe Nähe, Distanz und Achtung in einen inneren Zusammenhang zu bringen versuche, dann ist das dem Geschehen dieses Anfangskapitels des fünften Aktes, mit Goethes Interpretation der Ovidschen Mythenerzählung von Philemon und Baucis, keineswegs äußerlich aufgesetzt. Eine ganze Reihe von Themen werden angeschlagen, die später eine Rolle spielen, aber nicht mehr vollständig entfaltet werden. Es ist die Rolle des Fremden, des Wanderers, der bereits vor vielen Jahren Gastrecht genoß und freundlich versorgt wurde, um jetzt noch einmal letzten Dank abzustatten; denn bedankt hat er sich bestimmt schon früher, als er, mit dem Lebensnotwendigen ausgestattet, die Alten verlassen hat. Der Gerettete betrachtet es als eine innere Pflicht, die Gelegenheit noch einmal zu suchen, um *vor* dem Tode der Alten ihnen Achtung und Hochschätzung zu bekunden. Gastrecht ist ein uraltes, ja archaisches Recht, noch bei Kant hat dieses Recht, in der für ihn charakteristischen Differenzierung von Hospitalität (Wirtbarkeit) und Gastrecht, einen hohen Rang, wenn er Hospitalität zu einem transzendentalen, das heißt, überempirisch geltenden, Recht erhebt. Der Umgang mit dem Fremden und den Fremden bezeugt den inneren Kulturzustand der Menschen. Kant erklärt diese Hochrangigkeit der Hospitalität folgendermaßen: »Es ist hier ... nicht von Philanthropie, sondern vom *Recht* die Rede, und da bedeutet *Hospitalität* (Wirtbarkeit) das Recht eines Fremdlings, seiner Ankunft auf dem Boden eines andern wegen, von diesem nicht feindselig behandelt zu werden. Dieser kann ihn abweisen, wenn es ohne seinen Untergang geschehen kann; so lange er aber auf seinem Platz sich friedlich verhält, ihm nicht feindlich begegnen. Es ist kein *Gastrecht,* worauf dieser Anspruch machen kann (wozu ein besonderer wohltätiger Vertrag erfordert werden würde, ihn auf eine gewisse Zeit zum Hausgenossen zu machen), sondern ein *Besuchsrecht,* welches allen Menschen zusteht, sich zur Gesellschaft anzubieten, vermöge des Rechts des gemeinschaftlichen Besitzes der Oberfläche der Erde, auf der, als Kugelfläche, sie sich nicht ins Unendliche zerstreuen können, sondern endlich sich doch nebeneinander dulden zu müssen, ursprünglich aber niemand an einem Ort der Erde zu sein mehr Recht hat, als der andere.«[52]

Es ist kaum zufällig, daß diese »Wanderer-Phantasie« den fünften Akt einleitet. Goethe hat behauptet, daß er außer den Namen Philemon und Baucis nichts den Ovidschen *Metamorphosen* entnommen habe; das ist aber mit Recht immer wieder bezweifelt worden. Zwar ist unstrittig, daß das jeweilige Ende von Philemon und Baucis bei Goethe und bei Ovid radikal verschieden ist; aber die Motivkonstellationen in der alten und der neuen Bearbeitung des Mythos sind doch sehr ähnlich. Es ist daher sinnvoll, einen Augenblick bei den Ovidschen *Metamorphosen* zu verharren.

Erzählt wird: »…es stehn auf phrygischem Hügel / Linde und Eiche gesellt, von mäßiger Mauer umgeben. / *Ich* habe selbst die Gegend gesehn, … Nahe der Stelle ein Moor, besiedelte Erde vorzeiten, / heut ein Gewässer, belebt von Taucherente und Sumpfhuhn.«[53] Aus einer städtischen Kulturlandschaft ist Moor geworden und ein Revier für Wasservögel. Das ist Resultat einer gewaltigen Strafexpedition der Götter. Jupiter in der Gestalt eines Sterblichen und mit dem Göttervater der Enkel des Atlas, ohne Flügel, waren auf Wanderschaft gegangen, um zu überprüfen, wer ihnen Einlaß in ihr Haus gewähre, also die Gesetze der Götter, das Gastrecht, respektiere. »Tausend Häuser gingen sie an, ein Obdach zu heischen, / Tausend Häuser verschloß der Riegel. Das letzte empfing sie, / klein, mit Stroh und Schilf nur gedeckt. Doch in ihm war das gute / Mütterchen Baucis einst als junges Mädchen dem Jüngling, / ihrem Philemon, vermählt; in ihm waren beide gealtert, / hatten in ihm mit heiterem Sinn und ohne zu klagen / frei ihre Armut bekannt und leicht ihre Bürde getragen. / Suchst du Herrn oder Diener: gleichviel hier – / sind doch die Beiden / selber das ganze Haus, befehlen zugleich und gehorchen.«[54] Es folgt eine anrührende Beschreibung dessen, was die beiden Alten aus ihrer kargen Ausstattung alles machen, das die Bequemlichkeit, den Durst und den Hunger der Gäste befriedigen könnte. Sie tun es aus reiner Achtung vor den Gästen; denn sie wissen nicht, daß es Götter sind, die sie hier freundlich beherbergen. Erst als sie merken, daß der Wein im Krug fortwährend nachläuft, stammeln sie angstvoll Gebete und erbitten Verzeihung für das bescheidene Mahl und den fehlenden Aufwand. Was sich im Haus von Philemon und Baucis abspielt, ist alles andere als eine Idylle, wie man das häufig betrachtet hat. Aus Sorge, für die nun sich selbst offenbarenden Götter nicht genug getan zu haben, wollen sie ihnen die einzige Gans schlachten. Und es heißt bei Ovid: »Wächterin war eine einzige Gans dem winzigen Landsitz. / Diese wollen die Wirte den göttlichen Gästen nun schlachten. / Flügelflink läßt die sich müde haschen die Altersmatten, entgeht ihnen lang und scheint zuletzt bei den Göttern / Zuflucht zu suchen. Die Hohen verbieten, daß man sie töte. / ›Götter‹, so sprechen sie, ›sind wir, und wohlverdient wird die Strafe treffen die gottlosen Nachbarn. Doch euch allein ist beschieden / frei von dem Unheil zu sein. Nur verlaßt jetzt eure Behausung, / folgt unsern Tritten und wandert mit uns vereint auf des Berges Höhe hinauf.‹ ... / Nun sind vom Gipfel so weit sie entfernt, wie auf einmal ein Pfeil kann / fliegen: sie wenden den Blick / – da sehen sie versunken der Stadt un- / gastliche Häuser und fragen, wo denn die frommen geblieben: / *Eines* nur stand, das gastlich den Göttern gewesen«.[55]

Das Ende dieses Mythos, wie er von Ovid erzählt wird, ist in der Tat von dem verschieden, wie Philemon und Baucis bei Goethe enden. Nämlich in einer Hütte, in der sie bei lebendigem Leibe verbrannt werden. Die Achtung, die Ovids Götter Philemon und Baucis entgegenbringen, drücken sie darin aus, daß sie dem greisen Paar ihre Herzenswünsche zu erfüllen erklären: Diese wünschen sich, in der zum Tempel umgewandelten Hütte ihres alten Hauses als Hüter zu dienen. Philemon bespricht sich mit Baucis und gibt den Göttern bekannt, als beider Entschließung: »Priester zu sein, euer heiliges Haus als Hüter zu pflegen, / ist unser Wunsch, und wie wir durchlebt unsere Jahre in Eintracht, / möge die selbe Stund' uns entraffen, daß nie ich die Urne / meiner Gemahlin muß sehen, noch sie mich im Hügel soll bergen.« So ist es dann auch geschehen. Ovid schreibt: »Wie es verheißen, erfüllt sich's. So lang ihm Leben beschieden, / hütet den Tempel das Paar. Und als uralt und entkräftet / einst vor den heiligen Stufen sie stehen, im Gespräch sich erinnernd / all der Geschicke des Orts, sieht Baucis plötzlich Philemon / Blätterumsprossen und *er* von Blättern umsproßt seine Baucis. / Bis der beiden Gesicht überwuchern die wachsenden Wipfel, / wechseln, solange es vergönnt, sie Abschiedsworte: ›So leb denn / wohl, mein Gemahl!‹ So riefen zugleich sie, zugleich auch bedeckte / Astwerk den sprechenden Mund. Es zeigt der thynaeische Landmann / heute die Stämme noch gern, in die ihre Leiber verwandelt.«[56]

Dieses Ende muß Goethe gefallen haben; wir wissen, daß er Ovids *Metamorphosen* seit frühester Jugend kannte. Rückkehr des Menschen in die Natur in einer solchen bildhaften Form der Kommunikation bis zum Ende, das könnte eine Utopie des Sterbens sein. Goethe aber läßt Philemon und Baucis ganz anders sterben. Sie kommen elend zu Tode. Sie sollen vertrieben werden, und weil sie dort sterben wollen, wo sie gelebt haben, werden sie Opfer jener Strafexpedition, die bei Ovid nicht einfach die Ungläubigen trifft, sondern die, die, ganz konkret, den Fremden nicht in ihr Haus lassen. Das ist keine Gesinnungsfrage, sondern eine Frage der Humanität, des menschlichen Zugangs zu den Problemen dieser Welt. Goethe wollte mit Philemon und Baucis nicht eine randständige Idylle konstruieren, die dem Modernisierungsprozeß zum Opfer fällt. Hier wird vielmehr ein Zivilisationsweg markiert, der in die gesellschaftliche Kälte führt. Kälte ist deshalb auch das Thema der Anfangsszenen des fünften Aktes, gerade im Zusammenhang der Verteidigungswärme, die Philemon und Baucis untereinander in der rührenden Rücksichtnahme auf das Alter ausdrücken, aber durchaus auch in der Vertrauensseligkeit von Philemon gegenüber allem, was in seiner Nachbarschaft geschieht. Was wir von diesen Nachbarn wissen, stammt hauptsächlich aus dem Munde von Philemon und Baucis. Sie sind die eigentlichen Repräsentanten des Volkes, wie sie das, was vor ihren Augen abläuft, sehen und beurteilen. Philemon und Baucis sind die normalen Bürger, die in ihren Nachbarschaftsverhältnissen Veränderungen wahrnehmen, die ihr eigenes Leben berühren, in ihren Ursachen und Wirkungen aber nicht weiter verfolgt werden. Baucis ist die bei weitem Reflektiertere und in der Wahrnehmung der Gefahren Bewußtere; sie spürt das Unheil unmittelbar. Philemon ist der Mitläufer, er sitzt der Propaganda auf und vertraut allem, was mit öffentlichem Hoheitszeichen versehen ist.

Es geht ja in diesen Anfangsszenen des fünften Aktes keineswegs nur um die Gültigkeit des Gastrechts und um dessen Verletzung; aber zweifellos spielt die Achtung des Fremden, die Achtung des Gesetzes, das den Fremden schützt, eine zentrale Rolle. Goethe würde in einem solchen Falle vom *Urphänomen* sprechen; schon die biblische Geschichte von der Vernichtung Sodoms und Gomorrhas zeigt diesen Doppelsinn. Es sind dies die Städte der Frevelhaftigkeit ihrer Bewohner, der Völlerei, der Rechtsbeugung, der Selbstgerechtigkeit, aber auch des Fremdenhasses. Der Fremde gilt als vernichtungswürdig; die Erzählung von Lot ist der von Ovids *Metamorphosen* sehr ähnlich.

Zwei in Menschengestalt auftretende Engel werden von Lot gebeten, in sein Haus einzukehren; sie weigern sich zunächst.

»Da nötigte er sie sehr, und sie kehrten zu ihm ein und kamen in sein Haus und er machte ihnen ein Mahl und backte ungesäuerte Kuchen, und sie aßen.« (1. Moses 19,3) »Aber ehe sie sich legten, kamen die Männer der Stadt Sodom und umgaben das Haus, jung und alt, das ganze Volk aus allen Enden, und riefen Lot und sprachen zu ihm: ›Wo sind die Männer, die zu dir gekommen sind diese Nacht? Führe sie heraus zu uns, daß wir uns über sie hermachen.‹ Und zu Lot sprachen sie: ›Weg mit dir! … Du bist der einzige Fremdling hier und willst regieren?‹« Lot rettet sich ins Gebirge mit seinen beiden Töchtern und bleibt in einer Höhle. Die beiden Städte werden vernichtet. »Da ließ der Herr Schwefel und Feuer regnen vom Himmel herab auf Sodom und Gomorrha.« (1. Moses 19,24)

Worum es hier im *Faust* zu tun ist, berührt zunächst die Näheverhältnisse der Nachbarschaft im Umkreis sinnlicher Wahrnehmungen. In der Nachbarschaftsatmosphäre dringen gerüchteweise oder durch merkwürdige Ereignisse Vermutungen in die Öffentlichkeit, daß Gewalt und große Verbrechen im Spiele sind; wer sehen kann, müßte es eigentlich sehen, aber wie ist hierbei das Verhältnis zwischen Nähe und Distanz? Die zum Sehen Geborenen können diese Naturgabe auch zum Wegsehen nutzen; auch das Übersehen ist möglich, wenn die Zwecktätigkeit besonders hoch angesetzt ist.

Einzige verläßliche Zeitzeugin der Machenschaften des Unternehmers Faust ist Baucis, die sinnenwache und urteilsfähige Greisin in ihrer Dünenhütte, deren Leuchtfeuer dem Schiffbrüchigen, der jetzt als Wanderer vor ihnen steht, zur rettenden Orientierung diente. Auch Baucis weiß nichts Genaues, und schon gar nicht vermag sie das ganze Ausmaß dieses Großunternehmens mit Wohnanlagen und neuem Hafen einzuschätzen.

Was ihren Bericht jedoch auszeichnet, ist die Nachdenklichkeit, die bei ihr durch das erregt wird, was ihr die Nähesinne vermitteln: was sie hört, was sie sieht und wie sie das Auftreten ihres neuen Nachbarn bewertet, der sich als Herrscher aufspielt. Von Philemon aufgefordert, dem Wanderer über das sichtbare Wunder der Landnahme und der Kultivierung des Nachbarschaftsgebietes zu berichten, schlägt sie sofort jenen Ton an, der nur als Anklage zu verstehen ist.

BAUCIS: Wohl! ein Wunder ists gewesen!
Läßt mich heute nicht in Ruh;
Denn es ging das ganze Wesen
Nicht mit rechten Dingen zu. (11111-11114)

Philemon, der wohl nichts anderes gesehen hat, der propagandistischen Botschaft aber seine Zustimmung nicht verweigert, erliegt der Faszination dieses gigantischen Bauwerks und vermag sich nicht vorzustellen, daß einer kaiserlichen Legitimation Blut anhaftet.

PHILEMON: Kann der Kaiser sich versündgen
Der das Ufer ihm verliehn?
Tät's ein Herold nicht verkündgen
Schmetternd im Vorüberziehn?
Nicht entfernt von unsern Dünen
War der erste Fuß gefaßt,
Zelte! Hütten! – Doch, im Grünen,
Richtet bald sich ein Palast. (11115-11122)

Philemon ist der vertrauensvolle Bürger, dem nichts Arges in den Sinn kommt, wenn hinter einer Sache ein hoheitlicher Befehl oder ein hoheitliches Symbol steht. Er vertraut den von außen und von oben kommenden Worten mehr als seinen eigenen Wahrnehmungen. In absolutem Kontrast dazu steht Baucis: Sie hat ein Gefühl für die Bedrohlichkeit dieses Baumeisters des Totalitären, dem die Beseitigung alles Störenden, der Personen ebenso wie des Besitzes, Ziel und Zweck seines Handelns ist. Sie kann daher ungeschminkt und mit klaren Worten beschreiben, was sie in diesem Konzentrationslager, das sich in ihrer Nachbarschaft gebildet hat, sieht und was sie hört. Gewiß, sie kann sich das Ganze nicht aus diesen Einzelheiten zusammensetzen; Sicherheit hat sie nur darin, daß die in ihrem Lebenszusammenhang ausgebildete praktische Urteilskraft das Gesehene und das Gehörte nicht kausal zu verbinden vermag, ohne daß die mit praktischer Klugheit ausgestattete Frau Unheimliches zu vermuten gezwungen ist.

BAUCIS: Tags umsonst die Knechte lärmten,
Hack und Schaufel, Schlag um Schlag,
Wo die Flämmchen nächtig schwärmten
Stand ein Damm den andern Tag.
Menschenopfer mußten bluten,
Nachts erscholl des Jammers Qual,
Meerab flossen Feuergluten;
Morgens war es ein Kanal.
Gottlos ist er, ihn gelüstet
Unsre Hütte, unser Hain;
Wie er sich als Nachbar brüstet
Soll man untertänig sein. (11123-11134)

Eine höchst merkwürdige Konstellation zeigen diese Worte von Baucis an; etwas Unheimliches wird in ihrer Nachbarschaft aufgebaut, vielleicht den Pyramiden Ähnliches. Baucis überprüft das, was sie sieht, an den zeitlichen Maßverhältnissen ihres eigenen Lebenszusammenhangs; sie beobachtet sehr genau die Geschehnisse auf dem Projektgelände, wenn sie erklärt: ›Tags umsonst die Knechte lärmten, / Hack und Schaufel, Schlag um Schlag.« Unterstellt man die nachvollziehbare, offizielle Mühe und Anstrengung, dann kann das nicht entstehen, was am nächsten Tag sichtbar ist. Sie nimmt die in ihrem Lebenszusammenhang ausgebildete Urteilskraft zu Hilfe, das kritische Näheverhältnis, um ferner liegende Ereignisse auf ihren Wahrheitsgehalt zu überprüfen. Sie hat den Mut, sich ihres eigenen Verstandes ohne Anleitung eines anderen zu bedienen, um sich ein eigenes Urteil über die Vorgänge in der Nachbarschaft zu bilden. Denn die Sinneswahrnehmungen sind eindeutig: »Menschenopfer mußten bluten, / Nachts erscholl des Jammers Qual, / Meerab flossen Feuergluten«. Die qualvollen Schreie bei der Sklavenarbeit, Folter und Tod, sie sind eindeutig Voraussetzung und Grundlegung jenes Gemeinwesens, von dem dann Faust schwadroniert, wenn er den Wunsch äußert, »mit freiem Volke« »auf freiem Grund« zu stehen (11580). Das ist die makabre Ideologie, wie sie auch in den Köpfen der Nazis spukte, wenn die von »Kraft durch Freude« redeten oder die Eingangstore zu den Vernichtungslagern mit den Worten versahen: »Arbeit macht frei«.

Nur zwei Zeugen haben wir im *Faust,* von denen man mit Fug und Recht sagen kann, sie sind nicht in den hier ablaufenden Verbrechenszusammenhang verwickelt; das ist Baucis, die Frau aus der Hütte, und das ist der Türmer Lynceus, der Luchsäugige, der ein freies Beobachtungsfeld vor sich hat und mit scharfem Blick die weltoffene Ferne aufnimmt, aber auch die Nähe, »den Wald und das Reh« (11295). Achtung und Erhabenheit sind es, die er in seinem Naturblick beschwört, um angesichts der »ewige(n) Zier« des Kosmos (11297) die Selbstbescheidung des Menschen wiederherzustellen, die Unglück und Verbrechen in seiner Nachbarschaft zunichte machen. Gefallen an der Natur zu finden, bedeutet zugleich, mit sich selbst als Teil dieser Natur übereinzustimmen. »Und wie mir's gefallen / Gefall ich auch mir.« (11298 f.) *Achtung* und *Selbstachtung* bedingen einander; wer sich selbst nicht achtet, achtet auch andere nicht. Und zu diesem moralischen Interesse der Vernunft gehört auch ein Element der abwägenden Maßverhältnisse, durch die der Mensch seinen Rang in der Natur bestimmt. Kant hat Achtung einmal sogar in diesem Zusammenhang definiert. »Das Gefühl der Unangemessenheit unseres Vermögens zur Erreichung einer Idee, die für uns Gesetz ist, ist Achtung.« (*Kritik der Urteilskraft*, § 27) Es ist hier vom Wohlgefallen in der Beurteilung des Erhabenen die Rede. »Das Gefühl des Erhabenen in der Natur [ist] Achtung für unsere eigene Bestimmung« (§ 27).

So bringt der Türmer, auf der Schloßwarte singend, zunächst sich selbst in Übereinstimmung mit der Natur gerade dadurch, daß er die Proportionen zwischen dem unermeßlich Großen und seiner eigenen Rolle in diesem Kosmos zurechtrückt. Es sind Wahrheitswille und Aufrichtigkeit, die ihn antreiben, sein Naturvermögen der fünf Sinne zu nutzen und die schöne, ästhetische Seite von Natur und Leben von dem zu trennen, was Menschen anrichten können, wenn sie sich als »Prothesengötter« aufspielen. So folgt der Bestätigung alles Guten und Schönen, das die Zier der Welt ausmacht, der Absturz in die Höllenwelt des Feuers, wo Hütten, Kirchen, Synagogen in Schutt und Asche gelegt werden und ein System von Scheiterhaufen für die Unbotmäßigen errichtet wird.

Es ist unmöglich, dem zutiefst ergreifenden Klagelied zuzuhören, welches das Niederbrennen der zum Scheiterhaufen gewordenen Hütte der beiden Alten beschreibt, ohne sich die Mordlust der Nazis zu vergegenwärtigen, die Meister im Abbrennen waren; im Umgang mit Synagogen, mit Dörfern in eroberten Ländern, mit Büchern und in Krematorien. Ihr Brandschatzen fand keine Grenzen. Was Lynceus hier beschreibt, gehört zu den eindrucksvollsten und prägnantesten Teilen des fünften Aktes. Mensch und Natur erleiden das gleiche Schicksal. Und das zerbricht vollständig den ästhetischen Schein, der zu genießen wäre, wenn er der Schmuck und die Zierde einer menschlich gestalteten Welt wäre. So stoßen hier frontal zwei Welten aufeinander, die völlig unvereinbar sind: Da ist die Welt der Natur, der Phantasie, des feierlichen Lobgesangs auf Mensch und Natur, die mit sich im Reinen sind und so zufrieden feststellen können, daß sich ein achtungswürdiges Leben in einer solchen Gesellschaft allseitiger Anerkennung erfreuen darf. Und um so drastischer der Einbruch in diesen geradezu liturgischen Gesangstext des Türmers, nur durch eine Atempause davon getrennt:

Nicht allein mich zu ergötzen
Bin ich hier so hoch gestellt;
Welch ein gräuliches Entsetzen
Droht mir aus der finstern Welt!
Funkenblicke seh ich sprühen
Durch der Linden Doppelnacht,
Immer stärker wühlt ein Glühen
Von der Zugluft angefacht.
Ach! die innre Hütte lodert,
Die bemoost und feucht gestanden,
Schnelle Hülfe wird gefodert,
Keine Rettung ist vorhanden.
Ach! die guten alten Leute,
Sonst so sorglich um das Feuer,
Werden sie dem Qualm zur Beute!

> Welch ein schrecklich Abenteuer!
> Flamme flammet, rot in Gluten
> Steht das schwarze Moosgestelle;
> Retteten sich nur die Guten
> Aus der wildentbrannten Hölle!
> Züngelnd lichte Blitze steigen
> Zwischen Blättern, zwischen Zweigen;
> Äste dürr, die flackernd brennen,
> Glühen schnell und stürzen ein.
> Sollt ihr Augen dies erkennen!
> Muß ich so weitsichtig sein!
> Das Kapellchen bricht zusammen
> Von der Äste Sturz und Last.
> Schlängelnd sind, mit spitzen Flammen,
> Schon die Gipfel angefaßt.
> Bis zur Wurzel glühn die hohlen
> Stämme, Purpurrot im Glühn. – (11304-11335)

Lynceus weiß offenbar nicht, wer die Brandstifter sind; es wird ihm freilich nicht entgangen sein, was Baucis beobachtet hat; da er bestimmt auch Piratenschiffe von einer normalen Handelsflotte unterscheiden kann, wird er auch wahrgenommen haben, was an Beutegütern in dem neuen Hafen abgeladen wurde. Ein Gemeinwesen freilich, das den von Verbrennung Bedrohten keine Hilfe gewährt, ist dieses Namens nicht wert; Lynceus wußte nicht, daß die von Faust Beauftragten (mit einem unklar gehaltenen Befehl, die Alten wegzuschaffen) das wörtlich genommen hatten und die Hütte bewußt zum Scheiterhaufen machten. So ist der letzte Teil seines Klagegesangs durch eine lange Pause von der vorherigen Beschreibung des Brandes (»Bis zur Wurzel glühn die hohlen / Stämme, Purpurrot im Glühn.–«) abgetrennt, um dann die tieftraurige, dem ganzen Faust-Unternehmen jede Legitimation nehmende Botschaft anzufügen: »Was sich sonst dem Blick empfohlen, / Mit Jahrhunderten ist hin.« (11336 f.)

Was Lynceus und Baucis auszeichnet, ist nicht eine Form des Seherblicks; was sie verbindet und ihren Bericht über ihre Nachbarschaftsverhältnisse so informationsreich und realitätsnah macht, ist das Vertrauen in die Verläßlichkeit ihrer eigenen Sinne. Sie sagen und beschreiben, was sie sehen oder hören. Und das ist eben der zentrale Punkt meiner Fragestellung, die an diese beiden Symbolfiguren anzuknüpfen ist: Was können Menschen sehen oder hören innerhalb von Nachbarschaften, in denen sich eine Verbrechensatmosphäre bildet, die man weder genau und kausal bestimmen noch aus dem Bewußtsein verdrängen kann? Wie geht man mit offensichtlichen Wahrnehmungen um, die unter dem Öffentlichkeitsverbot stehen, denen gegenüber jedoch – nach eigenen Maßstäben der Lebensführung – durchaus Unbotmäßigkeit angemessen wäre? Was Lynceus beobachtet, aus der Ferne wahrnimmt, erklärt sich etwas später; man solle die Alten wegschaffen, das ist die Anweisung von Faust, aber ihnen eine neue Wohnung, eine Art Sozialwohnung, zuweisen. Er hatte in seinem von Mephisto ausgeführten Befehl die Möglichkeit, daß die Alten dort bleiben und sterben wollen, wo sie gelebt haben, und sich weigern, verpflanzt zu werden, selbst wenn es um ein verlockendes Umsiedlungsangebot ginge – eine solche Möglichkeit hatte Faust nicht in Betracht gezogen. So hatten seine brutalen Knechte nur eins im Sinn, sie wegzuschaffen, zumal der Wanderer sich auch noch wehrte.

Als Faust das Klagelied des Lynceus hört, weiß er sehr genau, worum es geht. Was da brennend zur Asche wird, bedauert er keinen Augenblick; immerhin kümmert er sich, der diese

Zwangsumsiedlung sozialverträglich machen möchte, um das Leben der Alten, das er gerettet glaubt. Da er als unternehmerisch tätiger Mensch wenig Zeit dafür erübrigen kann, über umwegige Verantwortlichkeiten nachzudenken, schiebt er auch diese Verantwortung auf die Ausführenden. Übernimmt sie nicht selbst. Die Hütte der Alten zu bewahren, das würde dem ganzen Modernisierungsprojekt den abschließenden Glanz nehmen, der nämlich darin besteht, daß gerade dort, wo diese Hütte steht, der Blick auf das Faust-Imperium am weitesten ist.

Faust, auf dem Balkon stehend oder sitzend, gegen die Dünen gewandt, beklagt das Niederbrennen der Hütte und spricht von ungeduldiger Tat, doch dieser Gewaltakt bereitet ihm nicht die geringsten Schwierigkeiten. Die Enteignung von Menschen, ihre Vertreibung von Hof und Heimat, das gehört zum Plan dieses gewaltigen Bauprojekts, das auf eigensinnige und unbotmäßige Einstellungen keine Rücksicht nehmen kann.

Von oben welch ein singend Wimmern?
Das Wort ist hier, der Ton zu spat,
Mein Türmer jammert; mich, im Innern,
Verdrießt die ungeduldge Tat.
Doch sei der Lindenwuchs vernichtet
Zu halbverkohlter Stämme Graun,
Ein Luginsland ist bald errichtet,
um ins Unendliche zu schaun.
Da seh ich auch die neue Wohnung,
Die jenes alte Paar umschließt,
Das, im Gefühl großmütiger Schonung,
Der späten Tage froh genießt. (11338–11349)

Nicht nur in diesem Fall wird Faust Umsiedlungen für notwendig gehalten haben, bei seinem riesigen Eindämmungsprojekt werden auch viele andere davon betroffen sein. Freilich ist das, was unter Achtung des anderen zu verstehen ist, der Faustschen Mentalität völlig fremd. Dieser imperiale Ausdehnungswille folgt einer eigenen Logik und ist nicht bösen oder guten Absichten geschuldet. Diese gehören einer vergangenen Welt an. Dort herrschten Treu und Glauben, Verläßlichkeit auf das, was hochgestellte Personen wie der Kaiser versprachen. Das drückt die Figur des Philemon aus. Er kann nicht glauben, daß der Kaiser ein Betrüger ist. Die couragierte Form, in der die ihm seit Jahrzehnten vertraute Baucis dieses Geflecht von gefährlichen Vertrauensseligkeiten zerreißt, ist dem älteren Philemon völlig fremd; im Grunde will er gar nicht wissen, was sich da im Unterholz der Verträge und der Vertragsbrüche abspielt. Für ihn ist Vertrauen der höchste Wert.

> PHILEMON: Hat er uns doch angeboten
> Schönes Gut im neuen Land!
> BAUCIS: Traue nicht dem Wasserboden[57],
> Halt auf Deiner Höhe Stand! (11135–11138)

Philemon (diesem Mißtrauen seiner reflektierten Frau offenkundig nicht gewachsen) schlägt den einfachen Weg des Vergessens vor.

> PHILEMON: Laßt uns zur Kapelle treten!
> Letzten Sonnenblick zu schaun.
> Laßt uns läuten, knieen, beten!
> Und dem alten Gott vertraun. (11139–11142)

Und dieser alte Gott ist eben tot!

Wenn ich jetzt die im intellektuellen Zusammenhang des *Faust* erörterte Frage »Was kann ich wissen?« in einem gewaltigen Zeitsprung auf Gegenwartsverhältnisse übertrage, dann bin ich mir des Risikos, das in solchen Analogien steckt, sehr bewußt, zumal es sich um die Verbindung von literarischen Texten mit historischer Wirklichkeit handelt. Aber manchmal steckt in solchen verdichteten Texten ein Element überzeitlichen Wahrheitsgehalts, der gerade dadurch zustande kommt, daß er gesellschaftliche Gesteinsverschiebungen an historischen Brennpunkten benennt. *Im ganzen fünften Akt arbeitet der Dichter an geschichtlichem Material;* es finden sich zugespitzte Kräftekonstellationen, die gut als unbewußte Geschichtsschreibung deutbar sind. So ist hier ein Thema angeschlagen, das dann im 20. Jahrhundert immer wieder erregt und verwirrt hat: Was wußten die vielen Menschen, in deren Nachbarschaft das Gelände mit Lagern bebaut wurde, von dem, was mit den Insassen dieser Lager passierte? Was haben sie, die in den faschistisch okkupierten Ländern und im Stalinismus Zeitzeugen der Veränderungen in ihrer Umgebung waren, in ihrer Phantasie getrennt oder zusammengefügt, um sich ein Bild von den Menschen zu machen, die zu Hunderttausenden in diese Arbeits- und Vernichtungslager eingeliefert wurden? Und wenn sie vom Grauen durch Augenschein gewußt hätten, wie nahe hätten sie es an sich herankommen lassen, wenn man doch wußte, daß jede Unbotmäßigkeit mit dem gleichen Opfer verknüpft sein würde? Es ist schon möglich, daß ein Mechanismus des Selbstschutzes in Gang gesetzt wurde, welcher die bedrückende Nähe bricht und die Erfahrungsgegenstände so weit in Distanz bringt, daß die moralische Empfindung der Achtung gegenstandslos wird.

Ich kenne keine Stadt in Deutschland, die in vergleichbarer Kenntlichkeit die Selbstzerrissenheit der deutschen Geschichte dokumentieren würde wie Weimar; es ist schon so, wie Lynceus das in seinem Klagelied sieht. Der eine Blick ist in der Tat auf die einzigartige Produktionsstätte menschenwürdiger Kultur gerichtet, darauf können sich die glücklichen Augen richten und darin die Worte Bestätigung finden, es sei, wie es wolle, es war doch so schön! Und der andere Blick richtet sich auf das greuliche Entsetzen, das aus der finsteren Welt droht. Die lange Pause steht für die Sprachlosigkeit, die Lynceus erstarren läßt: »Was sich sonst dem Blick empfohlen, / Mit Jahrhunderten ist hin.« (11336 f.) Ein barbarisches Brachfeld tut sich auf, und der ruinierte Boden bleibt unfruchtbar für lange Zeit. Mit jedem Akt der Erinnerung erregen die extremen Ausschläge von kulturell wärmender, aber machtgeschützter Innerlichkeit und erkalteter Außenwelt Bestürzung und werden zum Nährboden für Funktionäre des Todes.

Goethes Weimar und Himmlers Buchenwald – in einer Distanz von weniger als zwanzig Kilometern, wie ist das als Zusammenhang zu begreifen? Es muß irgendwie begriffen werden! Literarisch ist es immer wieder versucht worden. Ich habe Jorge Semprún erwähnt. Auch der Roman *Nackt unter Wölfen* (1958) von Bruno Apitz gehört zu diesen Aufarbeitungsversuchen; dessen Verfilmung machte die Geschichte eines kleinen Jungen weltbekannt. Bruno Apitz, der selbst politischer Häftling im KZ Buchenwald war, beschreibt das Schicksal des Buchenwald-Kindes Stepan Zweig, der am 18. Januar 1941 in Krakau geboren wurde und als Dreijähriger zusammen mit seinem Vater in Buchenwald eingeliefert worden ist. Angehörige der antifaschistischen Zellen in Buchenwald, vorwiegend alte Kommunisten, schützten dieses Kind bis zur Befreiung des Lagers.

Goethes Weimar – Himmlers Buchenwald

Wer, wie ich im Mai 1997, Weimar zum ersten Mal besucht und dabei gleichzeitig den Auftrag erhält, im Weimarer Nationaltheater eine Rede zu halten[58], kann sich der Faszination dieser symbolbesetzten Räume der deutschen Geschichte schwerlich entziehen. Hier, im Weimarer Nationaltheater, fand der Gründungsakt der ersten deutschen Republik statt – aus verschiedenen Anlässen und Motiven von der Reichshauptstadt Berlin hierher verlegt, aber nicht ohne Bezug auf das an diesem Ort verkörperte Kulturerbe, das dem »Anderen Deutschland« Kraft und Geist verleihen sollte, den tödlichen Wiederholungszwang deutscher Geschichte aufzubrechen. Friedrich Ebert hat hier gesprochen, und er wurde hier zum Reichspräsidenten gewählt.

Ein friedliches und gerechtes Deutschland sollte es werden, eine Republik, die von den Hauptmächten der Vergangenheit, dem Feudaladel und dem Militär, *nicht* mehr geprägt ist. Für große Teile der Weimarer Reichsverfassung konnte die Patenschaft Goethes gut in Anspruch genommen werden. Gegen die Patrioten der Staatseinheit, die sich in den Siegestriumphen gegen Napoleon schon sehr früh rührten und dann mit Blut und Eisen herstellten, was in mancher Hinsicht nicht richtig zueinander paßte, hatte Goethe entschiedene Einwände formuliert und den Gedanken entwickelt, daß ein Deutsches Reich eher eine föderative Kulturnation sein sollte, also eine Einheit mit organischer Vielfalt der Interessen. Er selbst hatte zwölf Jahre als Staatsmann sich betätigt; in der Goethe-Literatur ist das überwiegend als eine verschwenderische und unproduktive Phase seines Lebens betrachtet worden. Neuerdings haben jedoch Ekkehart

Krippendorff und Leo Kreutzer auf der Grundlage neuer und der Umdeutung alter Forschungsmaterialien nachgewiesen, daß Goethe in dieser Zeit eine ungeheure Vielfalt von Staatsfunktionen wahrnahm. Er hat die Bergwerke beaufsichtigt, vieles neu in Gang gesetzt, den Militärhaushalt reduziert, als Kultusminister gewirkt. Wäre die Weimarer Republik auf diesem Wege vorangekommen, dann hätte es zu den maßlosen Geschichtsverbrechen, die keine zwei Jahrzehnte später folgten, nicht kommen müssen. Viel öffentliches Unglück und unbeschreibliches individuelles Leid wären dem deutschen Volk erspart geblieben.

Die Idee des Gemeinwesens, die in Weimar gedacht und in vielen Einzelheiten praktiziert wurde, nicht zuletzt auch dadurch, daß von ihr gewaltige Impulse auf Künstler und Architekten ausgingen, diese Idee beruhte auf einer ausgewogenen Balance von menschlicher Nähe, aufklärerischer Distanz und der Achtung *des* Fremden und *der* Fremden. Es ist die politische Sensibilität Goethes, die ihn immer wieder zum Nachdenken zwingt, worin die Proportionen und Abmessungen eines in sich freien und haltbaren Gemeinwesens bestehen; die *Gefäßgröße* des Perikleischen Athen liegt dieser Goetheschen Weimar-Utopie gewiß zugrunde, selbst in einem uns heute merkwürdig vorkommenden Aspekt des Umgangs mit den Fremden. Goethe selbst hat in seinen Romanen und Gedichten den Weltbegriff der Kultur, der gerade das Fremde einbezog, immer wieder in den Vordergrund seines Denkens gerückt (und auch das Wort *Weltliteratur* kommt von ihm); der *West-Östliche Divan* nimmt die persische Kultur auf, im zweiten Teil des *Faust* sind alle Kulturepochen vergegenwärtigt.

Aber diese Weltoffenheit hat im Blick auf den inneren Friedenszustand eines Gemeinwesens noch eine ganz andere Seite der Probleme; in der politischen Architektur des Gemeinwesens spielt daher die Dialektik von Öffnen und Schließen, von Weltoffenheit und übersichtlicher Nachbarschaft eine zentrale Rolle. In der Geschichte geistiger Erbschaften gilt Weimar als Symbol einer europäischen Hauptstadt der Kultur. Es ist das städtische Produktionsfeld einer bedeutenden Anzahl großer Werke, von Schauspielen und Romanen bis hin zur Architektur. Wollte man einen Vergleich zu einer anderen deutschen Stadtkultur wagen, die ähnliche Impulse für geistige Bewegungen ausgelöst hat, dann käme nur das Königsberg Kants in Frage. In der Gegenwartsliteratur, die sich mit Weimar beschäftigt, tritt allerdings immer stärker die Frage in den Vordergrund: In welcher Nähe und in welcher Distanz hat sich das Konzentrationslager Buchenwald, dieser Schandfleck der Region, zu Weimar und seiner Bevölkerung befunden? War das KZ auf dem Ettersberg ein Fremdkörper oder eine den Einwohnern Weimars vertraute Nachbarschaft? Was wußten die Bewohner Weimars vom Geschehen innerhalb der verschiedenen Lagerteile, was ahnten sie, und welche Überlegungen knüpften sie an Tatbestände und an Begegnungen mit Gefangenen? In welcher Lage befanden sie sich: in der von Philemon oder der von Baucis?

Es ist bemerkenswert, daß auch die Behörden der sowjetisch besetzten Zone (die Buchenwald bekanntlich ja sofort für *ihre* Feinde umfunktionierten) die Klassikertradition, nicht nur von Goethe und Schiller, von allen Anfeindungen und Verfremdungen abgetrennt halten wollten. Was sich an inneren Verbindungen zwischen Weimar und Buchenwald herausgestellt hatte, war deshalb bis zur Wiedervereinigung Deutschlands tabu; erst heute nimmt sich die Forschung dieses Gegenstandes an und fördert Sichtweisen und Tatsachen zutage, die eine schmerzliche Umdefinition der Beziehungen zwischen Weimar und dem Konzentrationslager erforderlich machen. Es ist eben der Tatbestand von Nachbarschaft, um den es geht, nicht um das Wissen eines Verbrechens, das in der Ferne liegt, so daß Menschen, die etwas darüber erfahren wollen, Distanzen zu überwinden hätten. Alles spielte sich vielmehr gewissermaßen in Sichtweite ab.

So läßt sich der Titel des Buches von Jens Schley: *Nachbar Buchenwald*, geradezu als programmatische Untersuchungsrichtung bezeichnen.[59] Es ist eben diese *Nachbarschaft*, die immer wieder Zweifel darüber aufkommen läßt, daß man gar nichts oder wenig von den Verbrechen mitbekommen hat, obwohl doch zahllose Verbrechenssignale alltäglich präsentiert wurden. Das Mißtrauen war allgemein verbreitet, unter den Siegern ebenso wie unter denjenigen, die aktiven Widerstand geleistet hatten: das Mißtrauen gegenüber Unschuldsbehauptungen oder den Beteuerungen, nichts gewußt zu haben. Bei der Befreiung der Konzentrationslager waren deshalb die Alliierten bemüht, durch der Bevölkerung anbefohlene Besuche dieser Lager in ihren Endstadien zu überprüfen, was Wahrheit und was Lüge ist. Auch in Weimar-Buchenwald fand ein solches sozialwissenschaftliches Feldexperiment statt, ohne daß das Befragungsmaterial allerdings methodisch zuverlässig ausgewertet worden ist.

Am 15. April 1945, wenige Tage nach der Besetzung Weimars, erteilte der General der III. US-amerikanischen Armee, George S. Patton, dem kommissarischen Oberbürgermeister Weimars den Befehl, für den nächsten Tag, 12 Uhr mittags, mindestens tausend Weimarer Bürger zwischen 18 und 45 Jahren, die Hälfte davon Männer, die andere Hälfte Frauen, ein Drittel aus den einfacheren, zwei Drittel aus den wohlhabenderen Schichten, und so viele wie möglich Parteigenossen, für eine Besichtigung des Konzentrationslagers Buchenwald bereitzustellen. Am 16. April hatten sich gegen 10 Uhr ein- bis zweitausend Weimarer Bürger vor dem Bahnhof versammelt. Der kommissarische Oberbürgermeister notierte: »Frauen und Mädchen im lebhaften Geplauder, neugierig und erwartungsvoll, auch bei den Männern keine mißmutige Miene.«[60] Schon wenige Tage später bemühten sich Bürgervereine, der Direktor des Goethe-Nationalmuseums, der Generalsekretär der Deutschen Schillerstiftung, der Weimarer Probst und andere um eine Strategie der Wissensverleugnung und der Schuldentlastung. Jens Schley schreibt: »Das Bestreben, Weimar vom ›Makel Buchenwald‹ zu lösen, die Vorgänge in Buchenwald institutionell und personell von der Stadt Weimar abzutrennen und so eine Mitverantwortung und Schuld für das Geschehen im Lager abzulehnen bzw. zu verdrängen, prägten in den ersten Wochen nach der Befreiung des Lagers den Umgang der Stadt mit dem Konzentrationslager. Die ersten Reaktionen der Weimarer waren von der Angst vor Vergeltung bestimmt. Fungierte die ›alte Kulturstadt Weimar‹ in diesen Abwehrreaktionen noch als Schutzschild, hinter dem sich die eigene Verstrickung verstecken ließ, so ging es in den Folgemonaten und -jahren, als Vergeltung nicht mehr zu befürchten war, um die Rettung des Schutzschildes selbst, um den nachhaltigen Beweis der historischen Unvereinbarkeit der Orte Weimar und Buchenwald. Entworfen wurde ein Geschichtsbild, in dem die Stadt Weimar das Kontinuum, das Lager Buchenwald aber nur Episode sein sollte. Das ›kulturelle Herz Deutschlands‹ mit seinen großen Figuren der Klassik und Aufklärung sollte die Dominante in der Geschichtserinnerung bleiben, während Buchenwald der Vergangenheit angehörte.«[61]

Weitgehend ist es bis heute so, daß geschichtliche Erinnerung darauf konzentriert bleiben soll, die Landschaft des Ettersbergs, den mit guten Gefühlen der Klassiker besetzten Ausflugsort, vom Gedanken an jenen verwüsteten Boden reinzuhalten, auf dem die einzelnen Konzentrationslager Buchenwalds gebaut wurden. Die strategische Linie der Klassiker-Patrioten ist unmißverständlich: Buchenwald ist – in ihrem Verständnis – in dieser geistigen und natürlichen Landschaft ein von außen gewalttätig aufgesetzter Fremdkörper. Doch diese Ideologie der Entmischung ist im Zerbröckeln begriffen. Immer deutlicher werden Konturen erkennbar, die darauf hinweisen, daß die Bevölkerung Weimars von den im Lager existierenden menschenverachtenden Lebensverhältnissen, von Quälerei, Folter und Mord viel mehr wußte, als Baucis von den Verbrechen des Unternehmens Fausts; Konturen, die vor allem auch zeigen, daß die Stadt selbst, welche die sittliche Substanz der Weimarer Klassiker immer stärker in den Rang einer unverbindlichen Fassade versetzte, lange vor der nationalsozialistischen Machtübernahme auf unterschiedlichen Ebenen den Boden für die völkisch-antisemitische Barbarei bereitete. Buchenwald war deshalb kein Fremdkörper, sondern ein heimisches Gewächs dieses vom Geist Goethes und Schillers meilenweit entfernten Weimar. Die Nazis waren versierte Gelegenheitsmaterialisten. Die Orte, wo sie sich ohne große Kraftanstrengung vertraut und sicher fühlen konnten, haben sie mit instinktiver Orientierung sehr schnell ausgemacht.

Weimar war ab 1918 einer der beliebtesten Aufmarschplätze aller Gegner der Republik. Die nach dem Ersten Weltkrieg einflußreichste völkische Großorganisation, der »Deutschvölkische Schutz- und Trutzbund«, traf sich mit seinen Gesinnungsgenossen erstmals 1920 in der Klassiker-Stadt. Die Versammlung war ein Vorspiel der NSDAP-Parteitage 1924 und 1926. 1924 gründete Franz Severus Ziegler in Weimar die Zeitschrift »Der Völkische«, später »Der Nationalsozialist«, daraus wurde nach 1932 die »Gau-Zeitung« und schließlich die »Thüringer Staatszeitung« als offizielles Organ der Nationalsozialisten. Vieles andere wäre anzuführen, um zu zeigen, daß Buchenwald genau dort entstanden ist, wo sich die Nazis den *geringsten Widerstand* und das größte Verständnis für ein solches Gefangenenlager versprachen. *Kein Ort* in Deutschland war dafür geeigneter als Weimar. Daß eines der ersten Konzentrationslager in Weimar oder in der Nähe Weimars aufgebaut werden sollte, diese Entscheidung ist sehr früh getroffen worden. Offenbar hat es Widerstand von jenen, die die Bewahrung der Klassiker zu ihren Zielen erklärten, nur in *einem* Punkt gegeben: *beim Namen.* Da das Lager auf dem Ettersberg gebaut werden sollte, befürchtete man Einspruch der Traditionsvereine. In einem Schreiben des Führers der SS-Totenkopfverbände und Konzentrationslager an den Reichsführer SS vom 24. Juli 1937 heißt es: »Die angeordnete Bezeichnung ›K. L. Ettersberg‹ kann nicht angewendet werden, da die NS-Kulturgemeinde in Weimar hiergegen Einspruch erhebt, weil Ettersberg mit dem Leben des Dichters Goethe im Zusammenhang steht. Auch Gauleiter Sauckel hat mich gebeten, dem Lager eine andere Benennung zu geben.« Aus »K. L. Ettersberg« wird »K. L. Hochwald«, dann entscheidet Himmler: »Buchenwald«. Die Bürgerschaft der Klassiker-Stadt hatte sich auch dagegen gewehrt, daß Weimar bei der Namensgebung des Konzentrationslagers ins Spiel kommt. Auch um die Postanschrift ist gerungen worden, nichts aber ist davon bekannt, daß es Initiativen gegen den Bau des Konzentrationslagers selbst gegeben hätte.

Zu nahe stand der öffentlichen Gesinnungslage dieser Stadt, die sich Schritt für Schritt aus Feindpositionen gegen Republik und Linke nach dem Ersten Weltkrieg gebildet hatte, die Aufbruchs- und Stürmermentalität der völkischen Gruppierungen, des Schiller-Vereins ebenso wie des »Jungdeutschen Ordens«, der als Sammelbecken deutsch-nationaler und völkischer Republikgegner eine wichtige Rolle spielte, als daß man hätte Verdacht schöpfen können, in dem geplanten Konzentrationslager würde gegen Recht und Gesetz verstoßen, wenn man Regimegegner interniert und zur Arbeit zwingt. Vielleicht hatte mancher tatsächlich in der Anfangsphase das Baucis-Gefühl, es gehe »das ganze Wesen / Nicht mit rechten Dingen zu« (11113 f.). Aber je deutlicher man sich in den Jahren des Baus und der ständigen Erweiterung dieses Lagers auf die Normalität des Verkehrs mit ihm einstellte, desto stärker muß es wohl gerechtfertigt und willkommen erschienen sein, daß diese zum Verwaltungszentrum aufgeblühte Region von den Nazis besonders gefördert und hofiert wurde. Hitler soll diese Stadt, die den »Ungeist« der Moderne, das Bauhaus, schon 1925 vertrieben hatte, über vierzigmal besucht haben; und die Spießer dieser Beamtenstadt haben auch 1930 nichts unternommen, als der Thüringische Bildungsminister Fricke, der erste nationalsozialistische Landesminister, aus den Weimarer Museen die von ihm definierte »entartete Kunst« entfernt hat.

So kann man verstehen, daß alle diese Fragen nach der Verwicklung einer den humanistischen Traditionen des Denkens und Fühlens verpflichteten Stadt in die grauenhafte Einrichtung von Genickschußanlagen, in Folter und Mord, bei der Nominierung Weimars zur Kulturhauptstadt Europas im Jahre 1999 wieder höchste emotionale Alarmbereitschaft hervorriefen. Wie kann eine Stadt als Kulturhauptstadt ausgezeichnet werden, die mit den größten Geschichtsverbrechen nicht nur in Berührung stand, sondern offensichtlich tätig damit verbunden war? Hätte es gelingen können, Buchenwald als Fremdkörper und illegitimen Besatzungsteil des Ettersbergs zu isolieren, dann hätte man durchaus die Stadt vom Schandfleck ihrer Umgebung abtrennen können. Das ist aber immer weniger gelungen, je intensiver sich die historische Forschung in der Zeit nach dem Untergang der DDR in die Materialien vertiefte.

Es ist hier nicht der rechte Ort, diesen Verflechtungen im einzelnen nachzugehen. Für die Begründung und Erklärung von Störungen jener Dialektik von Nähe, Distanz und Achtung mögen einige Hinweise genügen, die den Rückbezug zur *Faust*-Dichtung ermöglichen. Ich bin sicher, kein Konzentrationslager der Nazis hat eine ähnlich nahe Nachbarschaft gehabt wie Buchenwald. Es hat nie exterritoriales Gebiet sein können, weil Versorgungseinrichtungen – insbesondere in der Anfangszeit von Buchenwald, als dort eigene Werkstätten noch nicht aufgebaut waren – aufs engste mit Weimar verflochten waren. Jens Schley, der auch den juristischen Verbindungen durch Anwälte und Verwaltungsbeamte nachgegangen ist, faßt diesen Punkt folgendermaßen zusammen: »Zwischen 1937 und 1945 belieferten Weimarer Firmen Buchenwald mit einer breiten Produktpalette. Das Spektrum reichte von Lebensmitteln bis hin zu Gegenständen wie Urnenkartons oder Rohrstöcken. Weimarer Firmen übernahmen den Transport von Stückgütern von und zum Lager Buchenwald und hielten den Personenverkehr zwischen Stadt und Lager aufrecht. Unter den Firmen, die in Geschäftskontakt zu Buchenwald standen, finden sich so alte Weimarer Traditionshäuser wie die 1835 gegründete Buchbinderei Max Lüttig, die Buchenwald mit Packpapier versorgte, die seit 1873 bestehende Bürohandlung Paul Henß, die nach Buchenwald einen Arbeitstisch und einen Stuhl verkaufte, oder die seit 1875 bestehende

Stadtbrauerei Deinhardt, die Bier für die SS nach Buchenwald lieferte und deren Leergut sich noch heute auf einer Abfallhalde hinter dem ›Kleinen Lager‹ finden läßt.«[62] Usw. usw.

So scheint das Problem, was Weimarer Bürger vom Konzentrationslager wissen konnten, selbst wenn sie es nicht aufsuchen durften, gelöst zu sein. In der Nachbarschaft konnte man zweifellos mehr wissen als bei jedem anderen Konzentrationslager: Aber gerade in diesem Weimar-Syndrom tritt jetzt ein ganz anderes Problem auf, das diese Frage wiederum öffnet. Wenn politische und moralische Phantasie, wenn Achtung und menschliche Würde nicht mehr Maßstab dafür sind, was Menschen *sehen und wissen wollen*, wo sie wegsehen oder durchsickernde Tatsachen dem Vertrauen in die Propaganda geopfert werden, was dringt dann ins Bewußtsein? Der Spießer Philemon verdrängt die sinnlichen Wahrnehmungen zugunsten jenes trommelnden Herolds, der alles für rechtens erklärt. Zwar ist er nicht ganz sicher, geht aber sofort über zur Feststellung von Tatbeständen, die zu einem Urteil zu verbinden ihm jede Phantasie fehlt.

> PHILEMON: Kann der Kaiser sich versündgen
> Der das Ufer ihm verliehn?
> Tät's ein Herold nicht verkündgen
> Schmetternd im Vorüberziehn?
> Nicht entfernt von unsern Dünen
> War der erste Fuß gefaßt,
> Zelte! Hütten! – Doch, im Grünen,
> Richtet bald sich ein Palast. (11115–11122)

Philemon läßt, was er auch sieht, nicht an sich herankommen; er hält es auf Distanz und vertraut nicht nur den Worten des Herolds, sondern auch den Versprechungen Fausts, ihm ein schönes Gut im neuen Land zur Verfügung zu stellen. Im Unterschied dazu ist seine Gattin Baucis imstande, das von ihr wahrgenommene bedrohliche Geschehen um sie herum auf das zu beziehen, was sie in ihrem Lebensrecht berührt. Eine so unheimliche Nachbarschaft, in der Dinge ablaufen, bei denen die Vernunft keine einsichtige Kausalität festzustellen vermag, bereitet ihr Angst. Es ist gerade die Schärfe ihrer Sinne, die ihr das Gottvertrauen, auf das Philemon setzt, zerstört und den kaiserlichen Rechtsakt fragwürdig macht.

BAUCIS: Gottlos ist er, ihn gelüstet
Unsre Hütte, unser Hain;
Wie er sich als Nachbar brüstet
Soll man untertänig sein. (11131-11134)

Im Grunde will Philemon gar nicht so genau wissen, was auf Fausts öffentlichem Unternehmensfeld abläuft. Das Bedrohliche wird verdrängt, das Sichtbare in bloße Möglichkeit versetzt. Etwas von dieser Irrealisierung des Sichtbaren durch Einordnung in ein Kategoriensystem, was immer auch Normalität und verständlichen Alltag anzeigt, ist charakteristisch für den Grundmechanismus, von dem die faschistische Ideologie zehrt.

Der Staatsrechtler Ernst Fraenkel hat das System des »Dritten Reichs« unter dem Gesichtspunkt untersucht, wie aus einer Zweiteilung der Wirklichkeit eine Ordnung des Doppelstaates entsteht. Unter Doppelstaat begreift er Realitätsschichten, die sich zugleich ausschließen und ergänzen. Auf der einen Ebene funktioniert alles normal weiter, es gibt Gerichtsentscheidungen, Verwaltungsakte, Standesämter, sogar Rechtsanwälte, die in alter Weise weiterarbeiten; hier geht alles, wenn auch mit bestimmten Einschränkungen, mit rechten Dingen zu. Die andere Realitätsebene zeigt die *Permanenz des Ausnahmezustandes;* hier gelten Führerbefehle und Maßnahmegesetze. Dieser Doppelcharakter im

Staats- und Gesellschaftsaufbau ist nach Fraenkel Wesensmerkmal des Nationalsozialismus. Er untersucht »die beiden im nationalsozialistischen Deutschland nebeneinander existierenden Systeme, den ›Maßnahmestaat‹ und den ›Normenstaat‹... Unter ›Maßnahmestaat‹«, sagt Fraenkel, »verstehe ich das Herrschaftssystem der unbeschränkten Willkür und Gewalt, das durch keinerlei rechtliche Garantien eingeschränkt ist; unter ›Normenstaat‹ verstehe ich das Regierungssystem, das mit weitgehenden Herrschaftsbefugnissen zwecks Aufrechterhaltung der Rechtsordnung ausgestattet ist, wie sie in Gesetzen, Gerichtsentscheidungen und Verwaltungsakten der Exekutive zum Ausdruck gelangen. ... Eine Analyse der Rechtsprechung wird ergeben, daß es eine ständige Spannung gibt zwischen den traditionellen Instanzen, die den Normenstaat repräsentieren, und den Organen der Diktatur, den Instrumenten des Maßnahmestaats.«[63]

Es ist eine geradezu absurde Wahrnehmungswelt, die durch diese mannigfachen Brechungen und Distanzierungsmöglichkeiten des Doppelstaates entstehen kann; daß beides nebeneinander und in Zwischenwirklichkeiten existiert, setzt, um begriffen werden zu können, politische Phantasie und Urteilskraft voraus. Als Buchenwald noch kein eigenes Krematorium hatte, um die Toten einzuäschern und die Urnen an die Angehörigen zu versenden, wurden zahllose Leichen auf Lastwagen ins Weimarer Krematorium geschafft. Dabei sind, wie berichtet wird, verschiedentlich Tote von den überladenen Lastwagen heruntergefallen und für einige Zeit auf den Straßen Weimars liegengeblieben. Man wird sie gesehen haben, aber die daran angeknüpften oder anknüpfbaren Fragen, was ihren Tod verursacht haben könnte, wer sie sind, was überhaupt die Zehntausende, die da interniert wurden, verbrochen haben könnten, sind weit in die Ferne geschoben worden, als wäre es ein fremdes Problem. Offen konnte bleiben, ob sie eines natürlichen Todes gestorben waren, ob es sich um zu Tode Gefolterte oder vermeintlich zu Recht Hingerichtete handelte, denn es liefen auch Rechtsanwälte in Weimar herum, die Lagerinsassen zu verteidigen hatten. Der normsetzende Doppelstaat – oder die normsetzende Seite dieses Doppelstaates – war also noch intakt.

Auch das ist kein Ruhmesblatt für die Goethe- und Schiller-Verehrer Weimars: Die Nazis trieben, ohne daß dieser Mißbrauch auf nennenswerte Bürgerproteste gestoßen wäre, mit Goethe und Schiller ihr eigenes zynisches Machtspiel. Um auch in der Kriegszeit Normalität vorzutäuschen, sollten Goethe- und Schiller-Haus wie gewohnt geöffnet bleiben; man fürchtete freilich Bombenangriffe. Die Herren der Nazidiktatur, bis hinauf zu Goebbels und Hitler, wußten die symbolische Macht der Dichter und ihrer Anhängerschaft sehr gut einzuschätzen. Um die kostbaren Inneneinrichtungen ihrer Häuser vor möglichen Zerstörungen zu bewahren, wurde nicht, wie man hätte annehmen können, eine deutsche, eine »arische« Werkstatt beauftragt, Kopien anzufertigen; vielmehr erhielten die Werkstätten Buchenwalds den Auftrag, Schillers Schreibtisch und Goethe-Möbel originalgetreu nachzubauen. Dieter Kühn, der einen weiteren Teil der engen Verbindung zwischen der Stadt Weimar und Buchenwald untersucht hat, schreibt über die bizarre Transaktion: »Endlich, am 18. Oktober 43, wird der ›neue Schreibtisch‹ geliefert. Aktenvermerk, handschriftlich: ›Gleichzeitig wurde auch das Original zurückgegeben und ist im Keller des Nietzsche-Archivs untergebracht.‹ Maschinenschriftliche Notiz vom nächsten Tag: ›Die Nachbildung des Schreibtisches von Schiller ist gestern eingetroffen. Herr Oberbürgermeister hat nach Rücksprache mit Herrn

Prof. Dr. Scheidemantel angeordnet, daß Schillers Sterbezimmer nunmehr mit den nachgebildeten Möbeln ausgestattet wird.‹ Stadtamtmann Knabe muß eine Tafel beschriften und an einen Türpfosten des Mansardenzimmers anbringen: ›Die Möbel in Schillers Arbeits- und Sterbezimmer sind getreue Nachbildungen der in Sicherheit gebrachten Originale.‹«[64] Wo diese Kopien angefertigt worden sind, stand natürlich nicht auf dieser Tafel. Aber dokumentiert ist ein reger und nervöser Telefon- und Schriftverkehr mit Aktenvermerken über diese Schreibtisch-Aktion, in die bezeichnenderweise ursprünglich auch die Möbel Goethes einbezogen waren. Es ist von höchstem Wissenschaftsinteresse, daß im Laufe dieser Kooperation zwischen Konzentrationslager und Stadt die ursprünglich für das Goethe-Haus vorgesehenen Transportkisten, mit denen die Originalmöbel nach Buchenwald geschafft werden sollten, um sie dort zu kopieren, nicht mehr ins Goethe-Haus gebracht wurden. »Die Frage, warum nur Möbel des Schiller-Hauses und nicht auch des Goethe-Hauses nachgebaut wurden, sie läßt sich nach bisheriger Aktenlage allein nicht beantworten. Eine Antwort aber findet sich in der ›Geistesgeschichte: Schiller war NS-Kulturfunktionären entschieden näher als Goethe; Schiller ließ sich leichter vereinnahmen.‹«[65]

Das Problem Buchenwald setzt also viel früher an, nicht erst mit dem Machtwechsel 1933: sondern dort, wo Menschen aufwachsen und dazu erzogen und gebildet werden, für sich selbst und für das Gemeinwesen Verantwortung zu übernehmen. Wenn das Gemeinwesen erkaltet, wenn das Individuum in sich nicht mehr spürt, daß es ein Stück Verantwortung auch für das trägt, was in ihm selbst an Gesellschaftlichem enthalten ist, wenn also Distanz als das ganz Fremde verstanden wird, zu dem nicht die geringste emotionale und solidarische Beziehung besteht, dann kann sich hier ein (bürokratisches) Räderwerk bilden, in dem die Achtung vor dem Andersdenkenden, ja vor der Würde des Menschen, die, wie Kant sagt, keinen Preis hat, völlig zerstört wird. Das berührt zentral die historisch einzigartige Konstellation Weimar – Buchenwald. Sie ist Bestandteil deutscher Geschichte, aber in den extremsten Ausschlägen. Es sind die Diskrepanzen zwischen Wärme nach Innen und Kälte in jenen Bereichen, die es mit Politik, mit dem öffentlichen Feld zu tun haben, mit den Staatsapparaten und allem, was den Hoheitstitel des Allgemeinen trägt, wodurch die menschlichen Bindungen ihre Verbindlichkeit und wirksame Verläßlichkeit einbüßen. Die völlige Erkaltung bestimmter gesellschaftlicher Prozesse im Umgang mit Menschen bis zu dem Punkt, daß in Buchenwald bürokratisch Buch geführt wurde über die Leistungsfähigkeit von Genickschußanlagen, Skizzen angefertigt wurden, aus denen deutlich erkennbar ist, daß Gefangene in Fluchtfallen gelockt wurden, um sie zu erschießen, wo Ärzte um Erlaubnis bitten, Experimente an Menschen durchführen zu dürfen, usw. Das alles drückt eine ungeheuerliche Distanz zum menschlichen Leiden aus, es zeigt, daß die fünf Sinne der Funktionäre des Todes das Leiden nicht mehr aufnehmen. Das Buchhalterische und die durchrationalisierten Verfahren der Tötungsmaschinerie haben natürlich die Nazis nicht erfunden; sie stützten sich auf Traditionen, die freilich die Probe aufs blutige Exempel in dieser Weise nicht bestanden hatten.

Die Kultivierung der Näheverhältnisse in den zwischenmenschlichen Beziehungen setzt universalistisches Denken voraus: Distanz im besten Sinne von Affektkontrolle und Überwindung egoistischer Triebenergien. Wo Näheverhältnisse sich auf dieses Gegenüber, an dem sie sich auch abarbeiten müssen, nicht einzulassen bereit sind, bilden sich auch Kältetraditionen in den gesellschaftlichen Objektbereichen. Befehl ist Befehl, wer Menschen über das Eisenbahnsystem, wie im Falle Eichmann, mit größter Pünktlichkeit transportiert, übt rationale Verwaltungsakte aus. Er selber habe nie einen Menschen getötet, ja noch nicht einmal körperlich berührt, erklärte Eichmann in seiner Verteidigungsrede vor dem Gericht in Jerusalem. Daß er in Wien einen Juden geohrfeigt hatte, dafür bittet er freilich in dieser Gerichtsverhandlung um Entschuldigung. Ein guter Beamter, auch wenn er sich als Todesfunktionär betätigt, darf sich keinen Augenblick vergessen, nie die Kontrolle über die eigenen Affekte verlieren. Sadismus und Quälerei, das zeigen Gerichtsakten der Nürnberger Prozesse, sind nur zulässig, wenn es dafür eine Art von Erlaubnisgesetz gibt. Auch der Todesschuß in Buchenwald ist ein Hoheitsakt, wird deshalb peinlich genau protokolliert.

Wo die *Urteilsfähigkeit der Nähesinne* verlorengeht, wo Sehen, Hören, Tasten ihren Verstand verlieren, also über den begrenzten Horizont der Unmittelbarkeit nicht hinausgehen, da stumpfen sie ab und überlassen das geschichtlich-gesellschaftliche Feld jenen, die ihren Machtrausch auszuleben entschlossen sind. Das Wegsehen, das Weghören, das Sich-Abdichten gegen Todesschreie, gegen das Stöhnen der Gequälten, das Wegschauen, wenn Juden in der Nachbarschaft oder politisch Oppositionelle oder Homosexuelle oder Behinderte oder Sinti und Roma verschwinden, ohne Bedürfnis nachzufragen, wo sie geblieben sind – das drückt einen gebrochenen Zivilisationszusammenhang aus, in dem die Dialektik von Nähe, Distanz und Achtung verlorengegangen ist.

Ich benutze für diese Beziehung ausdrücklich das Wort Dialektik, weil ich diese Denkweise für alles andere als für überholt halte. Im Gegenteil, sie ist heute von äußerster Aktualität und wird nur deshalb verdrängt, weil mißbrauchtes Marxsches Denken in leninistisch-stalinistischen Umwandlungen diese Denkform beschädigt hat. Aber gerade die Beziehung zwischen Nähe, Distanz und dem, was unter Achtung und Respekt zu verstehen ist, kann ohne Rückgriff auf die dialektischen Denkfiguren gar nicht richtig begriffen werden. Denn Nähe und Distanz sind in ihren inhaltlichen Ausprägungen weder identisch und gleichförmig noch voneinander zu trennen. In ihrer prozeßhaften Lebendigkeit ist ein Abarbeiten aneinander erforderlich, Achtung und Respekt vor dem anderen, dem Andersdenkenden, dem Fremden, sind ein kontinuierliches Element der Selbstaufklärung. Durch Achtung und Menschenwürde, die selbstverständliche Bestandteile des Alltagsverhaltens geworden sind, zeigen sich Nähe in der Distanz und Distanz in der Nähe.

Wenn diese Dialektik in der widersprüchlichen Reichhaltigkeit ihrer Inhalte keinen Erfahrungsraum hat, entstehen Substitute, der erkaltete gesellschaftliche Boden wird von oben mit Näheverhältnissen angewärmt. Die Nazis waren nicht nur geniale Meister im Erfinden von Glück und Wärme versprechenden Symbolen, wie »Kraft durch Freude«, sie waren als kompetente Techniker der Macht auch fortwährend damit beschäftigt, die Ideen von einer »Volksgemeinschaft« umzusetzen und allseits den Kameradschaftsgeist zu fördern. Diesen kommandierten Näheverhältnissen den Stachel der Kritik und der Urteilsfähigkeit zu nehmen, war mit solchen Strategien immer verknüpft. Die im Ganzen bestehende soziale Kälte, der mörderische Umgang mit allem Fremden, mit Kritikern und Intellektuellen, fand vielfältige quasi-religiöse Ersatzformen. Es lag nahe, daß die Nazis 1936 zum 10. Jahrestag ihres Parteitages in Weimar alles unternommen hatten, Kinder und Jugendliche im Geist dieser neuen Zeit auf die Straße zu bringen, während gleichzeitig in geheimen Besprechungen das Vernichtungslager Buchenwald geplant wurde. Zwei Jahre später besuchte Hitler erneut, mit großem Gefolge, Weimar. Der Balkon des Hotels »Elephant«, eines Hotels, das über Jahrhunderte von den Bedeutendsten der deutschen Kultur aufgesucht worden war, wurde extra für Hitler errichtet, nachdem man zuvor das ganze Hotel abgerissen und neu wiederaufgebaut hatte. In den Schulen Weimars wurde eingeübt: »Lieber Führer, komm' heraus aus dem Elefantenhaus.« Da mußte er auf den Balkon treten und sich zeigen. Scheinnähe durch Personalisierung der Verhältnisse wird immer dann hergestellt, wenn die aufklärerische Rationalität der Distanz ebenso verlorengegangen ist wie die Selbstkritik und Urteilskraft der Nähe.

Auch an diesem Punkt fällt es mir schwer, das Beschriebene schlicht der Vergangenheit zuzuordnen und mit Befriedigung darauf zu verweisen, daß wir heute, glücklicherweise, in einer anderen Zeit leben. Ich kann diese Befriedigung nicht empfinden. Denn wo die authentische Nähe verlorengeht, wo, wie gegenwärtig, Massen von Menschen durch Arbeitslosigkeit, Vertreibung, Existenzunsicherheit entwurzelt sind, wo sich also ihre Sinne und Nähebedürfnisse nicht aufgehoben fühlen können in einem Gesellschaftlich-Allgemeinen, da geht allmählich auch die Lust zur Beteiligung an den allgemeinen Angelegenheiten verloren. Und damit auch die Wahrnehmungsfähigkeit, die sich darauf richtet und die Potentiale des sich herausbildenden kollektiven Unglücks erkennt. Medien stellen zwar verstärkt Scheinnähe her, als könne man dem großen Politiker, Schauspieler, Prominenten, im Wohnzimmer vor dem Bildschirm sitzend, die Hand geben – eine Scheinnähe wie das Handzeichen in Richtung Elefantenbalkon zum »Führer« hin. Und wenn es bald auch möglich sein wird, daß man mit den Politikern, den Prominenten direkt redet, nimmt die Selbstverschleierung dieser vorgetäuschten Nähe noch einmal eine ganz andere Dimension an. Gleichwohl bleibt es eine abgeleitete, zweite Wirklichkeit, durch die das Fernsehen sich entwickelt, aber nicht die *Fern-Sinne*, das heißt, die Nähe-Sinne sich in ihrer Erfahrungsfähigkeit erweitern. Erschreckend ist die Bilanz politischer Analysen; nur noch 30 bis 35 % der Menschen nehmen, wie z. B. in den Vereinigten Staaten, an Wahlen teil und sorgen sich um das Schicksal des Gemeinwesens. Hier zeigt sich eine schwere Gleichgewichtsstörung in der Dialektik von Nähe und Distanz unserer Großorganisationen, der Gewerkschaften ebenso wie der Parteien und der staatlichen Institutionen, selbst der Kirchen. Wenn davon gesprochen wird, daß jemand ein Politiker »zum Anfassen« sei, dann drückt diese Form der Personalisierung genau das Problem aus, das ich bezeichne. Die gesellschaftliche Aufmerksamkeit geht nicht mehr von den für die Existenz der Menschen wichtigen Problemen in die Näheverhältnisse ein, sondern Formen der Scheinnähe sind geradezu Blockaden für dieses Eindringen des gesellschaftlich Wichtigen in den Denk- und Gefühlshorizont der Individuen.

Wo die Distanzverhältnisse deformiert werden, wo sie nicht ein Element von Selbstkritik und Aufklärung mit enthalten, wird auch die Nähe korrumpiert. Deshalb spreche ich davon, daß Nähe, Distanz und Achtung Existenzbestimmungen der modernen Welt sind. Weil eben die Menschen heute in Rationalisierungsprozesse einbegriffen sind, nicht nur mit zunehmender Individualisierung, sondern auch mit Entwertung ihrer lebendigen Denk- und Sinnenfähigkeit. Wenn aber das Vertrauen auf die eigene Urteilsfähigkeit und auf die eigenen Sinne verlorengeht, also der Eigen-Sinn enteignet zu werden droht, dann entsteht eine *zweite Wirklichkeit*, durch die ungeheure Entwicklung der medialen Landschaft zementiert und bis in die feinsten Verästelungen der Lebensverhältnisse gedrängt, die es den Menschen immer schwerer macht zu unterscheiden, was Schein und was Wirklichkeit ist. Ist das, was ich im Fernsehen wahrnehme, vielleicht doch wirklicher als meine eigenen Erfahrungen im unmittelbaren Umkreis? Was ist Wirklichkeit, und wo wird sie unterschlagen? Wären meine Sinne Theoretiker geworden, wie Marx das bezeichnet hat, also mit kritischem Urteil ausgestattet?

Es sind das Erörterungen, die auf den ersten Blick vom kontinuierlichen Text der Faust-Karriere völlig abweichen; davon kann aber keine Rede sein. Die gesellschaftspolitisch relevanten Passagen des fünften Aktes habe ich erneut und immer wieder gelesen, mir ist die fixe Idee nicht wieder aus dem Kopf gegangen, daß Faust ein Konzentrationslager aufbaut. Als ich diesen obsessiven Gedanken, daß Goethe bei der Schlußfassung seines *Faust* die Quälereien und Schreie vom Ettersberg gehört haben könnte, in einer öffentlichen Vorlesung mitteilte, zu der mich Ekkehart Krippendorff in die Freie Universität Berlin eingeladen hatte, antwortete er mir nicht, daß das doch eine ganz irre Idee sei, die in den Mund der Baucis gelegten Worte als Ausdruck des eigenen Hörens zu betrachten, sondern er schrieb mir am 13. Mai 1998 folgenden Brief: »Ich schreibe dir zu einem kleinen Punkt deines Vortrags bzw. deiner im öffentlichen Denken vorgetragenen Reflexionen, der mich sehr berührt hat: Deine Bemerkung, Goethe müsse die Schreie vom Ettersberg-Buchenwald gehört haben... Elie Wiesel berichtet irgendwo von einer altjüdischen Legende aus der Mitte des 18. Jahrhunderts: Damals wurden drei Xaddiks (Weise) von einem Unwetter am späten Abend in einer südpolnischen Stadt überrascht und wollten dort übernachten – aber alles an diesem Ort erschien ihnen so grauenvoll und unheimlich, daß sie nicht bleiben konnten und lieber durch die Nacht weiterzogen, als hier auch nur zu rasten; der Name des Ortes war Auschwitz.« Und Ekkehart Krippendorff fügt hinzu: »Diese Geschichte hat mir sehr zu denken gegeben – warum, brauche ich dir nicht zu erläutern – und sie trifft sich mit deiner kleinen Bemerkung, weshalb ich dir davon berichten wollte. Es sind diese ›Dinge zwischen Himmel und Erde‹, auf die Hamlet anspielt.«

Um das Maß der Unheimlichkeit der Dinge, die doch im Allgemeinen von bedrückender Realitätsträchtigkeit sind, vollzumachen, haben die Nazis, im deutlichen Unterschied zu den Eingangstoren anderer Konzentrationslager, auf denen steht: »Arbeit macht frei«, in Buchenwald eine Formel Ulpians benutzt, dieses großen römischen Rechtsgelehrten. Sie haben das Höllen-Eingangstor mit dem Satz versehen: »Jedem das Seine«. Das bedeutete für sie gewiß etwas sehr Konkretes: Wer in dieses Lager kommt, hat es verdient: Er ist Jude, er hat die falsche politische Auffassung, er ist rebellisch und asozial. Es ist auffallend, daß das Weimarer Bildungsbürgertum, das wahrscheinlich überwiegend durch die Gymnasien gegangen ist, in keiner öffentlichen Andeutung die Vervollständigung dieses Sentenzzusammenhangs von Ulpian gefordert hat. »Jedem das Seine« *(Suum cuique)* beschreibt nicht den ganzen Lebenszusammenhang eines Römers, wie er in der Zeit Ulpians erstrebenswert erschien: die eigentlich gemeinte Sicherung des Eigentums und der eigenen Persönlichkeit waren ein wichtiger Punkt, aber er hatte zwei wesentliche Gebote zur Ergänzung: *Neminem laede* ist das zweite, »Verletze niemand«, auch nicht die Persönlichkeit des anderen.

Und der dritte Teil dieses Lebenszusammenhangs ist *Honeste vive,* »lebe ehrenwert« – von all dem kann bei diesen Maßnahmen der Nazis nicht im geringsten die Rede sein.

Als Glieder einer moralischen Welt sind die Menschen einander Achtung schuldig, sagt Kant. Die Idee der Menschenwürde und der Persönlichkeit erweckt Achtung und stellt uns die Erhabenheit unserer Natur, ihrer Bestimmung nach, vor Augen. Der Mensch muß Achtung vor seinem eigenen Wesen haben. Wenn er sich selbst nicht achtet, achtet er auch andere Menschen nicht. Und die wichtigste Bestimmung in diesem Achtungszusammenhang ist die, die Kant so formuliert: »Der Mensch kann nicht über seine Substanz disponieren, denn er würde über seine Persönlichkeit selbst, innere Freiheit, oder Menschheit in seiner Person selbst verfügen. Die gehören aber nicht ihm, sondern er gehört ihr an, er ist als Phaenomenon dem Noumenon obligiert. Er ist nicht dominus über seine Persönlichkeit als ein objectum reale betrachtet.«[66]

Noch nicht einmal der Formel, die auf dem Tor Buchenwalds rankt, hätte Faust eine sinnvolle Deutung geben können; er hätte die Hütte der Alten als das, was ihnen gehörte und wo sie sterben wollten, respektieren müssen. Fortwährend hat er andere verletzt, und von einem ehrenwerten Leben ist seit seiner Kindheit, als der Vater mit tödlichen Substanzen operierte, keine Rede. Als »dunkle(n) Ehrenmann« (1034) bezeichnet er ihn doppeldeutig. Sein Vater und er hätten gewiß in Buchenwald den Antrag gestellt, mit Menschen experimentieren zu dürfen, um irgendwelche Präparate zu gewinnen. Kann man sich Faust als KZ-Kommandanten vorstellen? Ich glaube, ja. Sein ganzes Unternehmen beruht auf einer Form der Verwertung menschlicher Arbeitskraft, die am Ende ihn selbst unbefriedigt läßt. Die menschlichen

Zwecke, wofür er seine Lebensenergie einzusetzen vorgibt, haben sich am Ende seines Lebens immer weiter von ihm entfernt.

Kleine Zusatzbemerkung zum Weimarer Buchenwald-Problem: Die Landschaftsarchitektin Ute Wrede hatte, angeregt durch ein Gedicht Paul Celans, in dem es heißt: »Wir lieben einander wie Mohn und Gedächtnis«[67], für das Jahr 1999 ein Projekt entwickelt, mit dem eine verwitterte und teilweise verschüttete Bahnstrecke zwischen Weimar und Buchenwald wieder öffentlich wahrnehmbar gemacht werden sollte: durch Bepflanzung mit Klatschmohn, der im Juni/Juli blüht, also in der Mitte der Jahresfeier zu Weimars rühmlicher Ernennung zur europäischen Kulturhauptstadt. »Die Nabelschnur zwischen Weimar und Buchenwald, die ehemalige Trasse der Buchenwaldbahn, wird in einem behutsamen Akt der Aussaat von Klatschmohn, Papaver rhues, sichtbar gemacht. Die Aussaat wird auf der gesamten Trasse der ehemaligen Buchenwaldbahn ausgeführt, beginnend am Bahnhof Weimar bis zum ehemaligen Bahnhof Lager Buchenwald.«[68] Diese Bahnlinie wurde 1943 von Häftlingen gebaut, mit vielen Todesopfern, und sie diente überwiegend dem Transport von Häftlingen ins Konzentrationslager. So begeistert diese Idee von manchen auch aufgenommen wurde, so viele Steine legte man der Landschaftsarchitektin bei der Realisierung des Projekts in den Weg. Verschiedentlich wurden Mohnpflanzen von Weimarer Bewohnern einfach ausgerissen.

Wetten und Verträge

Wohl kaum ein Thema hat die *Faust*-Forschung, jetzt bereits im langen Zeitraum von mehr als 150 Jahren, in ähnlicher Erregung und philologischem Eifer gehalten wie die Frage nach Gewinnern und Verlierern der Wetten und des Paktes. Wie das bei solchen literaturwissenschaftlichen Erregungszuständen häufig der Fall ist, verlaufen die Interpretationsverdichtungen in Wellenbewegungen; offenbar ist es so, daß in drei Jahrzehnten, ungefähr von 1890 bis 1920, die Probleme von Pakt und Wette, die aneinandergekoppelt waren, in ganz ungewöhnlicher Breite und mit großer Intensität nicht nur von Literaturwissenschaftlern, sondern auch von hervorragenden Juristen diskutiert wurden, äußerst kontrovers und unter allen nur möglichen Gesichtspunkten. Dagegen ist festzustellen, daß für die *Faust*-Deutungen der Zeit nach dem Zweiten Weltkrieg die Suche nach einem Handlungsleitfaden, der im Wettverhalten des »Prologs im Himmel« seinen Ausgang nimmt, deutlich an Interesse verliert.[69]

Es ist allerdings bemerkenswert, daß auf diesen philologischen Schlachtfeldern hermeneutische Kunstfertigkeit ins Gefecht geführt wird, häufig aber weder dem biographischen Rollenwechsel Fausts noch den gesellschaftlichen Inhalten der Verträge, der Pakte und der Wetten besonderes Interesse zuteil wird. Die *Einschüchterung durch Klassizität*, wie Brecht die Teilblindheit eines Verhaltens gegenüber scheinbar unantastbaren Texten bezeichnet, führt häufig dazu, daß die vermeintlich zwingende Einheit des Gesamtwerks gegenüber den Brüchen und Lücken absoluten Vorrang hat. Es handelt sich ja nicht um »Dichtung und Wahrheit«, Erzählungen aus dem eigenen Leben, die Goethe hier präsentiert. Daß er an dieser Figur, unter dem bleibenden Identitätssiegel Fausts, buchstäblich bis zu seinem Tode festhält und sämtliche Zeitverwerfungen und vielleicht auch persönliche Brüche, Glück und Hoffnung, an dieser Figur festmacht, das kann nicht zufällig sein. Auch aus diesen Gründen ist es besonders notwendig, sich auf die prosaische Erzählung einer Lebensgeschichte, ja einer Karriere im bürgerlichen Sinne, eines Menschen einzulassen, der sich im Interesse einer befriedigenden Berufstätigkeit auf den von Konkurrenz bestimmten Arbeitsmarkt begibt. Der bietet für einen hochgelehrten Mann wie Faust gewiß privilegierte Chancen, aber auch dem von oben einsteigenden Bourgeois hängen die Trauben nicht in den Mund. Es geht bei Faust immer auch darum, wie das bürgerliche Subjekt ausgestattet sein muß, um in dieser Welt Erfolg zu haben und sich in seinen Citoyen-Idealen nicht völlig ruinieren zu müssen. Wo aus den *Faust*-Deutungen dieses Element gesellschaftlicher Wahrnehmung Goethes völlig ausgeblendet wird, reduziert man diese philosophische Tragödie, wie Hegel sie nennt, auf ein verblasenes Ewigkeitswerk, das sie überhaupt nicht ist.

Um die Prüfung und die Anreize zur Verführung in ihrer ganzen Dimension begreifen zu können, ist – wie es im Falle von Philemon und Baucis die *Metamorphosen* Ovids vorführten – ein Rückblick auf jene Ursituation erforderlich, in der Gott, der Herr, in seinem Herrschaftszusammenhang eine Art Loyalitätstest vornimmt. Es ist ein feudaler Gedanke, der dem zugrunde liegt, was der Herr (Feudalherr oder Gott?) seinem Knechtsgesinde auferlegt. Er will die Treueverhältnisse und die Verläßlichkeit überprüfen. Die Folgebereitschaft von Untertanen ist nie sicher; sie können sich zusammenrotten, eine Revolution aushecken und die Herren vertreiben. Insoweit war der mittelalterliche Kriegszug auch immer wieder eine Probe auf die Treueverhältnisse; denn das Prinzip dieses wechselseitigen Treueverhältnisses lautete: *Protego ergo obligo* – »Ich schütze dich, also kann ich dich verpflichten.« In gesellschaftlichen Situationen, in denen sich die Folgebereitschaft einst feudaler Untertanen aufzulösen beginnt, wie in jener Zeit, von deren Geist der Faust-Mythos zehrt, erscheint es durchaus sinnvoll, eine solche Probe aufs Exempel zu machen. Jedenfalls betrachte ich es nicht als zufällig, daß im »Prolog im Himmel« nicht »Gott« mit Namen genannt wird, sondern der »Herr«: Das kann der Grundherr sein, aber auch der Herr im *Buch Hiob* (hier wechselweise »Herr« und »Gott« genannt).

Es scheint in der *Faust*-Forschung völlig unstrittig zu sein, daß Goethe seinen »Prolog im Himmel« am *Buch Hiob* orientiert hat; mehr als der Name und die Situation sei es allerdings nicht, was daran erinnert, behauptet Goethe. Aber auch wenn das der Fall sein sollte, sind doch die Kontraste und die Abgrenzungen von dem, was im *Buch Hiob* entwickelt wird, für die Deutung der Karriere Fausts von Interesse.

Hiob war ein glücklicher Mensch, fromm, rechtschaffen und gottesfürchtig mied er das Böse. Er zeugte sieben Söhne und drei Töchter, er besaß siebentausend Schafe, dreitausend Kamele, fünfhundert Joch Rinder und fünfhundert Eselinnen sowie sehr viel Gesinde, und er war reicher als alle, die im Osten wohnten. Bis in die Worte hinein ähnelt das dem »Prolog im Himmel«.

»Es begab sich aber eines Tages, da die Gottessöhne kamen und vor den Herrn traten, kam auch der Satan unter ihnen. Der Herr aber sprach zu dem Satan: Woher kommst du her? Der Satan antwortete dem Herrn und sprach: Ich habe die Erde hin und her durchzogen. Der Herr sprach zum Satan: Hast du acht gehabt auf meinen Knecht Hiob? Denn es ist seinesgleichen nicht auf Erden, fromm und rechtschaffen, gottesfürchtig und meidet das Böse. Der Satan antwortete dem Herrn und sprach: Meinst du, daß Hiob Gott umsonst fürchtet? Hast du doch ihn, sein Haus und alles, was er hat, ringsumher beschützt, du hast das Werk seiner Hände gesegnet, und sein Besitz hat sich ausgebreitet im Lande. Aber strecke deine Hand aus und taste alles an, was er hat: was gilt's, er wird dir ins Angesicht absagen! Der Herr sprach zum Satan: Siehe, alles, was er hat, sei in deiner Hand; nur an ihn selbst lege deine Hand nicht. Da ging der Satan hinaus von dem Herrn.« (Das Buch Hiob 1,6–16) Alles verliert Hiob, die Kamele und Schafe, die Knechte, seine Söhne und seine Töchter. »Da stand Hiob auf und zerriß sein Kleid und schor sein Haupt und fiel auf die Erde und neigte sich tief und sprach: Ich bin nackt von meiner Mutter Leibe gekommen, nackt werde ich wieder dahin fahren. Der Herr hat's gegeben, der Herr hat's genommen; der Name des Herrn sei gelobt!«

Nichts dergleichen stößt Faust zu. In den Prüfungsunterlagen des Herrn finden sich keine Angaben über den Verlust äußerer Güter oder nahestehender Personen. Faust hat ein von Hiobs Situation völlig verschiedenes Problem, das gerade mit dem verknüpft ist, was der Herr in der Hiob-Geschichte sich selbst vorbehält, indem er erklärt: Über alles kannst du verfügen, »nur an ihn selbst lege deine Hand nicht.« Genau darum geht es aber im »Prolog im Himmel«, um Faust selbst, seinen Charakter, seine Seele als *Urquell* seiner Persönlichkeit. Wenn es aber der Kampf um seine Seele ist, die den Inhalt der Wette ausmacht, dann kann es nur um die Frage einer gottgefälligen Lebenshaltung gehen oder um das Abrutschen auf einen Weg, den der Teufel als gefallener und abtrünnig gewordener Engel selbst beschritten hat.

Hiob ist ein zufriedener Mensch und schätzt sich glücklich in seinem begrenzten, doch reichhaltigen Besitz und in der Beziehung zu seinen Kindern; das macht ihn fromm und dankbar gegenüber seinem Gott. Faust ist ein zutiefst unzufriedener Mensch, ein fortwährend Getriebener, ein Nomade seiner Gefühle und seines Denkens, der einen Ruheplatz seines Lebens sucht, ihn aber nicht finden kann. »Nur rastlos betätigt sich der Mann« (1759), sagt Faust. Und mit dem Wissen geht es ihm ähnlich: »Zwar weiß ich viel, doch möcht' ich alles wissen.« (601) Auch das Haben bleibt unbefriedigend, wenn es nicht alles umfaßt.

> Die Alten droben sollten weichen,
> Die Linden wünscht ich mir zum Sitz,
> Die wenig Bäume, nicht mein eigen,
> Verderben mir den Welt-Besitz. (11239–11242)

Es ist eben die sich selbst zugeschriebene Gottähnlichkeit, die Situation als »Prothesengott«, der die Brechungen und Verschiebungen im Lebensweg Fausts entspringen. Sein absoluter Anspruch trägt totalitäre Züge, die mit dem Identitätswahn von Herrschaft sich verbinden.

In der Gesindeversammlung, die der Herr offenbar anbefohlen hat, tut sich Mephisto besonders hervor, indem er den kleinen Gott der Welt mit seiner Himmelsgabe der Vernunft verspottet und das ganze irdische Leben für beklagenswert hält. Als von Faust die Rede ist, bietet er Gott, dem Herrn, eine höchst merkwürdige Wette an. Nicht irdisch sei des Toren Trank noch Speise, nichts befriedige die tiefbewegte Brust, weder Nähe noch Ferne, vom Himmel fordere er die schönsten Sterne und von der Erde jede höchste Lust. (Vgl. 301 ff.) Der Herr widerspricht nicht dieser keineswegs schmeichelhaften Beschreibung der augenblicklichen Lebensverhältnisse Fausts, wie sie Mephisto vorträgt. Die Antwort des Herrn bezieht sich vielmehr auf die Zukunft Fausts, auf eine von oben gelenkte Karriere, die mit immer größerer Klarheit und Orientierungssicherheit ausgestattet ist.

Wenn er mir jetzt auch nur verworren dient:
So werd' ich ihn bald in die Klarheit führen.
Weiß doch der Gärtner, wenn das Bäumchen grünt,
Daß Blüt' und Frucht die künft'gen Jahre zieren. (308–311)

Es ist also ein Versprechen zunehmenden Reifens und wachsenden Bewußtseins, ein Versprechen darauf, daß im Leben dieses verworren dienenden Knechts natürliche Maßverhältnisse bestimmend werden und dadurch ein Mensch sich entwickeln wird, der sich seiner Gottähnlichkeit nicht schämen muß. Das kann Mephisto, bei seiner großen Menschenkenntnis, nicht auf sich beruhen lassen. Mit seinen Worten: »Was wettet ihr? den sollt ihr noch verlieren« (312), ist der Anfangsakkord dieser Tragödie gesetzt, die sich eine Tragödie ja nur deshalb nennen kann, weil jede in ihr ablaufende Handlung und jede Rede einen freien Entscheidungsspielraum zuläßt. Es ist eine rhetorische Frage, die Mephisto an den Herrn richtet; deshalb ist es auch belanglos, ob er auf diese Wette eingeht oder nicht. Denn juristisch gesprochen geht es um eine Art *Erlaubnisgesetz,* die Befugnisse des Teufels im Kampf um den irdischen Lebensweg Fausts so auszudehnen, daß sie nicht fortwährend von oben behindert werden. Dieser ungleiche Dialog zwischen dem Allmächtigen, der Gesinde und Hofstaat versammelt hat, und dem trotz aller Unterwürfigkeit herausfordernden Mephisto läßt erkennen, daß Mephistos Wettvorschlag dem Herrn gar nicht so unwillkommen ist. Da er das Lebewesen Faust nicht komplett zu steuern vermag, kann eine Kraft durchaus nützlich sein, die Fausts Charakter und Identität

durch ständige Anreize und Herausforderungen festigt. Deshalb sagt er:
> Es irrt der Mensch so lang' er strebt.
> …
> Zieh diesen Geist von seinem Urquell ab,
> Und führ' ihn, kannst du ihn erfassen,
> Auf deinem Wege mit herab,
> Und steh' beschämt, wenn du bekennen mußt:
> Ein guter Mensch in seinem dunkeln Drange
> Ist sich des rechten Weges wohl bewußt. (317, 324–329)

Wenn aber der »gute Mensch«, als den der Herr Faust hier definiert, praktisch unkorrumpierbar ist, dann könnte man auch leicht auf Prüfungen verzichten. So steuert diese Wette doch auf einen ganz anderen Zielpunkt hin. Man weiß nicht genau, was Goethe im Schilde führt, wenn er Mephisto durch den Herrn beauftragen läßt: »Zieh diesen Geist von seinem Urquell ab.« Was ist der Urquell eines Menschen anderes als der unverwechselbare und einzigartige Persönlichkeitskern?! Zunächst ist von keiner einzigen Handlung oder Charaktereigenschaft die Rede, dann aber verliert die Kraft des Teufels ihre bloß den guten Menschen herausfordernde Funktion und wird plötzlich zu einem wesentlichen Bestandteil, ja zur Quelle jener Verfassung des Menschen, die sich aus dem eigenen Urquell speist. Tätigkeit, Arbeit, Unruhe und Rastlosigkeit sind die Elemente, die dieser Herr, dieser im Herrschaftsgepränge eines Feudalherren auftretende Bürger-Gott, für lebensnotwendig erachtet.

> Des Menschen Tätigkeit kann allzuleicht erschlaffen,
> Er liebt sich bald die unbedingte Ruh;
> Drum geb' ich gern ihm den Gesellen zu,
> Der reizt und wirkt, und muß, als Teufel, schaffen.
> (340–343)

Damit ist das Leitmotiv der Faust-Karriere bezeichnet; die zweite Wette, die in dem schriftlich fixierten Vertragswerk mit Mephisto festgehalten wird, ist darin ebenso angelegt wie der Lehensvertrag, der Faust ein eigenes Unternehmen verschaffen wird.

Das Wort *Wette* kommt aus dem Mittelhochdeutschen. Zunächst hat es die Bedeutung von »Einsatz, Pfand«, dann auch von »Garantie, Ersatz«, schließlich von »Bezahlung, Vergütung, Buße« und »Zum-Pfand-Setzen«. Eine Wette ist also der Form nach ein Tauschakt, der wenigstens zwei handelnde Personen voraussetzt. In diesem Sinne ist die Wette des »Prologs im Himmel« unvollständig, einseitig, weil nicht erkennbar ist, ob der Herr sie annimmt. Und was er gegen Mephistos Einsatz setzt. Die Paktszene im »Studierzimmer II« hat eine ganz andere Struktur.[70] Der entschlossenen Bereitschaft Fausts, sich auf einen Teufelspakt einzulassen und einen Dienstvertrag zu unterzeichnen, in dem die Leistungen beider Seiten völlig verschieden sind, ist der Verzweiflungsmonolog vorausgegangen, in dem mit der Ohnmacht des Wissens und der Fassadenkletterei des Intellektuellen abgerechnet wurde. Die Welt erscheint ihm total verriegelt. »Der große Geist hat mich verschmäht, / Vor mir verschließt sich die Natur.« (1746 f.) Jeder Ausbruch in Tätigkeit und Sinnlichkeit kann eine erlösende Befreiung aus diesem engen Gehäuse der Wissenschaftshörigkeit bedeuten. Mit der Verabschiedung von der Wissenschaft verabschiedet Faust gleichzeitig das Denken. Er setzt diese Verabschiedung gegenüber Mephisto sogar ein, um zu begründen, daß er das eingegangene Bündnis nicht brechen werde. Er sagt: »Des Denkens Faden ist zerrissen, / Mir ekelt lange vor allem Wissen.« (1748 f.)

Worin besteht nun dieser Pakt, den Goethe später nie als Bündnisvertrag bezeichnet, sondern immer als eine Wette?

Worin bestehen Inhalt und Geheimnis dieses Bündnisses, mit den ergänzenden Erläuterungen als Vertrag oder Wette? Teufelspakte sind in den neuzeitlichen Märchen durchaus beliebt; überhaupt spielen die Rechtsfigur des Bündnisses, mündliche Verträge, Versprechen, auch Gerichtsurteile, wenn sie gebrochen werden, dort eine große Rolle. Im allgemeinen geht der Teufel daraus nicht als Sieger hervor, sondern wird geprellt und betrogen, wie in jenem, von den Brüdern Grimm aufgezeichneten, Märchen von einem verschmitzten Bäuerlein, das dem Teufel etwas abluchst, indem es ihn immer wieder auf den Wortlaut des Vertrages festlegt. So kann man verstehen, daß Goethe Mephisto mit einer gewissen Skepsis gegenüber der Vertragstreue seines neu gewonnenen Partners ausstattet, denn dessen Problem ist ja nicht ein Mangel an intellektueller Raffinesse, sondern schlicht das absolute Fehlen von Lebensfreude und Lebensgenuß.

Mit der zweiten Wette (oder dem Vertrag) wird ein Bündnis geschmiedet, bei dem die Leistung des einen in der Zukunft, die Leistung des anderen in der Gegenwart liegt. Als Knecht war Mephisto dem Herrn gegenübergetreten mit dem Vorschlag für eine Wette, von der er nicht wissen konnte, ob sie von dem Gott-Herrn akzeptiert würde. Jetzt will er auf der Grundlage von Vertragsfreiheit eine Wette mit Faust eingehen, die durch eine mit Blut beglaubigte Unterschrift gesichert ist. Er wettet um ein Ende der Daseinsweise des verzweifelten Intellektuellen, der mit seinem Leben nicht mehr zurechtkommt und vielleicht davon träumt, ein großer Liebhaber, Staatsmann, Politiker, Dichter, Antiken-Forscher zu werden, aus sich heraus dazu aber keine Kraft hat. Und Mephisto sagt: »Hör' auf mit deinem Gram zu spielen, / Der, wie ein Geier, dir am Leben frißt; / Die schlechteste Gesellschaft läßt dich fühlen, / Daß du ein Mensch mit Menschen bist.« (1635–1638) – Also ein absolut alltäglicher und normaler Mensch!

Aber das Wichtige ist dabei nicht, was Mephisto dem Faust an Möglichkeiten des Weltgenusses und der Welteroberung verspricht (das ist ja in den gottgesetzten Grenzen dieser Gegenmacht sehr viel), sondern was der armselige und im Selbstmitleid sich verzehrende Faust zu bieten imstande ist. Für Mephisto ist dessen Einsatz klar, er hat es gegenüber seinem Herrn unmißverständlich formuliert: Er will die Seele Fausts, er will durchaus diesen Geist von seinem Urquell abziehen und dann triumphieren. Fausts Beschreibung seines Einsatzes klingt dagegen äußerst merkwürdig. Im Grunde kann man ihn nur verstehen, wenn man die puritanisch-calvinistische Lebenshaltung als Leitnorm einer irdischen Karriere nimmt und alle Ausflüge in die Welt des Genusses, der besinnlichen Ruhe und der *Rastplätze der Reflexion* als Herausforderungen einer solchen Lebensweise betrachtet – Herausforderungen, die diese Lebensweise letztendlich nur bestätigen und festigen.

Man muß sich diese Seite des Vertragstextes sehr genau vergegenwärtigen. Hier scheint das Leitmotiv der *Faust*-Tragödie formuliert zu sein.

> FAUST: Werd' ich beruhigt je mich auf ein Faulbett legen:
> So sei es gleich um mich getan!
> Kannst du mich schmeichelnd je belügen,
> Daß ich mir selbst gefallen mag,
> Kannst du mich mit Genuß betriegen:
> Das sei für mich der letzte Tag!
> Die Wette biet' ich!
> MEPHISTOPHELES: Topp!
> FAUST: Und Schlag auf Schlag!

Werd' ich zum Augenblicke sagen:
Verweile doch! du bist so schön!
Dann magst du mich in Fesseln schlagen,
Dann will ich gern zu Grunde gehn!
Dann mag die Totenglocke schallen,
Dann bist du deines Dienstes frei,
Die Uhr mag stehn, der Zeiger fallen,
Es sei die Zeit für mich vorbei! (1692-1706)

Es mag ein Hinweis in der Sprache liegen, darin, daß in diesen siebzehn Zeilen neun Ausrufezeichen stehen, so als stünde hinter dieser kräftigen Aussage, die demonstrativ die Verläßlichkeit des Übereinkommens unterstreicht, sehr viel Unsicherheit und Angst. Die einzelnen Sätze haben ja auch so etwas wie eine Endgültigkeitszusage. Mephisto merkt diese Unsicherheit: »Bedenk' es wohl, wir werden's nicht vergessen.« (1707) Und das ist der Grund dafür, daß er um einige geschriebene, mit Blut geschriebene, Zeilen bittet. Als ob er ahnte, die ganze Faust-Karriere setzt auf Verjährung und Vergessen.

Ich habe gesagt, daß es sich um eine Art calvinistisch geprägten Dienstvertrag handelt, über den jeder Puritaner jubeln würde. Max Weber hat das für jene Zeit, in der die Faust-Figur historisch lokalisiert ist, anhand puritanischer Dokumente im einzelnen begründet und darin, gerade in Ergänzung zu der eher auf die objektive ökonomische Analyse setzenden Auffassung von Marx, die Innenseite der Entstehung des Kapitalismus untersucht. Er spricht vom »Geist des Kapitalismus« und meint damit auch, daß die religiösen Metamorphosen gerade in jener Zeit des Übergangs vom Feudalismus zum rastlosen Erwerbstrieb des Kapitalismus an der Konstituierung des modernen Menschen beteiligt sind. Es ist die Größe des Dichters und tätigen Menschen Goethe, daß er vieles gleichsam seismographisch wahrgenommen hat, was sich in den Verschiebungen der Gesellschaft abspielt. Keine Figur in seinem Werk spiegelt die epochalen Verwerfungen und Brüche der Gesellschaft so wie Faust.

Was Max Weber am Geist des Puritanismus feststellt, könnte als das Versprechen Fausts an die Tore dieser Lebenswelt geheftet sein. »Wer immer strebend sich bemüht« (11936), im *Faust* nur als Zitat formuliert, ist ein puritanischer Grundgedanke. Aber zunächst ist die Genußfeindlichkeit zu nennen. Max Weber sagt: »Das sittlich wirklich Verwerfliche ist nämlich das *Ausruhen* auf dem Besitz, der *Genuß* des Reichtums mit seiner Konsequenz von Müßigkeit und Fleischeslust, vor allem von Ablenkung von dem Streben nach ›heiligem‹ Leben… Nicht Muße und Genuß, sondern nur *Handeln* dient nach dem unzweideutig geoffenbarten Willen Gottes zur Mehrung seines Ruhms, *Zeitvergeudung* ist also die erste und prinzipiell schwerste aller Sünden.«[71] Und das ist durchaus auch eingebunden in den religiös versetzten Kontext puritanischer Lebensluft. Arbeitsunlust ist Symptom fehlenden Gnadenstandes.

Die innerweltliche Askese, die zum entscheidenden Triebmotiv der puritanischen Zweckrationalität und der Ökonomisierung der Lebenszeit wird, ist eine Form der Sündenabtragung, denn bei den Puritanern ist selbst ein Schlaf, der über sechs Stunden hinausgeht, schon ein sündhaftes Symptom. Die Orthodoxen unter ihnen wollten selbst Beerdigungen von allem Schmuck und Ritual freihalten, um nicht in den Verdacht zu geraten, durch solche Rituale Hoffnung auf die Gnadenwahl zu erwecken. Das Rastlose von Tätigkeit und Arbeit, das bereits der »Prolog im Himmel« andeutet und das in der *zweiten Wette* formuliert ist, treibt Faust, in gewaltigen Umwegen über seine Karriere als

Staatsmann, Kriegsherr, Dichter, Allegorieproduzent, wie in der »Klassischen Walpurgisnacht«, auf jene Karriere hin, in der sich sein Leben vollendet: die des Unternehmers.»Der triebhafte Lebensgenuß, der von der Berufsarbeit wie von der Frömmigkeit gleichermaßen abzieht, war eben als solcher der Feind der rationalen Askese, mochte er sich als ›seigneurialer‹ Sport oder als Tanzboden- und Kneipenbesuch des gemeinen Mannes darstellen.«[72]

Die Neben- und Abwege Fausts können daher als vielfältige Prüfstationen verstanden werden, die ihn auf jenen Pfad der Tugend leiten, der ihn am Ende jene innerweltliche Askese erreichen läßt, die seine Berufsqualifikation als Unternehmer ermöglicht. Hier möchte er zum Augenblick sagen dürfen: »Verweile doch! du bist so schön!« Das aber greift vor, in den beiden Wetten ist etwas ganz anderes gemeint, nämlich die Rastlosigkeit der Tätigkeit, der unternehmerische Mensch, der nicht Befriedigung in den Produkten oder im Reichtum findet, sondern in der Arbeit, im Prozeß des Herstellens, in der Erwerbstätigkeit. Das entspricht dem, was Max Weber sagt: »Denn nicht nur sah sie [die Askese, O. N.], mit dem Alten Testament und in voller Analogie zu der ethischen Wertung der ›guten Werke‹, zwar in dem Bestreben nach Reichtum als *Zweck* den Gipfel des Verwerflichen, in der Erlangung des Reichtums als *Frucht* der Berufsarbeit aber den Segen Gottes. Sondern, was noch wichtiger war: Die religiöse Wertung der rastlosen, stetigen, systematischen, weltlichen Berufsarbeit als schlechthin höchsten asketischen Mittels und zugleich sicherster und sichtbarster Bewährung des wiedergeborenen Menschen und seiner Glaubensechtheit mußte ja der denkbar mächtigste Hebel der Expansion jener Lebensauffassung sein, die wir hier als ›Geist des Kapitalismus‹ bezeichnet haben. Und halten wir nun noch jene Einschränkung der Konsumtion mit dieser Entfesselung des Erwerbsstrebens *zusammen,* so ist das äußere Ergebnis naheliegend: *Kapitalbildung* durch *asketischen Sparzwang.*«[73]

Bemerkenswert an diesen beiden Wetten im *Faust* ist, daß zwar über die Einsätze geredet wird, nicht aber über Zwecke und Ziele dieser rastlosen Tätigkeit. So bleibt auch die Frage offen, welche Funktionen in diesem von irdischen Verworrenheiten und Irrungen bestimmten Kampf um die Seele eines Menschen Tugenden und Lastern zugeschrieben werden; der Teufel präsentiert sich ja als »Teil von jener Kraft, / Die stets das Böse will und stets das Gute schafft.« (1335 f.) Max Weber dreht das um: Askese ist die Kraft, die stets das Gute will, und stets das Böse schafft. Denn der Besitz ist die Versuchung.

Und in dieser gefallenen und abgefallenen Welt der Sündhaftigkeit können gerade die Laster, die Verbrechen, die Untugenden im Interesse des Wohlstands des Ganzen produktiv wirken. So wollte es Bernard Mandeville (Arzt und Schriftsteller, 1670 in Holland geboren, 1733 in London gestorben) in seiner berühmten *Bienenfabel* 1705 verstanden wissen, in der er unmißverständlich von der Nützlichkeit des Lasters spricht; zwar werde dadurch der moralische Aspekt keineswegs beiseite geschoben, so daß man aus der Nützlichkeit von Verbrechen und Zerstörung nicht auf die Aufwertung des Bösen schließen dürfe, aber die Wirksamkeit des Bösen kann im Zusammenhang einer »invisible hand« oder der List der Vernunft auf ein durchaus gewolltes Gemeingut gehen. »Ich weiß, daß dies vielen als ein seltsames Paradoxon erscheinen wird, und man wird mich fragen, welcher Vorteil der Allgemeinheit aus Dieben und Einbrechern erwächst. Ich gebe zu, daß sie ein großer Schaden für die menschliche

Gesellschaft sind, und jede Regierung sollte sich alle erdenkliche Mühe geben, sie unschädlich zu machen und auszurotten. Wenn aber alle Leute durch und durch redlich wären, und keiner würde sich an anderen Dingen als seinen eigenen zu schaffen machen oder vergreifen, so würde die Hälfte aller Schmiede im Lande beschäftigungslos sein. In der Stadt wie auf dem Lande gibt es eine Unmenge von kunstgewerblichen Arbeiten, die jetzt sowohl zur Verzierung wie zum Schutze dienen, an die man aber niemals gedacht hätte, wenn man sich nicht gegen Diebe und Räuber hätte sichern wollen.«[74] Und Marx, der Mandeville sehr verehrte, greift diesen Gedanken auf, um ihn satirisch zu verlängern. In den *Theorien über den Mehrwert* schreibt er: »Der Verbrecher produziert nicht nur Verbrechen, sondern auch das Kriminalrecht und damit auch den Professor, der Vorlesungen über das Kriminalrecht hält, und zudem das unvermeidliche Kompendium, worin dieser selbe Professor seine Vorträge als ›Ware‹ auf den allgemeinen Markt wirft. Damit tritt Vermehrung des Nationalreichtums ein. Ganz abgesehen von dem Privatgenuß, den ... das Manuskript des Kompendiums seinem Urheber selbst gewährt. Der Verbrecher produziert ferner die ganze Polizei und Kriminaljustiz, Schergen, Richter, Henker, Geschworene usw.«[75]

Mit Recht verweist Walter Euchner, der Mandevilles *Bienenfabel* neu herausgebracht und kommentiert hat, auf den religiösen Hintergrund dieser scharfsichtigen Gesellschaftskritik, die doch – wie der Untertitel »Private Vices, Public Benefits« (Private Laster, Öffentliche Vorteile) nahelegt – den gegebenen Zustand ganz und gar für geordnet hält, und das Ganze doch mit einer Tugendlehre dekoriert. Mandeville selbst ist in seiner Zeit als Zerstörer der moralischen Grundlagen der menschlichen Gesellschaft angegriffen und verachtet worden; Euchner weist darauf hin, daß in den neueren Forschungen über Mandeville immer stärker die calvinistische Atmosphäre dieses sich entwickelnden Geistes des Kapitalismus in den Vordergrund gerückt wird: »In der Tat taucht insbesondere im zweiten Band der Fabel immer wieder der Gedanke auf, daß die Welt des Menschen eine tief in die Sünde verstrickte Welt der Gefallenen sei; das Laster und die natürlichen Übel gehörten notwendig zu dieser Welt und hielten sie in Gang; ohne göttliche Gnade könne sich der Mensch aus dieser sündhaften Verstrickung nicht lösen. … Mandeville akzeptiert die Welt so, wie sie sich, nach seiner Ansicht, nach dem Sündenfall darstellt: als einen vom Laster angetriebenen Mechanismus, der, wird sein Funktionieren von klugen Politikern überwacht, weltliche Größe hervortreibt. … Daher gilt es, das System, das den irdischen Reichtum schafft, zu erkennen und seine Wirksamkeit zu steigern. … Mandevilles Theologie arrangiert komfortabel Demut vor Gottes Größe mit einem freudigen Bekenntnis zu Reichtum und Größe dieser Welt.«[76]

Indem ich auf diesen Zusammenhang zurückgreife, weiche ich nicht vom Thema ab, das auf die Erörterung der Bedeutung des teuflischen Leistungsanteils im Pakt zwischen Faust und Mephisto konzentriert ist. Als Hiob vollständig am Boden liegt und sein Schicksal laut beklagt, suchen ihn drei Freunde auf, die ihm tröstliche Reden halten, auf die er dann auch antwortet; zwar bezeichnet er sie, ihren guten Willen anerkennend, als »leidige Tröster«; aber der Trostzusammenhang ist durch Freunde, durch lebendige Menschen hergestellt. In der Verzweiflungsszene Fausts, die ihn ja bis zu einem Selbstmordversuch treibt, erscheint die Natur als Trostgrund, aber kein Mensch. Der einzige »leidige Tröster« ist Mephisto. Es mag merkwürdig klingen, wenn ich behaupte,

Mephisto ist die einzige Figur in dieser Tragödie, zu der Faust ein menschlich tragfähiges Näheverhältnis entwickelt, was sich später auch darin zeigt, daß in Begleitung von Fausts verwinkelten und häufig krummen Lebenswegen Mephisto, der doch die Beachtung von Wette und Vertrag jederzeit einklagen müßte, beides häufig vergißt. Im Verlauf der Tragödie verliert sich allmählich das Paktgeschehen und taucht erst am Ende wieder auf. Nicht nur als tröstender Begleiter und willfähriger Vollstrecker von Fausts Wünschen tritt der Teufel auf, sondern wiederholt auch als eine Art Rechts- und Politikberater.

Es gibt, wie die *Faust*-Forscher einhellig feststellen, nur wenige Rückbezüge im zweiten Teil, in denen einzelne Szenen, Räume oder Gedanken so miteinander verknüpft sind, daß sie auf den ersten Teil verweisen, daß etwas fortgesetzt oder in Spiegelungen gebrochen wird. Erstaunlich ist, daß die »Laboratoriumsszene« des zweiten Aktes, wo der wissenschaftliche Nachfahre Fausts, der »trockne Schleicher« Wagner, mit Essenzen hantiert, um einen Menschen zu machen, zwar auf Fausts alchimistisches Wissenschaftsverständnis zurückbezogen wird, aber nicht auf Wette und Vertrag. Gewiß, es ist nicht Faust, der sich hier daranmacht, die Zeugungsmethoden der Menschen als überholt zu betrachten und zu erklären: »So muß der Mensch mit seinen großen Gaben / Doch künftig höhern, höhern Ursprung haben.« (6846 f.) Aber im Teufelspakt ist es doch angelegt, daß mit dem natürlichen Menschentypus, der an Körper und Materie klebenbleibt und immer wieder in die Fänge der Erlebnisgesellschaft zurückzufallen droht, zukünftig nicht mehr viel anzufangen ist. Wenn die Natur nicht diesen »kleine(n) Gott der Welt« (281), diesen »Herrn Mikrokosmus« (1802), aus sich heraus zu erhöhen vermag, dann muß das unter künstlichen Bedingungen hergestellt werden.

Wagner sagt: »Nun läßt sich wirklich hoffen / Daß, wenn wir aus viel hundert Stoffen, / Durch Mischung, denn auf Mischung kommt es an, / Den Menschenstoff gemächlich komponieren« (6848–6851) – daß daraus dann auch ein neuer Menschenschlag entstehen kann. Charakteristisch für diesen Typ ist nun, daß es eine reine Geist-Abstraktion ist, die nicht fortwährend in die Niederungen der Bedürfnisse und der menschlichen Verworrenheiten gezogen wird. Entscheidend dabei ist jedoch, daß dieses mit enormem Wissen ausgestattete künstliche Lebewesen nur existieren kann, indem es tätig ist, indem es arbeitet. Und solch ein Lebewesen, das eben kein Engel ist, der sich im Hofstaat des Herrn aufhält, sondern ein Lebewesen ohne Bedürfnisse, aber mit unerschöpflichem Arbeitswillen – das verkörpert ein Menschenbild, von dem die unternehmerisch tätigen Bürger immer geträumt haben! Zu Mephisto gewandt, den er mit »Herr Vetter« (6885) anredet, sagt Homunkulus, noch in der Geburtsphiole befangen: »Dieweil ich bin, muß ich auch tätig sein. / Ich möchte mich sogleich zur Arbeit schürzen«. (6888 f.) Daß an dieser Erzeugung eines Menschen durch Mischung von *Menschenstoff* Mephisto beteiligt ist, kann nur indirekten Hinweisen entnommen werden, wenn er zum Beispiel resigniert feststellt: »Am Ende hängen wir doch ab / Von Kreaturen die wir machten.« (7003 f.) Im Dienste Fausts betätigt sich Homunkulus dann wesentlich als Fremdenführer auf antikem Gelände, dort, wo Mephisto, der Macht und Kenntnis nur über den Norden hat, sich nicht auskennt. Ja, Mephisto verachtet sogar, wie die Geschehnisse der »Klassischen Walpurgisnacht« zeigen, die antiken Verhältnisse. »Das Griechenvolk es taugte nie recht viel!« (6972) Ihm fehlt die nordische Atmosphäre, der nordische Geruch:

    Auf meinem Harz der harzige Dunst

    Hat was vom Pech und das hat meine Gunst;

> Zunächst der Schwefel …. Hier, bei diesen Griechen
> Ist von dergleichen kaum die Spur zu riechen;
> Neugierig aber wär' ich, nachzuspüren
> Womit sie Höllenqual und Flamme schüren. (7953–7958)

Ein weiterer Rückbezug aus dem zweiten Akt des zweiten Teils – der Anfang der Szene »Hochgewölbtes enges gotisches Zimmer, ehemals Faustens, unverändert« – kann für unseren Zusammenhang von Gewicht sein, denn spätestens hier stellt sich die Frage, welche prägende Bedeutung überhaupt der Anfangspakt mit dem Teufel hat. Was Goethe in dieser Szenerie vorführt, kann unmöglich den prosaischen Sinn haben, die Studierzimmeratmosphäre des ersten Teils dem Leser oder Zuschauer noch einmal in Erinnerung zu rufen. Wie schon zu Beginn des ersten Aktes des zweiten Teils ist auch hier Faust in tiefen Schlaf verfallen; überhaupt nehmen Schlaf und Traumtätigkeit relativ breiten Raum ein. Nicht *Erinnerung* ist offenbar das Problem, sondern *Vergessen*. Diese Studierzimmer-Szene führt vor, was vor langer Zeit einmal geschehen ist und was an Erinnerungsstücken übriggeblieben ist, die jetzt musealen Wert bekommen. Faust ist in Tiefschlaf versunken, es treten Baccalaureus, Mephisto und der Famulus auf, um über die vergangene Zeit und über die Gegenwart ihre Gedanken zu äußern. Es ist eine äußerst brisante und spannende Szene, in der Erinnerungen und Urteile über anwesende und abwesende Personen ausgetauscht werden. Der alte Baccalaureus, der in seiner Gedankenarbeit kaum an Reife gewonnen hat, vielmehr Vorurteile gegenüber den Alten hegt, erklärt, ohne das Schicksal von Philemon und Baucis zu kennen:

> Anmaßlich find' ich daß zur schlechtsten Frist
> Man etwas sein will, wo man nichts mehr ist.
> Des Menschen Leben lebt im Blut, und wo

> Bewegt das Blut sich wie im Jüngling so?
> Das ist lebendig Blut in frischer Kraft,
> Das neues Leben sich aus Leben schafft.
> Da regt sich alles, da wird was getan,
> Das Schwache fällt, das Tüchtige tritt heran.
> Indessen wir die halbe Welt gewonnen
> Was habt ihr denn getan? genickt, gesonnen,
> Geträumt, erwogen, Plan und immer Plan.
> Gewiß das Alter ist ein kaltes Fieber
> Im Frost von grillenhafter Not.
> Hat einer dreißig Jahr vorüber,
> So ist er schon so gut wie tot.
> Am besten wär's euch zeitig totzuschlagen. (6774–6789)

Mephisto daraufhin lakonisch: »Der Teufel hat hier weiter nichts zu sagen.« (6790)

Goethe läßt hier eine Seite dieses Gewinn-Verlust-Spiels sprechen, die das Schwache nur noch als kostspielig betrachtet und den Tüchtigen Vortritt gewährt, selbst wenn sie nur das Niveau des erbärmlichen Baccalaureus haben. Im sozialdarwinistisch geprägten Überlebenskampf hält sich nur das junge Blut, wenn es sich regt und der Tüchtige alle Chancen für sich nutzen kann. Dem Tüchtigen steht die Welt offen, »Die Welt sie war nicht eh ich sie erschuf; / Die Sonne führt' ich aus dem Meer herauf; / Mit mir begann der Mond des Wechsels Lauf« (6794–6796) – das alles sind jetzt nicht mehr Äußerungen Fausts, doch sie sind durchaus im Sinne des »Prothesengottes«, nur auf weit niedrigerer Stufe.

Die Größe der *Faust*-Tragödie besteht auch darin, daß häufig Nebenfiguren etwas ausdrücken, was sich auf den Lebensstil oder die moralische Urteilsrichtung der Hauptfigur bezieht. Was dieser armselige Baccalaureus sagt, drückt auch eine Seite in

Fausts Lebenszusammenhang aus. Mit dem menschlichen Leben zu experimentieren, ist diesem seit seiner Kindheit bekannt; der Vater, »ein dunkler Ehrenmann« (1034), hat ihm das schon früh beigebracht.

Diese anrüchige Seite will ich jedoch hier nicht weiter verfolgen. Entscheidend ist vielmehr die Frage, ob im zweiten Teil des *Faust* Pakt und Wette für den Verlauf des Geschehens bis zum Ende, wo dann der Vertragstext noch einmal benannt wird, überhaupt Bedeutung haben. Ich bin der Auffassung, daß in dieser Rückerinnerung an das alte Studierzimmer im zweiten Akt des zweiten Teils Goethe den »alten«, den ursprünglichen Faust, seine Vereinbarungen und Wetten, verabschiedet. Spätestens hier, und noch einmal ausdrücklich. Nicht nur die Studierstube wird zum Museum, sondern auch das, was hier beschlossen wurde, wird in die museale Vergangenheit entrückt. Anders kann man die Art, wie Mephisto das Zimmer des Dr. Faustus den Besuchern präsentiert – mit alter Feder und Tinte, mit dem Pelz des entschwundenen Faust, und allen anderen Dingen, die hier versammelt sind –, überhaupt nicht verstehen. Mephisto ist der, der den Überblick behält. Faust taumelt aus seiner enttäuschten Liebesbeziehung mit Helena in das Studierzimmer und schläft. Und Mephisto, als eine Art Museumsdirektor, beschreibt die Situation:

Die bunten Scheiben sind, so dünkt mich, trüber,
Die Spinneweben haben sich vermehrt;
Die Dinte starrt, vergilbt ist das Papier;
Doch alles ist am Platz geblieben;
Sogar die Feder liegt noch hier,
Mit welcher Faust dem Teufel sich verschrieben.
Ja! tiefer in dem Rohre stockt
Ein Tröpflein Blut, wie ich's ihm abgelockt.

> Zu einem solchen einzigen Stück
> Wünscht' ich dem größten Sammler Glück.
> Auch hängt der alte Pelz am alten Haken,
> Erinnert mich an jene Schnaken
> Wie ich den Knaben einst belehrt,
> Woran er noch vielleicht als Jüngling zehrt.
> Es kommt mir wahrlich das Gelüsten,
> Rauchwarme Hülle, dir vereint,
> Mich als Dozent noch einmal zu erbrüsten,
> Wie man so völlig recht zu haben meint.
> Gelehrte wissens zu erlangen,
> Dem Teufel ist es längst vergangen. (6572–6591)

Das ist eine Mephistophelische Verabschiedung; den alten Faust gibt es nicht mehr, und wenn man darauf beharren wollte, dann nur in seinen Restgedanken und in den Erinnerungsstücken, die einem künftigen Sammler Glück bringen mögen.

So konnte Adorno mit Recht, indem er die Zeitabstände und die individuellen Entwicklungsstufen in Betracht zog, die Frage stellen, ob nicht die *Faust*-Tragödie in ihrer eigenen Entwicklungslogik und mit der Zeitdehnung von Goethes und Fausts Leben (das nach ursprünglichen Planungen ja über hundert Jahre währen sollte) von den Anfangswetten sich so total entfernt, daß deren Inhalt am Ende überhaupt keine Bedeutung mehr hat. Die Goethe-Forschung geht bis zum heutigen Tage nicht davon aus, wenn ich hier die äußerst detaillierten und hermeneutisch präzisen Interpretationen Albrecht Schönes ausnehme, die sich eng am Text bewegen und meiner Deutung näherstehen als dem Mainstream der Goethe-Interpreten. Adorno bezieht, wie ich glaube, die gesellschaftlichen und politischen Erfahrungsgehalte Goethes in die Entwicklungslogik der *Faust*-Tragödie ein, um deren Brüche nicht als willkürlich zu betrachten, sondern als zwingend gerade in der Deutung einer Lebensgeschichte, die eine Zeitdauer von über fünfzig Jahren hat. Es wäre völlig verfehlt, von einem Dichter wie Goethe verlangen zu wollen, daß individuelle Erfahrungsgehalte, die sich in die poetische Welt drängen, aus der Konstruktion einer als Tragödie konzipierten Dichtung entfernt werden könnten.

Spielt die Wette am Ende noch eine Rolle? Wenn man genauer hinsieht, hat sie Faust längst verspielt; es sei denn, der Herr, Gott, würde sich am Ende mit diesem verdünnten Abguß einer menschlichen Seele, die ja nichts mehr mit dem zu tun hat, was nach der Bibel oder dem mittelalterlichen Verständnis unter Seele verstanden wurde, zufriedengeben. Nichts von den irdischen Taten Fausts deutet darauf hin, daß er durch das, was er getan hat, in die Gnadenwahl kommen könnte. Wäre das der Maßstab, müßte sein Weg in die Hölle, in die Verdammnis, wohin ihn Hector Berlioz musikalisch begleitet, die einzig richtige Form des Urteils sein. Adorno stellt allerdings mit seinen Einwänden einen erheblichen Teil der *Faust*-Forschung in Frage. Er ist der Auffassung, daß der ursprüngliche Pakt für den Verlauf der Tragödie immer geringere Bedeutung besitzt. Das Vergessen, das Verjähren, ist der Grundzug des zweiten Teils des *Faust*.

Ich zitiere Adorno in der ganzen Breite und bekunde gleichzeitig meine Zustimmung zu dieser Analyse. »Ist nicht … die Wette ›im höchsten Alter‹ Faustens vergessen, samt aller Untat, die der Verstrickte beging oder gestattete, selbst noch der letzten gegen Philemon und Baucis, deren Hütte dem Herrn des neu den Menschen unterworfenen Bodens so wenig erträglich ist wie aller naturbeherrschenden Vernunft, was ihr nicht gleicht? Ist nicht die epische Gestalt der Dichtung, die sich Tragödie nennt, die des

Lebens als eines Verjährens?«[77] Adorno behauptet das nicht, sondern er gibt das als Frage weiter. »Wird nicht Faust darum gerettet, weil er überhaupt nicht mehr der ist, der den Pakt unterschrieb[?]« Wer einen solchen Pakt unterschreibt, kann nicht wissen, was er in dreißig Jahren für Folgen hat. Und Adorno verweist mit guten Gründen darauf, daß zwar Erinnerung und Gedächtnis ein wesentliches Element der persönlichen Identitätsbildung sind, daß aber auch Vergessen dazu gehört. »…hat nicht das Stück in Stücken seine Weisheit daran, wie wenig mit sich selbst identisch der Mensch ist, wie leicht und winzig jenes ›Unsterbliche‹, das da entführt wird, als wäre es nichts? Die Kraft des Lebens, als eine zum Weiterleben, wird dem Vergessen gleichgesetzt. Nur durchs Vergessen hindurch, nicht unverwandelt überlebt irgend etwas. Darum wird der zweite Teil präludiert vom unruhigen Schlaf des Vergessens. Der Erwachende, dem ›des Lebens Pulse frisch lebendig schlagen‹, der ›wieder nach der Erde blickt‹, vermag es nur, weil er nichts mehr weiß von dem Grauen, das zuvor geschah. ›Dieses ist lange her.‹ … Daß im zweiten Teil so spärlich der Realien des ersten gedacht wird; daß die Verbindung sich lockert, bis die Deutenden nichts in Händen haben als die dünne Idee fortschreitender Läuterung, ist selber die Idee. Wenn aber, mit einem Verstoß gegen die Logik, dessen Strahlen alle Gewalttaten der Logik heilt, in der Anrufung der Mater gloriosa als der Ohnegleichen das Gedächtnis an Gretchens Verse im Zwinger wie über Äonen heraufdämmert, dann spricht daraus überselig jenes Gefühl, das den Dichter mag ergriffen haben, als er kurz vor seinem Tod auf der Bretterwand des Gickelhahns das Nachtlied wieder las, das er vor einem Menschenalter darauf geschrieben hatte. Auch jene Hütte ist verbrannt. Hoffnung ist nicht die festgehaltene Erinnerung sondern die Wiederkunft des Vergessenen.«[78]

Adorno nimmt die Bewegungsabläufe in die Interpretation mit auf, die sich aus dem gesellschaftlichen Wandel ergeben. Faust ist eine Figur des sozialen Umbruchs. Und das ist keineswegs nur auf die Kontroversen in der literarischen Formenwelt bezogen, auf Romantik und Klassik zum Beispiel. Das gesellschaftliche Kampffeld der sozialen Konflikte, die selbstverständlich auch von Goethe im Weimarer Produktionsfeld wahrgenommen wurden, kann aus den verschiedenen *Faust*-Passagen überhaupt nicht entfernt werden, ohne dieses Werk zu einer sterilen Konstruktion zu machen. Wenn Adorno das *Vergessen* und die *Verjährung* zu einem Prinzip dieses Werkes macht, dann aus Gründen, die gerade die lebendigen Brüche benennbar machen; wollte man die historischen Elemente auf eine ästhetische Logik bringen, dann müßte man Erfahrungsgehalte ausgliedern. Das will Goethe gerade nicht. Wenn es aber reichhaltige Gründe dafür gibt, daß für die Faust-Karriere Vergessen und Verjährung bestimmende Merkmale sind, dann haben für diesen Lebenslauf nicht nur Brüche und Verwerfungen Bedeutung; vielmehr kann man, indem man den Erfahrungsumfang in den einzelnen Rollen Fausts aufnimmt, auch davon sprechen, daß er weder aus Fehlern noch aus geglückten Augenblicken für sein künftiges Leben etwas lernt. Das könnte auch daher rühren, daß er zu keinem Zeitpunkt Verantwortung für die beabsichtigten Folgen oder auch für die unbeabsichtigten Nebenfolgen seines Handelns zu übernehmen bereit ist. Da er stets andere Personen oder die Verhältnisse für das verantwortlich macht, was er selbst entscheidet, besteht sein Leben, bis zum Ende als tätiger Unternehmer, aus der Verweigerung von Lernprozessen.

Es ist ein Strukturelement dieser Faust-Karriere, daß die Ich-Entfaltung auf allen Ebenen, des Genusses, der Liebe, der Produktion ebenso wie der intellektuellen Ansprüche, *alles* wissen zu wollen, von einer völligen Unterentwicklung der Urteilskraft des Citoyen begleitet ist, der bei allem Eintauchen in die Erlebnisgesellschaft doch stets am Selbstideal einer allgemeinen Gesetzgebung sich zu orientieren versucht. Und weil Faust in keinem Punkt Verantwortung übernimmt, fehlt in dieser Tragödie das, was man als *lernende Reifung* bezeichnen könnte. In dieser Hinsicht unterscheiden sich erster Teil und zweiter Teil überhaupt nicht; denn die Hauptfigur arbeitet bei ihrer Bewältigung der eigenen Probleme und der der Welt mit denselben Werkzeugen, die das Verschulden immer auf der anderen Seite lokalisieren. Im Grunde betrachtet er sich selbst immer als den Getriebenen, den von Außenkausalitäten Eingespannten, der selbst dann, wenn er guten Willens ist, keinen eigenen Freiheitsspielraum des Handelns mehr hat. Darin unterscheidet sich sein Unternehmer-Dasein von der Existenzweise des verzweifelten Intellektuellen in nichts. In lichten Augenblicken und wenn er sich wieder einmal in die depressive Stimmungslage des Selbstmitleids versetzt hat, ist er sich dieses erfahrungslosen Produzierens immer neuer Anfänge, die nicht ausgetragen werden, durchaus bewußt. Auf die Frage eines der grauen Weiber, die sich im Innern Fausts festgesetzt hat: »Hast du die Sorge nie gekannt?« (11432), gibt Faust eine für ihn charakteristische Antwort: Die den Lebenslauf bestimmende Geschwindigkeit habe ihm die Zeit genommen, Sorge zu tragen für sich, aber auch für andere.

FAUST: Ich bin nur durch die Welt gerannt.
Ein jed' Gelüst ergriff ich bei den Haaren,
Was nicht genügte ließ ich fahren,
Was mir entwischte ließ ich ziehn.
Ich habe nur begehrt und nur vollbracht,

> Und abermals gewünscht, und so mit Macht
> Mein Leben durchgestürmt; erst groß und mächtig,
> Nun aber geht es weise, geht bedächtig.
> …
> Dem Tüchtigen ist diese Welt nicht stumm,
> Was braucht er in die Ewigkeit zu schweifen,
> Was er erkennt läßt sich ergreifen… (11433–11448)

Das ist jedoch eine Abwehr-Rede, die eine letzte Selbsttäuschung zu begründen versucht. Die Sorge läßt sich damit nicht übertölpeln und verdrängen. Sie frißt und zersetzt Fausts letztes Projekt: sein Unternehmen.

Störungen im Verhältnis von Innen und Außen

Die *Faust*-Erzählung – welchem literarischen Typus läßt sie sich zuordnen? Der Fabel, dem Puppenspiel? Darin wäre Lehrhaftes zu vermuten oder auch Gleichnisse. Ist es eine Sage? Handelt es sich um einen Mythos, eine Legende oder gar ein Märchen? Auch in diesem Punkt sind in Goethes *Faust* fast alle Erzählformen miteinander verschmolzen.

Faust ist ein Wissensdurstiger, so, als bestünde das Heil der Seele im Anhäufen (der Akkumulation) von Wissen. Die Sucht, alles wissen zu wollen, teilt mit der fatalen Neigung, vorübergehende Augenblicke der Entlastung und der Befriedigung festzuhalten, das Unglück, kein Ende finden zu können; innere Ruhe fehlt Faust ebenso wie dem Liebenden, der das Liebesobjekt absolut nimmt. Der Poet, der Feldherr und Staatsmann ist in den gleichen mißlichen Situationen wie der Unternehmer. Am Ende sind alle Rollen durchgespielt, aber Lynceus, der Türmer, sieht weder im Ganzen noch im Einzelnen jenen Menschen, der bei diesem gewaltigen Aufwand eigentlich hätte neu geboren sein können, der mit innerer Überzeugungskraft und in Aufrichtigkeit zum Augenblick wirklich sagen kann: »Verweile doch, du bist so schön!« Es bleibt, wie Bloch gesagt haben würde, ein utopischer Bildrest in der Verwirklichung. Große Literatur, auch Märchen und Fabeln, sind aufbewahrtes kollektives Gedächtnis. Die darin enthaltenen Deutungen der menschlichen Existenzweise in ihren geglückten, aber auch in ihren gebrochenen Zügen, muß sich jede Zeit neu aneignen, um sich nicht in den Schemen der Beliebigkeit und der willkürlichen Abwehrhaltungen zu verlieren.

Extreme Schwankungen der Gemütsverfassung und radikalisierte Ausschläge gehören zur Karrierelinie des Faustschen Lebens; manche Ausfälle und Klagen könnten moderne Psychologen auf den Gedanken bringen, daß es sich bei Faust um einen unter Borderline-Störungen leidenden Menschen handelt. Um diese Frage soll es hier jedoch nicht gehen. Vielmehr geht es um eine Art Balancearbeit zwischen der den *Innenraum* der Subjektivität bestimmenden Reichtumsproduktion und dem weiten Feld des *Außen*. Wo Störungen in diesem Proportionengefüge auftreten, wirft das immer auch Licht auf die vorherrschenden Formen des gesellschaftlichen Zusammenlebens. Gerade Goethe war ja in seinen Dichtungen und seinen naturwissenschaftlichen Untersuchungen darum bemüht, den eigensinnigen Maßverhältnissen der Dinge und des menschlichen Lebenszusammenhangs zum Recht zu verhelfen. Faust ist die absolute Gegenfigur zu einem solchen Weltentwurf; er spiegelt jedoch die objektive Situation eines Gesellschaftszustandes, dessen bestimmendes *Geschichtsver-*

hältnis[79] wesentlich durch solche extremen Ausschläge und Störungen der Proportionen bestimmt wurde. Als Faust erblindet, scheint diese Trennung von der Außenwelt gar nichts an seinem inneren Gestaltungswillen zu ändern. Er erweckt sogar den Anschein des Gegenteils, einer von allen äußeren Ablenkungen unabhängigen Konzentration seiner auf innere Ansehensmacht gehenden Befehlsgewalt.

> Die Nacht scheint tiefer tief hereinzudringen
> Allein im Innern leuchtet helles Licht:
> Was ich gedacht ich eil es zu vollbringen;
> Des Herren Wort es gibt allein Gewicht.
> Vom Lager auf ihr Knechte! Mann für Mann!
> …
> Daß sich das größte Werk vollende
> Genügt Ein Geist für tausend Hände. (11499–11510)

Der Verlust des »farbigen Abglanzes«, an dem wir das Leben haben, verstärkt den Macht- und Herrschaftswillen Fausts. Aber das innere Licht ist nicht mehr geeignet, den Sinnen Leuchtkraft zu verleihen, sondern brennt steuerungslos. Es brennt und verbreitet Hitze, ist aber außerstande, den Herrschaftswillen nach außen zu tragen. Es ist eben eine Täuschung und ein Selbstbetrug, des Herren Wort, ohne sonstige Legitimation, zum Träger von Kausalitäten zu machen, die im Freiheitsursprung begründet sind. Darauf hat mit Recht Albrecht Schöne verwiesen, wenn er diesen ja keineswegs nur im fünften Akt auftretenden Realitätsverlust als Krankheitssymptom diagnostiziert. Schöne zitiert zustimmend Michelsen, der sagt: »Das ›innerliche‹ Licht ist in allen diesen Fällen Ergebnis einer pathologischen Verblendung, die das Innere des Menschen in Disproportion zum Äußeren setzt.« Und Schöne fügt hinzu: »Nach Goethes Vorstellungen hat diese Erblindung eine tiefe, heillose Gleichgewichtsstörung zur Folge.«[80] Faust stirbt im Glauben, bis zur letzten Sekunde die autoritäre Befehlsgewalt des unternehmerischen Menschen bewahrt zu haben; das Geklirr der Spaten, das ihn ergötzt, ist der letzte Ausdruck der Selbstlüge.

Hier steht noch einmal das Thema der Sinne und der Enteignung der Sinne im Zentrum, wie es im Zusammenhang von Philemon und Baucis zu erörtern war. Die Sehkraft zu verlieren, zu erblinden, muß für Goethe die schrecklichste Erfahrung des Weltverlustes gewesen sein. Lynceus und Baucis, die *sehenden* Figuren im fünften Akt, und schon der Lynceus des dritten Aktes, den Faust für das gewiß beabsichtigte Übersehen der Ankunft Helenas bestraft – sie zeigen, daß das Auge für Goethe *das* zentrale Organ der Öffnung des Menschen zur Welt ist. Es ist auch das Auge, das das Unglück öffentlich macht, weniger der Verstand. In der *Farbenlehre* heißt es deshalb auch: »Die Totalität des Innern und Äußern wird durchs Auge vollendet«[81], jedoch nicht nur vollendet, sondern auch bedingt. Es ist deshalb keineswegs abwegig, Goethes *Farbenlehre* in den Zusammenhang des gesellschaftlichen Lebens einzubeziehen. Denn die Störungen in der Balance zwischen Innen und Außen betreffen ein Beziehungsverhältnis, nicht die einzelnen Positionen. Goethe steht darin, wie er selbst auch verschiedentlich geäußert hat, Aristoteles näher als Plato. Denn ein Satz wie der: »Bei vollkommnen äußern Sinnen / Wohnen Finsternisse drinnen« (11457 f.), ist nicht nur eine Aristotelische Feststellung der Erkenntnisbalance, sondern würde auch einem aufklärerischen Kopf wie Kant völlig entsprechen. Sinnlichkeit und Verstand sind ebenso Bestandteile der Erkenntnis wie der alltäglichen Normalbeziehungen im menschlichen Umgang.

Wie sehr die im Auge konzentrierte Sinneswahrnehmung Erkenntnis und Wahrnehmung der Welt prägt, zeigt sich nicht nur in der *Faust*-Dichtung und anderen Schriften, sondern auch dort, wo sich Goethe als origineller, dem damaligen Zeitgeist widersprechender Naturforscher verstand: in der *Farbenlehre*. Die Situation ist kurios, aber in der Geschichte von dem schwarzen Hund, der durch Saat und Stoppel streift, nimmt sie wieder eine ernsthafte literarische Form an. Goethe schreibt: »Das Organ des Sehens ist, wie die übrigen, auf einen Mittelstand angewiesen. Hell, Dunkel und die zwischen beiden entspringenden Farben sind die Elemente, aus denen das Auge seine Welt schöpft und schafft. Aus diesem Grundsatz fließt alles Übrige, und wer ihn auffaßt und anwenden lernt, wird sich mit unserer Darstellung leicht befreunden.«[82] Und der Dichter zeigt sich in diesem Nachtrag zur *Farbenlehre* mit Stolz erfüllt, als er auf ein merkwürdiges Hell-Dunkel-Problem der Pudel-Szene im *Faust* verweist, das jetzt gleichsam durch ein naturwissenschaftliches Beobachtungsexperiment Bestätigung findet. »In Scherz und Ernst führen wir eine Stelle aus *Faust* an, welche hierher bezüglich ist.«[83] Der nüchterne Wagner sieht natürlich nichts, was an einem absolut normalen Pudeltier auffällig und bemerkenswert sein könnte.

FAUST: Bemerkst du, wie in weitem Schneckenkreise
Er um uns her und immer näher jagt?
Und irr' ich nicht, so zieht ein Feuerstrudel
Auf seinen Pfaden hinterdrein.
WAGNER: Ich sehe nichts als einen schwarzen Pudel;
Es mag bei euch wohl Augentäuschung sein. (1152–1157)

Goethe fügt dieser *Faust*-Szene in seiner *Farbenlehre* jetzt einen sonderbaren Kommentar bei. Er sagt: »Vorstehendes war schon lange, aus dichterischer Ahnung und nur im halben Bewußtsein, geschrieben, als bei gemäßigtem Licht vor meinem Fenster auf der Straße ein schwarzer Pudel vorbeilief, der einen hellen Lichtschein nach sich zog, das undeutliche, im Auge gebliebene Bild seiner vorübereilenden Gestalt. Solche Erscheinungen sind um desto angenehm-überraschender, als sie gerade, wenn wir unser Auge bewußtlos hingeben, am lebhaftesten und schönsten sich anmelden.«[84]

Wo die Maßverhältnisse zwischen Sinnlichkeit und Verstand zerbrechen, geht der wechselseitige Austausch und der Erfahrungsreichtum im Spiel zwischen Innen und Außen verloren; das Auge, als *der sinnlichste der Sinne*, ist für Goethe das hervorragende Organ im Kampf um Aufhebung der Extreme, in denen sich stets Kräfte bündeln und konzentrieren, die auf vereinnahmende Identifizierung und auf Ausschließung des Mannigfaltigen gehen. Die Achtung und Anerkennung dieses Mannigfaltigen fällt um so schwerer, je stärker angstbesetzt die Eroberungswut von Herrschaftsfiguren ist. Die Faust-Karriere ist ein in jeder Hinsicht exemplarisches Beispiel für diese Steuerungslosigkeit zwischen Extrempositionen; und diese setzt sich selbst dann in veränderten Formen durch, als Faust bodenständig wird, zum ersten Mal als Unternehmer nützliche Gebrauchswerte zu produzieren beginnt. Es ist das *Anderssein*, das einem solchen Herrschaftsblick als unerträgliche Herausforderung erscheint. Die Alten da droben mit ihrer Hütte und ihrem Kirchlein und ihrem zufriedenen Glück, so klein das auch sein mag, »verderben mir den Weltbesitz« (11242). Überhaupt ist es der Eigensinn der Menschen, der die totalitäre Kraft Fausts in allen seinen Gestaltwandlungen in Frage stellt:

Das Widerstehen, der Eigensinn
Verkümmern herrlichsten Gewinn,
Daß man, zu tiefer grimmiger Pein,
Ermüden muß gerecht zu sein. (11269–11272)

Was alles um die Faust-Fabel an Erzählungen und Bildveränderungen sich im Laufe der Jahrhunderte rankte, stützt sich wohl auf einen Schatz an reichhaltigem Phantasiematerial, das von Zeit zu Zeit umgearbeitet wird. Die deutsche Märchenwelt ist voll von Themen, die um das gebrochene Verhältnis von Innen und Außen, von Revolution und Eigensinn kreisen, und es ist immer wieder die Rede davon, daß wir in einem Land leben, das von Zeit zu Zeit in eine Phase politischer Depression zurückfällt, wenn die Mächtigen dieser Welt mit gewalttätiger Übervergeltung den Eigensinn und das öffentliche Wagnis einer politischen Beteiligung der Bevölkerung bestrafen. In Märchen, Fabeln, phantasiegeschmückten Berichten, Reiseerzählungen drücken sich diese Probleme deutlicher aus als in wissenschaftlichen Analysen.

Exkurs 2
Kältestrom

Wärme und Kälte sind zunächst Temperaturzustände. Doch sollen sie Behaglichkeit und Zufriedenheit kennzeichnen, lassen sie sich nicht exakt berechnen. Für die ausgewogene Mischung brauchen wir Fingerspitzengefühl. Eine überheizte Wohnung, genauso schleichende Kälte, die sich in den Poren der Sessel und am Fußboden festgesetzt hat, erregen sichere Empfindungen dafür, daß in der Wohnungsatmosphäre etwas nicht stimmt. Das Mißbehagen wäre durch den Blick auf das Zimmerthermometer wohl nicht zu korrigieren.

Das gilt im naheliegenden Erfahrungsbereich für die eigene Wohnung. Und darin selbstverständlich nicht ausschließlich von der künstlichen Wärmequelle, sondern gleichzeitig vom überhitzten, vom warmen oder kalten Beziehungsklima einer Familie, einer Wohngemeinschaft, einer Kommune oder Stadt. Das betrifft alle Räume, in denen wir leben. Nicht zufällig spricht man deshalb vom Betriebsklima eines Unternehmens, einer Schule, einer Behörde. Was hier das Klima bestimmt, geht meist darauf zurück, wie die darin tätigen Menschen ihre Konflikte austragen, mit wem und auf welche Weise sie der Not abhelfen wollen, unter der sie leiden.

Diese Räume sind jedoch begrenzte Lebens- und Arbeitszusammenhänge. In deren übersichtlichen Milieus mag es handhabbar erscheinen, aus der erkannten Ursache für einen plötzlichen Kälteeinbruch Konsequenzen zu ziehen und Abhilfe zu schaffen. Wie ist es aber, wenn man sich über Kälte- und Wärmeströme einer Gesellschaft, der sozial-kulturellen Gesamtheit eines

Landes Gedanken macht? Wie will man herausfinden, warum bisher Selbstverständliches nicht mehr gilt, warum Klagen über mangelnde Solidarität, über nachlassende Sorgfalt im mitmenschlichen Umgang und über gnadenlose Konkurrenz immer stärker ins öffentliche Selbstbild dieser Gesellschaft dringen?

»Etwas ist faul im Staate Dänemark.« Das sagt Hamlet im gleichnamigen Drama von Shakespeare, bevor er die genauen Ursachen für die ihm unheimlichen Zustände im Königreich kennt. Er bezeichnet damit eine grundlegende gesellschaftliche Klimaveränderung. Heute jedoch reicht es nicht aus, auf ein zentrales Verbrechen oder auf Korruption hinzuweisen. Ich wähle deshalb einen indirekten Zugang zu meinem Thema »Kältestrom«, indem ich ein Märchen vorstelle.

Es ist eine höchst merkwürdige, aber, wie ich meine, äußerst aktuelle Geschichte, von der der große Märchenerzähler Wilhelm Hauff berichtet; es ist das dramatische Geschehen um den armen Kohlenbrenner Peter Munk.[85] Seine Heimat lag im Schwarzwald, unter Menschen, die von Holzschlag, vom Flözen gewaltiger Baumstämme flußabwärts lebten, von der Uhrenfabrikation und der Glasbläserei ihr oft karges, aber aufrechtes Leben bestritten, handfeste Gebrauchsdinge, die zwar in Geld umsetzbar sind, nicht jedoch um des Geldes willen produziert werden. Peter Munk, so wird erzählt, ist ein mit seiner Mutter allein lebender junger Mann. Ein Single im modernen Sprachgebrauch. Er ist Köhler in der Tradition seiner Vorfahren, Tag und Nacht von stechender Hitze belästigt und mit Ruß überdeckt, verläßlich und rechtschaffen in seiner Arbeit, wenn auch ihr mageres Ergebnis und das geringe Ansehen dieses Berufes, das »Ärgernis seines Standes«, diesen lebenswilligen jungen Menschen zutiefst unglücklich machen. Aus seiner Misere vermag er einen wirklichen Ausweg nicht zu erkennen. Und so achtet er, an seinem Meiler mit viel Zeit zum Grübeln sitzend, auf das Geraune des Waldes, auf die vielen Glücksversprechen, die legendenumwobene Waldgeister seit Generationen den Schwarzwaldbewohnern in ihre Gespräche zu mischen vermochten. So ist es unter dem Druck dieser Not und der Suche nach Auswegen aus dieser Not und der ungewollten Untätigkeit, eine Frage der Zeit, wann Peter seine Retter trifft.

Es sind zwei, in ihren Charakteren radikal verschieden, und das mag der Grund dafür sein, daß Wilhelm Hauff sein Märchen »Das kalte Herz« in zwei, durch andere Geschichten auseinandergezogenen Abteilungen vorführt.

Der erste Retter ist fürsorglich, ein Glasmännlein, mit einem »feinen freundlichen Gesichtchen und einem Bärtchen so zart wie aus Spinnenweben«, mit Kleidern, Schuhen und Hut aus gefärbtem Glas, aber geschmeidig, als ob es noch heiß wäre. Dieser auf den Namen Schatzhauser hörende Glaszwerg eröffnet Peter drei Wünsche, nimmt sie aber nicht kritiklos hin, bemängelt vor allem, daß Peter nicht auf den Gedanken gekommen ist, sich Verstand und Klugheit zu wünschen, sondern nur Bares und Güter. Schlimmes ahnend, bewahrt der gute Geist den dritten der Wünsche für die äußerste Not auf.

Der Zerfall der gewünschten und gewährten Glashütte, das im Wirtshaus verschleuderte, aber freigebig auch den Armen verteilte Geld sind dem inzwischen wohlstandsgewohnten, aber schnell wieder verarmten Kohlenpeter Hinweise genug, daß die Macht des gutartigen Glaszwerges zu begrenzt sei, um seinem Lebenswunsch nach Größe und Reichtum entsprechen zu können. So führt ihm der Märchenerzähler Hauff einen zweiten Retter zu, einen großtuerischen Riesen, einen erfolgreichen Unternehmer, der als sagenumwobener Flözer und reicher Holzhändler unter dem Namen Holländer-Michel sich dienstbar machte, indem er andere in den Dienst nahm.

Dieser gibt Peter nun eine ganz andere Erklärung für seine Misere; was Arbeit und Klugheit, auch bei größten Mühen, zunichte machen, ist dein Herz, sagt er, »weder deine Augen noch deine Zunge, deine Arme noch deine Beine«. Aus einer Kammer holt er von den Gesimsen mit gallertartiger Flüssigkeit gefüllte Gläser. Pochende Herzen liegen darin. Diese hat er gegen steinerne Herzen eingetauscht, welche überwiegend Mächtigen und Reichen eingepflanzt wurden.

Der Kohlenpeter fragt unsicher: »Ein Herz von Marmelstein? Aber, horch einmal, Herr Holländer-Michel, das muß doch gar kalt sein in der Brust.« »Freilich«, entgegnet der, »aber ganz angenehm kühl. Warum soll denn ein Herz warm sein? Im Winter nützt Dir die Wärme nichts, da hilft ein guter Kirschgeist mehr als ein warmes Herz, und im Sommer, wenn alles schwül und heiß ist – du glaubst nicht, wie dann ein solches Herz abkühlt. Und wie gesagt, weder Angst noch Schrecken, weder törichtes Mitleiden noch anderer Jammer pocht an solch ein Herz.« Das Versprechen von Reichtum und Macht überzeugt den Peter. »Gut, Michel«, erklärt er, »gebt mir den Stein und das Geld, und die Unruh könnt ihr aus dem Gehäuse nehmen!«

Soweit die noch nicht ans Ende gekommene Erzählung; es ist ein deutsches Geschichtsmärchen, es berichtet von einem großen Umbruch der deutschen Gesellschaft, von einer tiefgehenden Krise der menschlichen Lebensverhältnisse; das Geld dringt in deren feinste Verästelungen ein, erzeugt Unzufriedenheit und vergrößert das Bedürfnis, schnell reich zu werden, jedenfalls nicht auf der Strecke zu bleiben und sich mit einem Dasein als

Verlierer abzufinden. In solchen Krisenzeiten wachsen Gleichgültigkeit und Kälte um so nachdrücklicher, je stärker die Perspektiven der Krisenlösung verdunkelt sind. Wo sich aber der Kältestrom verbreitert, sind in der Regel auch die Brandfackeln nicht weit entfernt. Das Fremde und Fremdartige ist stets gut geeignet, bietet sich leicht als Material für Brandherde an, um die herum Gemeinschaftsgesinnungen und kalte Hände sich wärmen lassen.

Für die deutsche Geschichte ist die extreme Unausgewogenheit von Hitze und Kälte, von machtgeschützter, aber wärmender Innerlichkeit und räuberischem Machttrieb, von Nähe und Distanz immer ein Zeichen herannahenden großen öffentlichen Unglücks gewesen, denn auch Krieg (zwischen den Völkern und unter den einzelnen Menschen) ist Feuer, das der sozialen Kälte entspringt. Und die Feier für die Gewinner ist unter solchen Verhältnissen nicht einmal mehr mit der Trauer für die Verlierer verbunden, sondern mit deren Verachtung. Dem Kältestrom gesellschaftlicher Gefühle verbunden ist die Neigung, mit dem Feuer zu spielen.

Der Märchenerzähler Hauff schlug, vor gut 150 Jahren, ein Thema an, das überhaupt nicht ausgetragen ist; die Übergänge sind gleitend. Trotzdem bedarf es neuer Überlegungen, um sich der Situation zu vergewissern, in der sich vielfältige Facetten des gegenwärtigen sozialen Kältestroms zeigen.

Der Wärmestrom besteht, wie wir erfahren mußten, nicht aus offenem Feuer. Denn Häuser brennen wieder, in denen Menschen leben, freiwillig oder zwangsweise vorübergehend versammelt sind. Sie zeichnen sich zunächst durch nichts anderes aus als durch ihre Hautfarbe, ihre Sprache, ihre nationale Herkunft und durch die Not ihrer Lebensverhältnisse, die sie in die Fremde treibt. Hoyerswerda, niedergebrannte Gedenkstätten, Rostock, Solingen (jeder Ort kann es sein): In Deutschland haben kollektive Brandstiftungen, Flächenbrände in städtischen Milieus eine von den anderen europäischen Ländern jedoch eigentümlich unterschiedene Tradition. Mit Bücherverbrennungen im Frühstadium der Nazi-Herrschaft fängt diese sadistische Lust am Lösen der Probleme durch Abbrennen an. Der aus Deutschland vertriebene Dichter Heinrich Heine – ein später Zeitgenosse des Märchenerzählers Hauff – scheint dies vorausgeahnt zu haben. Aus Leiden scharfsinnig geworden, verfaßte auch er eine Tragödie: *Almansor*. Deren Höhepunkt ist eine Szene auf dem Marktplatz in Granada zur Zeit der Reconquista. Almansor: »Wir hörten, daß der furchtbare Ximenes, / Inmitten auf dem Markte, zu Granada – / Mir starrt die Zung' im Munde – den Koran / In eines Scheiterhaufens Flamme warf!« Darauf Hassan: »Das war ein Vorspiel nur, dort wo man Bücher / Verbrennt, verbrennt man auch am Ende Menschen.«[86]

Die in Flammen aufgegangenen Synagogen und die Gasöfen von Auschwitz sind Brandmale, die sich aus der Archäologie der deutschen Geschichte nicht wegarbeiten lassen. »Deutschland den Deutschen!« brüllen sie, aber die, die draußen bleiben sollen, werden immer zahlreicher und in ihren nationalen, religiösen, ethnischen Merkmalen immer unübersichtlicher.

So ist in diesen Tagen mahnende und erinnernde Reflexion nötig. Zunächst müssen wir auf der gesicherten sozialwissenschaftlichen Erkenntnis beharren, die besagt: Bewegungen, die ihre Identität ausschließlich durch Ausgrenzung der Fremden und der Andersdenkenden gewinnen, haben nur dann Erfolg, wenn sie genügend Sympathisanten im gesellschaftlichen Zentrum finden. Ob sich da ein Wärme- oder Kältestrom bewegt, ist entscheidend. Die gesellschaftlichen Monaden isolierter Konkurrenten, die sich im sozialdarwinistischen Überlebenskampf zu behaupten haben, sind Hauptbrutstätten der sozialen Kälte. Alle Versuche, sagt Adorno, gegen die alles durchdringende Kälte anzugehen, sind zum Scheitern verurteilt – alle Versuche, die direkt an die gesellschaftlichen Wurzeln rühren, das heißt, an die gesellschaftliche Ordnung, die die Kälte produziert und reproduziert. »Wenn irgend etwas helfen kann gegen Kälte als Bedingung des Unheils, dann die Einsicht in ihre eigenen Bedingungen und der Versuch, vorwegnehmend im individuellen Bereich diesen ihren Bedingungen entgegenzuarbeiten.«[87] Und Adorno geht noch einen Schritt weiter, indem er das bloße Liebesgebot, den Wärmeappell, selbst noch zur Ideologie des Kältestroms rechnet. »Die Aufforderung, den Kindern mehr Wärme zu geben, dreht die Wärme künstlich an und negiert sie dadurch. ... Der Zuspruch zur Liebe – womöglich in der imperativischen Form, daß man es soll – ist selber Bestandstück der Ideologie, welche die Kälte verewigt. Ihm eignet das Zwanghafte, Unterdrückende, das der Liebesfähigkeit entgegenwirkt. Das erste wäre darum, der Kälte zum Bewußtsein ihrer selbst zu verhelfen, der Gründe, warum sie wurde.«[88]

Kälte richtet sich zwar gegen gesellschaftliche Schichten, denen leicht Randgruppenstatus zugeschrieben werden kann, gegen die Schwachen, Verlierer, Fremden – aber sie entsteht im gesellschaftlichen Zentrum, und sie zehrt von einer auf Gleichgültigkeit, Konkurrenz und Mitleidslosigkeit gegründeten Subjektausstattung. Auch der deutsche Faschismus war nicht ein Problem marodierender Randgruppen, der Schlägerbanden von SA und SS. Er brauchte die *leistungsbewußten Mitläufer* im Beamtenapparat, eine hilfswillige Polizei und Richter mit schiefem Rechtsbewußtsein, wie sie sich heute schon wieder rühren. Ohne Kälte, dieses »Grundprinzip der bürgerlichen Subjektivität« wäre Auschwitz nicht möglich gewesen.[89] Ohne diese durch Massenaufmärsche dekorierte Kälte gegenüber dem Mitmenschen hätte die Nazi-Bewegung nie den Staat erbeuten können. Die Professoren und Lehrer taten das ihre nach Kräften, sie verdarben das Symbol- und Sprachspektrum der deutschen Kultur so, daß viele Worte und Begriffe seitdem unrettbar beschädigt sind und im Wörterbuch des Unmenschen ihren Ewigkeitsplatz haben. Die Schlägerbanden, die Feuerballen in bewohnte Häuser werfen, sind schlimm genug; gefährlicher für den Bestand eines demokratischen Gemeinwesens sind aber die, die zustimmend zusehen, Beifall spenden oder noch schlimmer: zustimmend wegsehen, wenn Stellvertreter das tun, wozu sie selbst keinen Mut haben.

Ein zweiter Zusammenhang ist wichtig, auf den in der Geschichte der Sozialwissenschaft viele Gedanken gewendet worden sind. Mischungen von Stämmen und Völkerschaften sind charakteristische Merkmale von Hochkulturen. Die griechische Philosophie verdankt ihre Entstehung Landstrichen, in denen sich Völker und Kulturen mischten. Damals konnten soziale Schwierigkeiten offenbar gelöst werden. Das ist heute anders. Ungelöste soziale Probleme lassen starke Gefühle aufbrechen, die Menschen suchen die eigene Misere zu erklären; als Verursacher kämen zunächst die eigenen Herren oder das von diesen repräsentierte und gestützte System in Frage. Doch beide erscheinen übermächtig, und schon der Gedanke eines Angriffs auf diese erzeugt Angst. So hält man nach Ersatzschuldigen Ausschau. Da wird weit zurückgegriffen in den archaischen Vorrat von Stammesrivalitäten, bis in Bereiche, wo es nur noch um die

Schändung der Opfer geht. Typisch ist, daß die Ersatzschuldigen auswechselbar sind.

Wenig ist damit getan, die Apparate der Verbrechensbekämpfung zu vergrößern, Polizei, Gefängnisse, Gerichte. Das mag zu einem bestimmten Punkt der Entwicklung notwendig, ja unabwendbar sein. Ein Wärmestrom als wirksame Kraft gegen die soziale Kälte ist durch derartige Vorkehrungen jedoch nicht herzustellen. Der Wärmestrom wäre eine ausgeglichene Temperatur, in der Menschen mit dem Fremdartigen und dem Fremden nicht ausgrenzend, sondern gastfreundlich-neugierig umzugehen gelernt haben. Deshalb muß es nicht schon zu einer freundschaftlichen Verschmelzung kommen.

Kälte- und Wärmestrom bilden sich im Zentrum der Gesellschaft; was an den Rändern passiert, ist davon abgeleitet. Deswegen bestürzt und erregt Angst, daß wir uns offensichtlich in einem gesellschaftlichen Klima bewegen, in dem die längst vergangen geglaubte Mordlust in den Alltag einzugehen droht. Ich meine damit nicht die Verbrechen, in denen Täter und Opfer entweder durch individuelle Beziehungen verwickelt sind oder gänzlich beziehungslos aufeinandertreffen. Womit wir es gegenwärtig zu tun haben, ist etwas ganz anderes. Die Mordlust richtet sich auf bestimmte Gruppen und Schichten von Menschen; die einzelnen Opfer sind gleichgültig und auswechselbar wie Dinge. Es wäre leichtfertig, diese neue, aber wiederum auch sehr alte Tendenz in Deutschland auf Ausländerhaß zu beschränken. Man darf auch nicht dem Irrglauben folgen, die Änderung des Asylartikels des Grundgesetzes, dieses *verwundbarsten* unserer Verfassung, hätte daran etwas ändern können.

Mittlerweile zeichnet sich in Deutschland eine alptraumhafte Entwicklung ab. Sie ist charakterisiert durch eine bedrohlich herabgesetzte Hemmschwelle für das Töten. Unter den zahlreichen Todesopfern und den über tausend Verletzten, die die Polizei in den vergangenen Jahren rechtsextremen Gewaltaktionen zuschrieb, finden sich keineswegs nur Ausländer; deutsche Minderheiten, diskriminiert schon von der offiziellen Gesellschaft, Homosexuelle, Obdachlose, Behinderte, werden zunehmend in diesen Gewalthorizont der Vernichtungsphantasien einbezogen. Zum ersten Mal in der deutschen Nachkriegsgeschichte kann man mit Fug und Recht von einem *faschistischen Potential* reden. Ihm fehlen noch wirksame Tiefe und Breite. Hier wird das Leben umdefiniert; wie soll man mit Leben umgehen, das als »verschrottbar«, als »parasitär« diskriminiert wird? Ein sozialdemokratischer Bundesminister für Wirtschaft getraute sich, ohne einen öffentlichen Aufschrei befürchten zu müssen, Sozialhilfeempfänger als Parasiten zu verunglimpfen. Der räuberische, jede Form der Solidarität und der Gefühlswelt des Mitleidens beschädigende Kampf um Erfolg, dieser Sozialdarwinismus, bei dem nur die Bestausgestatteten überleben, ja zu überleben berechtigt sind, hat jetzt jene erfaßt, die bei diesem Kampf auf der Strecke geblieben sind. Sie sind Kinder dieser Gesellschaft, Opfer und blutige Täter in einem. Die Rechtsradikalen aller Schattierungen fühlen sich für ihre Aktionen ermutigt durch die *Umdefinition des Menschen*, dem, als unternehmerisch tätigen Lebewesen, nur zwei Existenzmöglichkeiten übrigbleiben: Gewinnen oder Verlieren. Goethe hatte eine Ahnung von dieser Verarmung des modernen Menschen durch Zerreißung seiner Existenzweise, wenn er in einem Gedicht festhält: »Du mußt steigen oder sinken, / Du mußt herrschen und gewinnen, / Oder dienen und verlieren, / leiden oder triumphieren, / Amboß oder Hammer sein.« (*Ein andres*, 1792) Der ideologische Nährboden für die Schlägerbanden wird durch solche Polarisierung der Menschheit bereitet.

Aber auch darauf ist das Problem des marodierenden Rechtsextremismus nicht zu beschränken. Das menschliche Leben insgesamt verliert an Wert. Das zeigt sich beispielsweise daran, daß der Lebensschutz alter und kranker Menschen in geschlossenen Anstalten und in Krankenhäusern gebrochen wird. Auch hier sinkt die Hemmschwelle beim Töten. Patiententötungen in Wuppertal, Wien, Freiburg. Ein 36jähriger Pfleger tötet in dem renommierten Gütersloher Landeskrankenhaus mehr als zehn Patienten, die er für lebensunfähig hält; er habe, erklärt er vor Gericht, bei seinen Taten das Gefühl gehabt, »neben mir zu stehen und zuzuschauen«; er sei sich keiner Schuld bewußt, denn er wollte von seinen Schützlingen immer nur sagen können: »Du hast alles für sie getan.«

Die gefühllose Distanz zum Leben anderer Menschen hat einen Vorgänger in der Geschichte. Hannah Arendt hat ihn beschrieben, in einem »Bericht von der Banalität des Bösen« vor 45 Jahren in Jerusalem. Minutiös stenographierte die jüdische Philosophin den Eichmann-Prozeß mit. Was sie bei dem Angeklagten beobachtete, hatte sie nie vorher für möglich gehalten: Eichmann spürte die Stimme des Gewissens überhaupt nicht mehr. Offenbar geht, so folgerte Hannah Arendt, von einem gesellschaftlichen Klima der Mitleidslosigkeit für die Verlierer, für die Schwachen und Ohnmächtigen, ein unwiderstehlicher Anreiz aus, sich als gewissenloser Funktionär des Todes im Auftrag höherer Interessen zu verstehen. Darin liege eine große Gefahr, meinte Hannah Arendt: Das Töten wird zu einer Alltagsbeschäftigung. Sie nannte dies resigniert die »Banalität des Bösen«[90].

Aber nichts wäre törichter, als mit dieser Idee des Kältestroms einer Gesellschaft die Sicherheit, ja das Verliebtsein in eine geschichtliche Auswegslosigkeit zu verknüpfen; nicht nur die Lichterketten gegen Ausländerhaß und Gewalt sprechen dagegen, auch viele andere Wärmeströme. Der Märchenerzähler Wilhelm Hauff beschreibt einen Ausweg: Er legt dem verzweifelten und unglücklichen Peter Munk den dritten, vorsorglich reservierten Wunsch in den Mund: das »kalte Herz und in Stein« gegen das pulsierende alte wieder einzutauschen. Diese *magische* Lösung ist uns allerdings versagt.

Zeiten der Schatzgräber und der Zaubermeister

In Zeiten tiefgreifender kultureller Erosionskrisen wachsen die Orientierungsbedürfnisse der Menschen sprunghaft an; sie betätigen sich zwar im Horizont fortgeltender Normen, die ihnen die alltägliche Realität vorsetzt. Aber Zweifel an ihrer Gültigkeit für die Selbstdeutung und den Weltbegriff breiten sich aus und motivieren intensive Suchbewegungen. Emile Durkheim hat solche gesellschaftlichen Zustände als Wirklichkeitszusammenhänge der Anomie bezeichnet, für die charakteristisch ist, daß alte und selbstverständliche Bindungen, Glaubensgewißheiten gegenüber den alten Göttern, seien sie nun Traditionen oder gesellschaftliche Institutionen, im Zerbröckeln begriffen sind und neue Sicherheiten nur als Sicherheitsversprechen auftreten, auf die man schnell eingeht, auf deren Loyalitätsbindungen aber kein Verlaß ist. Alte Werte gelten nicht mehr unbesehen, neue sind noch nicht da, werden aber gesucht; wir leben in solchen Zuständen gesellschaftlicher Umbrüche.

Es ist aber auch eine solche Zeitenwende oder, wie manche Philosophen es bezeichnet haben, Schwellenzeit, in deren kultureller Atmosphäre sich der zweite Lebensweg Fausts abspielt. In diesen Unsicherheitszonen des geschichtlichen Wandels äußern sich die starken Orientierungsbedürfnisse und Suchbewegungen freilich auch darin, daß die Menschen der bedrückenden Realität des Umbruchs durch die Fundamentalisierung alter und neuer Glaubensgewißheiten und dem erneuerten Zutrauen zu magischen Praktiken entfliehen wollen.

Wo die Strukturen einer neuen, gefürchteten oder herbeigesehnten, Lebenswelt noch nicht erkennbar sind, wachsen den

Magiern, den Zaubererfiguren, den religiösen Potentaten Kraftquellen zu, die Krisenlösungen versprechen, welche die umständlichen Wege der Realitätsbewältigung umgehen. Das meint genau der Satz des Paracelsus: »Die Magie kann die himmlische Kraft in das Medium Mensch bringen und in demselben seine Operationen vollbringen.« Nicht daß in gesellschaftlichen Umbruchsituationen die Phantasiebedürfnisse anwachsen (das liegt nahe), sondern auf welche Praktiken der Beschwörung, der religiösen Dogmatik, der Hexerei und der Teufelskulte sie sich richten, das dokumentiert bestürzende Parallelen zwischen der Übergangsphase von der feudalen zur bürgerlichen Welt und den heutigen Zuständen, gerade auch in den ökonomisch hochentwickelten Gesellschaftsordnungen. Wie könnte man anders das offensichtliche Massenbedürfnis verstehen, in der ganzen Welt Folgebereitschaft gegenüber jenem Zauberlehrling Harry Potter zu bekunden, der mit leichter Hand- und Wortmagie die beschwerliche Materie unserer Gesellschaft in Geistverbindungen auflöst?

Faust lebt in einem ähnlichen Klima. In seiner Ursprungsgeschichte steckt alles drin, was die Alchimisten träumten, was Wunderheiler versprachen und was in den Hexenküchen gebraut wurde. Zaubersprüche stellten sich stets zur rechten Zeit ein, wenn mit den normalen Werkzeugen nichts zu bewegen war. Auch bei den Verjüngungskuren hatten die Alchimisten ihre Hände im Spiel. Als Faust seine erste Karriere als Gelehrter beenden und, befreit aus dem Kerker seiner Gelehrtenstube, ein ganz neues Leben beginnen will, steht ihm sein Alter (vermutlich 100 Jahre) im Wege, auch nur irgendein Liebesverhältnis beginnen zu können oder irgendwo angestellt zu werden. Es gibt im ersten Teil des Dramas in der »Hexenküche« ein wunderbares Beispiel, wie Mephisto sich Faust als höchst moderner, ja ökologisch denkender Repräsentant von Verjüngungskuren präsentiert. Als es um dessen Verjüngung geht, von der der Gang in die weite Welt abhängt, sagt Mephisto:

> Gut! Ein Mittel, ohne Geld
> Und Arzt und Zauberei zu haben:
> Begib dich gleich hinaus auf's Feld,
> Fang' an zu hacken und zu graben,
> Erhalte dich und deinen Sinn
> In einem ganz beschränkten Kreise,
> Ernähre dich mit ungemischter Speise,
> Leb' mit dem Vieh als Vieh, und acht' es nicht für Raub,
> Den Acker, den du erntest, selbst zu düngen;
> Das ist das beste Mittel, glaub',
> Auf achtzig Jahr dich zu verjüngen! (2351-2361)

Darauf antwortet der Gelehrte, der Wortgewaltige, der seine Tätigkeit ja nie als Arbeit verstanden hat:

> Das bin ich nicht gewöhnt, ich kann mich nicht bequemen,
> Den Spaten in die Hand zu nehmen.
> Das enge Leben steht mir gar nicht an. (2362-2364)

Daraufhin Mephistopheles:

> So muß denn doch die Hexe dran. (2365)

Arbeit als Verjüngungsmittel, ökologischer Gartenbau, nicht nur selbst zu denken und selbst zu handeln, sondern auch Verantwortung zu übernehmen, wie man sich selbst gesund und jung erhalte – das sind wahrlich keine mephistophelischen Gedanken; wie ja häufig in dieser *Faust*-Tragödie Mephisto den Aufklärer vertritt, während Faust es fortwährend verweigert, die Verantwortung für sich selbst und seine Handlungen zu übernehmen.

Viele Schwarzkünstler sind in solchen Umbruchzeiten unterwegs, und die meisten haben auch ihren Teufel in Begleitung, der ihnen die Zaubersprüche und Beschwörungsrituale zuflüstert, den Austritt aus der Wirklichkeit der Veränderung ermöglicht. Aber die Faust-Figur erregt auch noch ein ganz anderes Gefühl der Bedrohung sinnvoller menschlicher Orientierung. Heinrich Heine hat in seinem Entwurf *Der Doktor Faust* einen Assoziationszusammenhang erwähnt, der den Teufel in Verbindung zu *Volksbildung und Aufklärung* bringt: in Verbindung zur Erfindung der Druckerpresse, der Schwarzkunst ganz eigener Prägung. Heine macht aus dem Doktor Faust ein »Tanzpoem nebst kuriosen Berichten über Teufel, Hexen und Dichtkunst«, aber er versucht es einzubinden in diesen von Hexen und Geistern, von Inquisitionsgerichten und Glaubenskriegen bestimmten Zeitgeist. Ich will hier nur Ausschnitte aus dem Text seiner »Erläuterungen« dieses Tanzpoems zitieren. Heine sagt: »Viel verbreitet im Volke ist der Irrtum, unser Zauberer sei auch derselbe Faust, welcher die Buchdruckerkunst erfunden. Dieser Irrtum ist bedeutungsvoll und tiefsinnig. Das Volk identifizierte die Personen, weil es ahnte, daß die Denkweise, die der Schwarzkünstler repräsentiert, in der Erfindung des Buchdruckers das furchtbarste Werkzeug der Verbreitung gefunden, und dadurch eine Solidarität zwischen beiden entstanden. Jene Denkweise ist aber das Denken selbst in seinem Gegensatze zum blinden Credo des Mittelalters, zum Glauben an alle Autoritäten des Himmels und der Erde, einem Glauben an Entschädigung dort oben für die Entsagungen hienieden ... Faust fängt an zu denken, seine gottlose Vernunft empört sich gegen den heiligen Glauben seiner Väter, er will nicht länger im Dunkeln tappen und dürftig lungern, er verlangt nach Wissenschaft, nach weltlicher Macht, nach irdischer Lust, er will wissen, können und genießen – und, um die symbolische Sprache des Mittelalters zu reden, er fällt ab von Gott, verzichtet auf seine himmlische Seligkeit und huldigt dem Satan und dessen irdischen Herrlichkeiten. Diese Revolte und ihre Doktrin wird nun eben durch die Buchdruckerkunst so zauberhaft gewaltig gefördert, daß sie im Laufe der Zeit nicht bloß hochgebildete Individuen, sondern sogar ganze Volksmassen ergriffen. Vielleicht hat die Legende von Johannes Faustus deshalb einen so geheimnisvollen Reiz für unsere Zeitgenossen, weil sie hier so naiv faßlich den Kampf dargestellt sehen, den sie selbst jetzt kämpfen, den modernen Kampf zwischen Religion und Wissenschaft, zwischen Autorität und Vernunft, zwischen Glauben und Denken, zwischen demütigem Entsagen und frecher Genußsucht – ein Todeskampf, wo uns am Ende vielleicht ebenfalls der Teufel holt, wie den armen Doktor aus der Grafschaft Anhalt oder Kundlingen in Schwaben. Ja, unser Schwarzkünstler wird in der Sage nicht selten mit dem ersten Buchdrucker identifiziert. Dies geschieht namentlich in den Puppenspielen, wo wir den Faust immer in Mainz finden, während die Volksbücher Wittenberg als sein Domizil bezeichnen. Es ist tief bedeutsam, daß hier der Wohnort des Faustes, Wittenberg, auch zugleich die Geburtsstätte und das Laboratorium des Protestantismus ist.«[91] Heine ist der Auffassung, daß in der ursprünglichen Faust-Sage Mephisto ein höchst subtiler Geist ist, hochgestellt in der unterweltlichen Hierarchie, wo einer jener Staatsmänner zu suchen ist, woraus man einen Reichskanzler machen kann. Dazu hat es nun in der Karriere Fausts nicht ganz gereicht, weil totale Macht zwar subjektiv erstrebt werden kann, aber, wie die jüngste Geschichte zeigt, die Macht des Willens und die Strategie der Blitzkriege diesen Ausdehnungswillen nicht sichern können.

Höchst bemerkenswert ist zudem in Heines Deutung des Faust-Mythos, daß Faust nur durch ein besonderes Experiment, das an den Chor in der *Antigone* des Sophokles erinnert, Bereitschaft zum Pakt mit dem Teufel signalisiert. Faust stellt hohe Anforderungen an die Schrecklichkeit und das Grauenhafte in der Präsentation des Teufels. Dieser denkt sich vieles aus: Er erscheint als brüllender Löwe, als Schwein, als Ochse, als Adler, doch Faust weist all das zurück mit der Bemerkung: Du mußt bösartiger aussehen, um mir Schrecken einzuflößen. Du bist noch nicht entsetzlich und grauenhaft genug. Erst als der Teufel in Menschengestalt erscheint, akzeptiert Faust das, und Heine stellt fest: »…und jetzt sehen wir ihn hervortreten in der Gestalt eines Menschen von schönster Leibesbildung und gehüllt in einen roten Mantel. Faust gibt ihm seine Verwunderung darüber zu erkennen, und der Rotmantel antwortet: Es ist nichts Entsetzlicheres und Grauenhafteres als der Mensch, in ihm grunzt und brüllt und meckert und zischt die Natur aller andern Tiere, er ist so unflätig wie ein Schwein, so brutal wie ein Ochse, so lächerlich wie ein Affe, so zornig wie ein Löwe, so giftig wie eine Schlange, er ist ein Kompositum der ganzen Animalität.«[92]

Unter Bedingungen dieser mit Zauberei und Magie durchsetzten Welt, in der es sehr viele Selbstverschleierungen der Figuren gibt (so z. B. im Helena-Stück Mephisto als Phorkyas), mag jetzt auch die Frage sinnvoll erscheinen, ob man es überhaupt mit derselben Person Faust zu tun hat, wenn man die zweite Biographie mit dem Verjüngungsakt in der Hexenküche beginnen läßt. Ist nicht jeder Akt des zweiten Teils ein in sich geschlossener, auf Zeitabfolge überhaupt nicht angelegter Raum, in dem jeweils die kollektiven Aspekte derart dominieren, daß auch die Hauptfiguren häufig nur den Status von kommentierenden und fallweise eingreifenden Statisten haben? Vielleicht gehört der Lebenslauf Fausts zu den ersten literarisch formulierten Patchwork-Biographien, einem fragwürdig zusammengesetzten Flickenteppich, der sich z. B. von der Bildungsbiographie Wilhelm Meisters grundlegend unterscheidet? In der Tat rückt die Hauptfigur Faust, bis sie im fünften Akt zum eigenständig handelnden Unternehmer mutiert, in die Kulissen der mittelalterlichen Kaiserwelt und der verschlüsselten Wiederkehr der Antike in der »Klassischen Walpurgisnacht«. Texthinweise für diesen Rückzug aus den geschichtlichen und kulturellen Turbulenzen gibt es genug. Albrecht Schöne faßt sie zusammen und stellt fest: »Nicht mehr die Person ist eigentlich entscheidend, sondern um die Spielfelder geht es: um die großen Weltverhältnisse. Das unausgesprochen dem *Faust I* voranstehende erste Wort ist bezeichnenderweise das Personalpronomen ›Ich‹ *(Habe nun...)* – eine situationsbezogene Konjunktion hingegen ist das erste in *Faust II (Wenn der...)*. In gleiche Richtung weisen die quantitativen Befunde. Der auf die Faustfigur entfallende Sprechtext geht von etwa 30 % im Ersten Teil auf 13 % im Zweiten zurück. Weit stärker noch als die Zahl der auftretenden Einzelfiguren erhöht sich jetzt die der Gruppen und Massen: von etwa 20 im *Faust I,* denen dort weniger als 7 % des Textes zukommen, auf etwa 70 im *Faust II,* wo nahezu 20 % des Textes im Kollektiv gesprochen oder gesungen werden.«[93]

Goethe selbst hat natürlich diese Proportionsverschiebungen in den Subjekt-Objekt-Verhältnissen seiner Dichtung wahrgenommen. Wenn er jedoch im Gespräch mit Eckermann am 17. Februar 1831 behauptet, der erste Teil sei fast ganz subjektiv, aus einem befangeneren, leidenschaftlicheren Individuum hervorgegangen, »welches Halbdunkel den Menschen auch so wohltun mag«, während im zweiten Teil »fast gar nichts Subjektives zu finden sei, weil hier eine höhere, breitere, hellere, leidenschaftslosere Welt auftrete«[94], dann kann davon keine Rede sein, weder in den verschiedenen Helena-Passagen noch im »Gang zu den Müttern« oder auch in den brisanten Endphasen der Faust-Karriere. Das berührt übrigens alle Figuren, nicht nur Faust. Allerdings scheint es für Goethe am Ende doch ein Problem gewesen zu sein, diesen biographischen Flickenteppich von Fausts Lebensgeschichte nicht einfach in Einzelteile auseinanderfallen zu lassen, sondern trotz allem eine Art durchgehender Persönlichkeitsidentität zu bewahren.

Bestimmte Charaktermerkmale des Menschen Faust sind auf allen Stufen dieser Subjekt-Objekt-Beziehungen wiedererkennbar, so seine Neigung, andere Menschen, ob es nun leibliche Liebesobjekte oder poetische Traumphantasien sind, nie als solche, in ihrer Eigenständigkeit zu achten, sondern immer nur als bloße Mittel für eigene Zwecke zu benutzen. Das ist ein durchgehaltener charakterlicher Grundzug in der Faust-Biographie. Keineswegs wird das dadurch in Frage gestellt, daß Goethe Faust lediglich den Status einer die Handlungen und die Gedanken aus dem Hintergrund begleitenden Leitfigur zuschreibt, wie das aus einem Gespräch mit Eckermann vom 13. Februar 1831 erkennbar wird. Hier spricht er den einzelnen Akten des zweiten Teils eine hohe Selbständigkeit und Geschlossenheit zu. Über den fünften Akt sagt er: »Dieser Akt bekommt wieder einen ganz eigenen Charakter, so daß er, wie eine für sich bestehende kleine Welt, das Übrige nicht berührt und nur durch einen leisen Bezug zu dem Vorhergehenden und Folgenden sich dem Ganzen anschließt.« Und Eckermann legt jetzt Goethe eine Interpretation auf die Zunge, die genau dieses Disparate der einzelnen Akte noch einmal verschärft. Eckermann: »Er wird also, sagte ich, völlig im Charakter des übrigen sein; denn im Grunde sind doch der Auerbachsche Keller, die Hexenküche, der Blocksberg, der

Reichstag, die Maskerade, das Papiergeld, das Laboratorium, die Klassische Walpurgisnacht, die Helena, lauter für sich bestehende kleine Weltenkreise, die, in sich abgeschlossen, wohl aufeinander wirken, aber doch einander wenig angehen. Dem Dichter liegt daran, eine mannigfaltige Welt auszusprechen, und er benutzt die Fabel eines berühmten Helden bloß als eine Art von durchgehender Schnur, um darauf aneinanderzureihen, was er Lust hat. Es ist mit der ›Odyssee‹ und dem ›Gil-Blas‹ auch nicht anders.« Und Goethe antwortet darauf: »Sie haben vollkommen recht.«[95]

Von einer durchgehenden Schnur, um darauf aneinanderzureihen, wozu der Dichter Lust hat, kann aber weder bei der *Odyssee* noch bei *Gil Blas* die Rede sein. Vielmehr zeigt Odysseus in seinem Überlebenskampf unverwechselbar geprägte Eigenschaften, die Urformen bürgerlicher Rationalität signalisieren, und in dem Schelmenroman von Lesage *Geschichte des Gil Blas von Santillana* verrät die Hauptfigur durchgehend aufklärerisches und kulturkritisches Vermögen gegenüber der französischen Gesellschaft. In beiden Fällen besteht ein ganz anderes Verhältnis der Hauptfiguren zu den Gefolgschaften, zum gesellschaftlichen Umkreis, mit dem sie es zu tun haben. Es sind zwar gegenseitige Abhängigkeiten, sie beruhen aber auf Achtung des anderen und dem Bewußtsein der Hauptfiguren, für die eigenen Handlungen Verantwortung zu übernehmen. Beides ist Faust wesensfremd, und dafür liefert der Held in allen diesen kleinen Weltenkreisen hinreichend Beispiele.

Ich betrachte es deshalb als sinnvoll, den roten Faden dieser Biographie doch daran sichtbar zu machen, wie sich eine Lebensgeschichte aus den eigenen Gesetzmäßigkeiten heraus entwickelt und warum Verjährung und Vergessen eine so bestimmende Bedeutung haben. Manchmal sieht es so aus, als wollte Goethe mit seinem *Faust* Alpträume des modernen Menschen beschreiben oder doch an dieser Figur wenigstens aufzeigen, wie der Mensch sich selbst fremd werden kann, wenn er alle seine Möglichkeiten der Kraftentfaltung wahrnimmt. Daß die einzelnen Akte des zweiten Teils nicht nacheinander geschrieben wurden, sondern zeitversetzt, mag ein Hinweis darauf sein, daß Goethe diesem Lebenszuschnitt des Faust die Fähigkeit und den Willen gar nicht zutraute, aus den Erfahrungen in den einzelnen Tätigkeitsfeldern Lerngewinne zu erzielen, um sie in einem charakterlichen Reifungsprozeß zu integrieren. Nichts baut auf dem anderen auf; es hat in der Tat etwas von dem an sich, was Claude Lévi-Strauss »bricolage« nennt, eine Art »zusammengebastelte Biographie«, in der die einzelnen Bestandteile nur probeweise miteinander verknüpft sind und häufig auch gar nicht zusammenpassen.

1808 erscheint »Der Tragödie Erster Teil«. Erst 1826 wurde der dritte Akt des zweiten Teils abgeschlossen, dem dann der erste und zweite Akt folgten. Darauf der fünfte und zuletzt der im Sommer 1831 fertiggestellte vierte Akt. Andererseits reichen die Pläne für den späteren *Faust II* weit zurück. Albrecht Schöne spricht deshalb davon, *Faust I* sei vom jungen Goethe her zu lesen, *Faust II* auf den alten Goethe hin: »Ein spät vollendetes Frühwerk das eine, ein früh begonnenes Alterswerk das andere.«[96]

Wollte ich aber entlang dem Leitfaden der biographischen Entwicklung Fausts fortfahren, so müßte ich zunächst den fundamentalen Bruch festhalten; es sind zwei Biographien, um die es sich dabei handelt. Faust ist ja, modern gesprochen, der große Aussteiger, und zwar mit Willen und Bewußtsein, den das Abenteuer, »des Lebens goldner Baum« (2039) lockt (ein Ausdruck Mephistos, im Gespräch mit dem Schüler) und der ein ganz neues Leben beginnen will. Die Motive für diese Lebensentscheidung werden im Anfangsmonolog und in den Gesprächen mit seinem Famulus Wagner erläutert. Wenn der am Sinn seiner intellektuellen Daseinsweise zweifelnde und verzweifelnde Faust seine eigene Arbeit im verstaubten »Kerker«, im »dumpfe(n) Mauerloch« (398 f.) des Gelehrten so sieht, wie er es beschreibt, dann wird jeder einsehen müssen, daß Ausstieg die einzige verbliebene Alternative für ein sinnvolles Überleben ist. Das ist die eine Seite der Kenntnis, die wir über die erste Biographie Fausts haben. Im »Osterspaziergang«, vor der Begegnung mit dem Pudel, übermittelt Faust eine ganz andere Information über sein Vorleben – und zwar in einem Tonfall und mit Begriffen, die später in seiner Sprache nie wieder auftauchen. Er empfindet so etwas wie Scham für das, was er und sein Vater getan haben und was jetzt, angesichts der gegenwärtigen Verehrung der ärztlichen Hilfe des Vaters, vergessen ist. Ein alter Bauer sagt:

> Gar mancher steht lebendig hier,
> Den euer Vater noch zuletzt
> Der heißen Fieberwut entriß,
> Als er der Seuche Ziel gesetzt.
> Auch damals ihr, ein junger Mann,
> Ihr gingt in jedes Krankenhaus,
> Gar manche Leiche trug man fort,
> Ihr aber kamt gesund heraus.
> Bestandet manche harte Proben;
> Dem Helfer half der Helfer droben. (997–1006)

Scham und Bitterkeit überkommen Faust, als ihm diese Verehrung des Volkes für seine ärztliche Kunst und die des Vaters entgegenschlägt. Zum ersten und wohl einzigen Mal in der ganzen Tragödie übernimmt er Verantwortung: für das, was er getan hat und woran er Mitschuld trägt. Natürlich hätte er auch hier die Verantwortung ganz auf seinen Vater abwälzen können; das tut er aber nicht. Im Gespräch mit Wagner sagt Faust:

> Nur wenig Schritte noch hinauf zu jenem Stein,
> Hier wollen wir von unsrer Wandrung rasten.
> Hier saß ich oft gedankenvoll allein
> Und quälte mich mit Beten und mit Fasten.
> An Hoffnung reich, im Glauben fest,
> Mit Tränen, Seufzen, Händeringen
> Dacht' ich das Ende jener Pest
> Vom Herrn des Himmels zu erzwingen.
> Der Menge Beifall tönt mir nun wie Hohn.
> O könntest du in meinem Innern lesen,
> Wie wenig Vater und Sohn
> Solch eines Ruhmes wert gewesen!
> Mein Vater war ein dunkler Ehrenmann,
> Der über die Natur und ihre heil'gen Kreise,
> In Redlichkeit, jedoch auf seine Weise,
> Mit grillenhafter Mühe sann.
> Der, in Gesellschaft von Adepten,
> Sich in die schwarze Küche schloß,
> Und, nach unendlichen Rezepten,
> Das Widrige zusammengoß.
> …
> Hier war die Arzenei, die Patienten starben,
> Und niemand fragte: wer genas?
> So haben wir, mit höllischen Latwergen[97],
> In diesen Tälern, diesen Bergen,
> Weit schlimmer als die Pest getobt.
> Ich habe selbst den Gift an Tausende gegeben,

> Sie welkten hin, ich muß erleben
> Daß man die frechen Mörder lobt. (1022–1055)

Er beschuldigt sich also des massenhaften Mordes an diesen Menschen. Einen ähnlichen Ton der Selbstanklage und Scham finden wir in keinem Zusammenhang seiner zweiten Biographie, nach der Verjüngungskur in der Hexenküche. Im allgemeinen will man ja in einem erträumten zweiten Leben einiges andere und manches auch anders machen als zuvor. Wenn es dem hundertjährigen Faust noch in diesem Alter so nahegegangen sein sollte, was er und sein Vater getan haben, wie das im hohen Alter noch erinnert wurde, worüber er quälend, mit Fasten und Beten sich beschäftigt hatte – warum geht von diesem traumatischen Erlebnis nichts als kritische Distanz zu jeder Form der Giftmischerei in die zweite Biographie ein? Das bleibt ein Geheimnis dieser philosophischen Tragödie.

»Es wird ein Mensch gemacht!«

Ganz verschwindet freilich der naturwissenschaftlich-alchimistische Experimentierwahn, der sich ja nicht nur auf äußere Naturbeherrschung bezieht, auch im weiteren Lebenslauf Fausts nicht. Die Allmachtsphantasien, nicht nur den Alterungsprozeß des Menschen rückgängig machen zu können, sondern Menschen überhaupt nach ausgedachten Maßstäben zu produzieren, bohren weiter. Das alchimistische Laboratorium ist für ihn in gleicher Weise zu eng geworden wie die Gelehrtenstube, deshalb ist sein »unbegreifliche(s) Verschwinden« (6660) so unbegreiflich nicht. Wenn man so will, sind es aber Schüler, die sich jetzt in beiden Räumen betätigen, um die Traumphantasien Fausts umzusetzen. Das im mittelalterlichen Stil gehaltene Laboratorium im zweiten Akt, ausgestattet mit »weitläufige(n), unbehülfliche(n) Apparate(n) zu phantastischen Zwecken«, wird von dem in die Jahre gekommenen Famulus Wagner mit dem Ziel genutzt, den »Prothesengott« Mensch zu ersetzen, indem ein ganz neuartiges, flexibles, bedürfnisloses, von Raum- und Zeitbindungen unabhängiges Lebewesen erzeugt wird. Als Mephisto das Laboratorium betritt, bittet Wagner um Ruhe und Zurückhaltung.

WAGNER *ängstlich:*
Willkommen! zu dem Stern der Stunde.
Leise
Doch haltet Wort und Atem fest im Munde,
Ein herrlich Werk ist gleich zu Stand gebracht.
MEPHISTOPHELES *leiser:* Was gibt es denn?
WAGNER *leiser:* Es wird ein Mensch gemacht.
MEPHISTOPHELES: Ein Mensch? Und welch verliebtes Paar
Habt ihr in's Rauchloch eingeschlossen?
WAGNER: Behüte Gott! wie sonst das Zeugen Mode war
Erklären wir für eitel Possen.
...
Wenn sich das Tier noch weiter dran ergötzt,
So muß der Mensch mit seinen großen Gaben
Doch künftig höhern, höhern Ursprung haben.

(6832–6847)

Es ist im buchstäblichen Sinn ein zerbrechlicher Vorgang, der hier vonstatten geht; denn dieser werdende Mensch sitzt in einer Phiole, aus der er zwei Erklärungen abgibt, eine gegenüber Wagner, die andere gegenüber Mephisto. Zu Wagner:

> Natürlichem genügt das Weltall kaum,
> Was künstlich ist, verlangt geschloßnen Raum. (6883 f.)

Und zu Mephisto, die wohl wichtigere Begründung seiner Existenzweise:

> Dieweil ich bin, muß ich auch tätig sein.
> Ich möchte mich sogleich zur Arbeit schürzen,
> Du bist gewandt, die Wege mir zu kürzen. (6888-6890)

Was diesen Homunkulus als Arbeitswesen auszuzeichnen scheint, zeigt sich darin, daß er mit umfangreicher Kenntnis der Antike ausgestattet ist, während Mephisto, wie wir wissen, von dieser absolut nichts hält (»Das Griechenvolk es taugte nie recht viel!«, 6972); aber so eignet sich diese Kunstfigur, die, ganz im Unterschied zur Selbstanzeige der eigenen Existenzweise, daß Künstliches geschlossenen Raum verlange, ins Abenteuer der »Klassischen Walpurgisnacht« drängt, wenig für den Arbeitsprozeß, für den sie Faust später in seinem Unternehmen gebrauchen könnte. (Homunkulus taucht hier auch nicht auf.) Beginnend mit dem Pharsalischen Schlachtfeld, auf dem Caesar Pompeius besiegte, betätigt sich Homunkulus, seiner wirklichen Existenz immer noch nicht sicher, als kompetenter Fremdenführer auf antikem Gelände. Als er auf Thales und Anaxagoras trifft, die über den Ursprung der Welt entweder aus dem Wasser oder dem Feuer streiten, bittet er, sich ihnen beigesellen zu dürfen. Homunkulus (zwischen beiden): »Laßt mich an eurer Seite gehn, / Mir selbst gelüstet's zu entstehen!« (7857 f.)

So läßt sich der gesamte zweite Teil des *Faust*, bei allen Verschlüsselungen, dem Gebrauch indirekter Rede, bei allen Allegorisierungen und symbolischen Verfremdungen, als ein permanenter Kampf um die Geltung verschiedener Wirklichkeitsschichten verstehen. Was ist hier wirklich und was ist Phantasie? Plötzlich taucht Helena im Mittelalter auf, Faust ist zum Ritter mutiert. Merkwürdige Allegorien, Phantasiegestalten brechen immer wieder in das ein, was man als raum-zeitliche Wirklichkeit, als »primäre Wirklichkeit«, bezeichnen könnte. Für Faust selbst ist es über lange Strecken unklar, in welcher »Realität« dieser verschiedenen Schichtungen er lebt. Das Wirklichkeitsproblem Fausts begleitet seine ganze zweite Biographie; seit er den radikalen Ausstieg aus der Studierstube und der anerkennenden Öffentlichkeit seiner Umgebung gewagt hat, ist er als Flüchtling in Bewegung, der nirgendwo Wurzeln schlägt. Schon im Kapitel »Wald und Höhle« des ersten Teils erhebt er selbst Klage über sein Unvermögen, feste Bindungen mit Menschen und mit Dingen einzugehen.

Bin ich der Flüchtling nicht? der Unbehaus'te?
Der Unmensch ohne Zweck und Ruh?
Der wie ein Wassersturz von Fels zu Felsen braus'te
Begierig wütend nach dem Abgrund zu.
…
Und ich, der Gottverhaßte,
Hatte nicht genug,
Daß ich die Felsen faßte
Und sie zu Trümmern schlug! (3348–3359)

Intensiv empfundener Realitätsverlust und entsprechend verstärkte Gefühle der Realitätssuche sind wesentliche Momente von Fausts Zerrissenheit. Wenn das so sein sollte, dann muß es Goethe als zwingend erschienen sein, die zweite Faust-Biographie auf etwas hinzusteuern, das für Faust einen (vielleicht auch ohne magische Hilfe) festen und sinnvoll gestalteten Produktionsboden schafft. Das ist erst der Fall, als Faust im fünften Akt zum bürgerlichen Unternehmer geworden ist, der, wie immer verdreht es auch aussehen mag, zum ersten Mal in seinem Leben auch für andere etwas macht. So kann man davon sprechen, daß in der zweiten Biographie eine Bewegungsrichtung abnehmender Abstraktion sichtbar wird; die Berufsfelder verlieren ihren bloß ästhetischen Charakter und ihre egomanischen Bezüge zur Hauptfigur. Der Mummenschanz, dem in der nordischen Walpurgisnacht Faust noch mit innerer Abneigung begegnete, erweitert sich ja im Verlauf der Tragödie zu einer eigenen Realitätsschicht, aus der allerdings immer weniger Erfahrungen zu gewinnen sind. Auch die Assignaten-Papiergeld-Farce ist kein Beitrag zur Steigerung des Selbstwertgefühls der Akteure; sie werden als Betrüger verdächtigt und können sich nur mit größter Anstrengung aus den Schlingen der Verfolger befreien.

Wenn ich von einer Entwicklungslinie der abnehmenden Abstraktion spreche, dann meine ich damit, daß bei Faust allmählich die Frage zu einer existentiellen seiner Lebensgeschichte wird: *Was ist der Sinn und der Zweck meines Lebens?* Sich *nicht* auf ein Faulbett zu strecken und *nicht* zu genießen, das kann unmöglich ein Leben erfüllen, das doch mit ganz anderen Erfahrungserwartungen begonnen hatte! Schon im zweiten Akt deutet sich an, daß für Faust nur noch die primäre Wirklichkeit Fundament seiner Lebensgestaltung sein kann; freilich sucht er sie, wie Homunkulus richtig feststellt, im Fabelreich; die antike Welt erscheint ihm als die *wirkliche Wirklichkeit*. Als er auf wunderbare Weise dort aufwacht, nach Helena ruft und bedauernd feststellt, wenn sie denn selbst schon nicht da sein kann, dann doch »die Luft die ihre Sprache sprach« (7073) – da fühlt sich Faust sofort zu Hause. Er ruft aus:

Hier! durch ein Wunder, hier in Griechenland!
Ich fühlte gleich den Boden wo ich stand;

Wie mich, den Schläfer, frisch ein Geist durchglühte,
So steh' ich, ein *Antäus* an Gemüte. (7074-7077)

Das ist es: »ein Antäus an Gemüte«. Dieses Antaios-Motiv kehrt in den sehr zahlreichen Klagemonologen Fausts immer wieder. So in der Erde verankert zu sein, daß die Skeptiker, die Kant die »Nomaden des Geistes« nannte, die sich vor jedem »Anbau der Vernunft« fürchten, keinerlei Chancen haben, ist, glaube ich, ein bestimmender Wunsch Fausts, der ja als verzweifelter Skeptiker seine Karriere begonnen hat. Der Mythos von Antaios zeigt genau an, wie weit man von der Wirklichkeit abstrahieren kann, also von ihr sich zu entfernen imstande ist, um die Macht zu behalten oder zu verlieren. Antaios ist ein praktisch unbesiegbarer Riese, Sohn Poseidons und Gaias (der Erde), der so lange nicht zu besiegen war, wie er auf der Erde stand, also in ihr verwurzelt war. Herakles hatte diese, seine einzigartige Kraftquelle erkannt, ihn von der Erde ein Stück weit abgehoben – und besiegt. Dieses Antaios-Motiv ist auch eines von Faust.

Aber wenn Faust sagt: »Ich fühlte gleich den Boden wo ich stand« (7075), also die völlige Vertrautheit der kulturellen Atmosphäre der Antike, so strahlt hier die Wärme des Bildungsbürgers, dem Homer und die Figuren des Sophokles näherstehen als die Gestalten der nordischen Ernsthaftigkeit oder die Mephistophelische Rationalität, die in den Bergen des Harz beheimatet ist. Freilich hat dieser gefühlsmäßige Kunstgenuß für die Verankerung einer Lebensgeschichte, die in eine ganz neue Welt aufschließen wollte, nur Erinnerungscharakter. Das Antaios-Motiv muß noch irgendwo anders festgemacht werden.

Goethe hat die Verfassung und die in sich gebrochene Gestalt des Bourgeois im Auge, wenn nach drei Akten gleichsam die Erlebnisgesellschaft in ihrer karnevalesken und verschlüsselten

Gestalt mannigfache Ausbreitung findet. Das ist keine bloße Unterhaltung, sondern breitet den gesamten Reichtum an Wissen und Bildung einer Epoche aus, die stolz darauf war, dass ihre Wißbegierde bis nach Persien und China reichte, um Achtunggebietendes aus diesen Ländern anzunehmen. Aber durch den begrenzten Horizont Mephistos, der betont, daß man mit den Hexen im Harz noch gut umgehen könne, aber dem antiken Volk nichts abzugewinnen sei, sind die Grenzen des Einflusses auch von Faust mitgesetzt, weil er seine natürliche Sinnenkraft selbstverschuldet verloren hat. Er ist ein nordischer Typ, um nicht zu sagen: ein deutsches Produkt, und alle Bildungsausflüge in die Antike verschaffen ihm nicht die Befriedigung, die ja in seinem Pakt mit dem Teufel und im »Prolog im Himmel« festgelegt ist.

Es geht um Arbeit, um Produktion – und nicht um bloßes Vergnügen. Bei der Vorbereitung des fünften Aktes ist jetzt betriebsame Tätigkeit im Gange. Es ist wichtig: um literarische Figuren im eigenen Lebenszusammenhang verständlich vergegenwärtigen zu können, bedarf es eines phantasiereichen Schrittes, sie als normale Zeitgenossen sich vorzustellen. Wie kommen Phantasiegestalten im Zuschnitt von Hauffs Peter Munk und Chamissos Peter Schlemihl auf den Gedanken, etwas schlechthin Unveräußerliches, wie wir meinen: *das Herz und den eigenen Schatten*, veräußern, also in Geld umsetzen zu wollen? Auch die phantasiereichste Konstruktion bedarf deshalb der Rückbesinnung auf Lebenszusammenhänge, in denen Alltagsbedürfnisse eine Rolle spielen und für alternde Menschen der Wunsch, vor dem befürchteten, aber doch erwarteten Ende einen sinnvollen Rückblick auf das Leben zu erlangen. Was Faust alles in der ersten Biographie geleistet hat, darüber läßt uns Goethe, sieht man von Fausts Bekenntnis zur Giftmischerei ab, weitgehend im Unklaren; aber die zweite Biographie soll ja gerade zeigen, was ein Leben bewirken kann, das sich auf magische Kraftquellen einläßt. Insofern ist es für Goethe entscheidend, in einer zweiten Phase dieses zweiten Lebens den Spuk und das bloße genießerische Wabern der Faustschen Lebenserfahrung zu beenden. Ein organischer Produktionsprozeß muß am Ende stehen, selbst wenn er noch so sehr nur als zerfallenes Material und in Brechungen vorliegt.

Es ist wieder die Eremitenumgebung, in der das entscheidende Gespräch stattfindet. Der weite Blick vom Hochgebirge oder die Enge der Höhle. Faust hat Arkadien verlassen, Helena bedauert die Zerrissenheit des Lebens wie der Liebe und beklagt, daß Glück und Schönheit dauerhaft nicht zu vereinen seien. In der Regieanmerkung heißt es: »Sie umarmt Faust, das Körperliche verschwindet, Kleid und Schleier bleiben ihm in den Armen.« (nach 9944)

Es mag für Faust wohl die Zeit gekommen sein, da die Welt der Poesie und die des *ästhetischen Scheins,* in dem der Verzweifler Nietzsche die einzige Rechtfertigung der Welt begründet sah, kurzfristig befriedigende Erlebnisse ermöglichen, seinem Dasein aber nicht jene Weltfülle vermitteln können, die unverkennbare Spuren seiner Erdentage hinterläßt. Der Dialog mit Mephisto im Hochgebirge in der Anfangsszene des vierten Aktes schlägt deshalb einen merkwürdig naiven, elementaren Ton an, indem Antworten auf Fragen gesucht werden, wie sie Eltern Kindern oder Jugendlichen stellen: »Was willst du einmal werden?« Oder was Kinder und Jugendliche sich selbst in ihrer Phantasie wünschen, was sie werden wollen. Faust ist jetzt wieder in einem Alter, in dem lebensgeschichtliche Fehlentscheidungen kaum noch mit der Erwartung oder Hoffnung getroffen werden können, im Laufe der Zeit korrigiert zu werden. Wer 60 Jahre alt ist, gewinnt der Vorstellung, was er alles noch hätte tun können und was er versäumt hat, nicht die volle Kraft reichhaltiger Alternativen ab. So besteht der Anfang des vierten Aktes wesentlich in einer Art Berufsberatung, die von Mephisto geschickt eingefädelt und auch mit bestimmten Perspektiven versehen wird, denn es geht hier um einen alternden Menschen, der, modern gesprochen, ohne kräftige Unterstützung magischer Gewalten, in einer Arbeitsagentur in die Kategorie eingestuft werden müßte: nur noch schwer vermittelbar. Mephisto schlägt vor, sich eine Hauptstadt auszusuchen, mit weiten Plätzen, breiten Straßen, allerlei Vergnügungen und gewiß auch mancherlei inszenierten Possen, gleich welcher Art, die Hunderttausende zur Verehrung drängen würden. Faust antwortet prompt:

> Das kann mich nicht zufrieden stellen!
> Man freut sich daß das Volk sich mehrt,
> Nach seiner Art behäglich nährt,
> Sogar sich bildet sich belehrt,
> Und man erzieht sich nur Rebellen. (10155–10159)

Die Großstadt ist die Brutstätte der Rebellion, und man kann verstehen, daß Faust selbst mit Unterstützung des Teufels im Alter nichts mit jenen Unruhen, mit Krieg und Rebellion zu tun haben möchte, die ja gerade sein wachsendes Bedürfnis nach Ruhe und Erdverwurzelung kaum erfüllen könnten. Es muß etwas Haltbares, Bodenständiges her. Und als Mephisto, durch diese Antwort etwas ratlos, Faust der Mondsüchtigkeit verdächtigt, widerspricht dieser entschieden:

> Mit nichten! Dieser Erdenkreis
> Gewährt noch Raum zu großen Taten.
> Erstaunenswürdiges soll geraten,
> Ich fühle Kraft zu kühnem Fleiß.

> MEPHISTOPHELES: Und also willst du Ruhm verdienen?
> Man merkt's du kommst von Heroinen.
> FAUST: Herrschaft gewinn ich, Eigentum!
> Die Tat ist alles, nichts der Ruhm. (10181–10188)

Nachdem in diesem Dialog im Hochgebirge die Entscheidung getroffen ist, daß Fausts künftiges Leben das eines Unternehmers sein wird, der mit planendem Weitblick, mit Fleiß und klugem Führungsvermögen Produktionsprozesse in Gang setzt und diese mit autoritärem Geschick begleitet, ist die Logik einer neuen Lebenslinie entworfen. Wie diese Berufsentscheidung Fausts in ihre materiellen Bestandteile umzusetzen ist, macht jetzt die zentrale Entwicklungslinie des vierten Aktes aus; hier wird geprägt und in entscheidenden Punkten vorbereitet, wie der Eigentumstitel für das Unternehmen zu ergattern ist, welcher Kräfte man sich bedienen muß und welchen Führungsstil man für solch ein Projekt ins Auge faßt. Es ist vom jungen Kaiser die Rede, der sein Reich hat verrotten lassen, in dem Anarchie und Bürgerkrieg, Fehden Stadt gegen Stadt, in Kirchen Mord und Totschlag herrschen; regieren und genießen sei eben, wie Mephisto referiert, nicht miteinander zu vereinbaren. Dem widerspricht Faust entschieden, indem er den ganz besonderen Lustgewinn des Befehlens hervorhebt. Befehlen vom Gefühl der Lust zu trennen, sei ein großer Irrtum.

> FAUST: Wer befehlen soll,
> Muß im Befehlen Seligkeit empfinden.
> Ihm ist die Brust von hohem Willen voll,
> Doch was er will, es darfs kein Mensch ergründen.
> Was er den Treusten in das Ohr geraunt,
> Es ist getan und alle Welt erstaunt.
> So wird er stets der Allerhöchste sein,
> Der Würdigste –, Genießen macht gemein. (10252–10259)

So beginnt jetzt in Fausts zweiter Biographie tatsächlich ein neuer Lebensabschnitt. Es ist die ernstgemeinte Vorausplanung eines ersten wirklichen Arbeitstages im Leben dieses Menschen, der doch schon bei der Verjüngungskur in der Hexenküche der Arbeit sich verweigerte und über drei Akte des zweiten Teils, wie er es selbst auch sieht, von Genuß zu Begierde und von Begierde zu Genuß sprang. So deutlich wird es ihm erst ganz am Ende, als die Sorge ihn anhaucht und die Todesluft ihn zu ersticken droht. »Ein jed' Gelüst ergriff ich bei den Haaren« (11434), bekennt Faust. Er hat sehr wohl die Sorge gekannt, aber nicht anerkannt.

In dieser Unternehmensplanung taucht zum ersten Mal der Gedanke auf, daß etwas Beständiges vielleicht darauf begründet werden kann, daß nicht alles nur zur Erweiterung des eigenen Selbst benutzt wird, sondern Sorge und Sorgfalt für den anderen, für dessen Lebensqualität, für dessen Wohlbefinden in dieser Welt, eher Bestand haben könnten (vgl. 11584). Bereits im Verzweiflungstext des Intellektuellen im ersten Teil (»Studierzimmer II«) wird so etwas wie Sorge um die Welt, allerdings nur im Zusammenhang mit dem eigenen Selbst, spürbar, als Faust sich der Welt zu öffnen verspricht – allerdings hier die Schmerzen dieser Welt, der ganzen Menschheit, nur in der genießenden Ich-Form des »Ich leide« aufzunehmen bereit ist. Eine merkwürdige Konstruktion, durch die die Bereitschaft entsteht, im Weltschmerz sich selbst zu genießen und mit dem Zerbrechen der Welt selbst zu scheitern.

> Mein Busen, der vom Wissensdrang geheilt ist,
> Soll keinen Schmerzen künftig sich verschließen,
> Und was der ganzen Menschheit zugeteilt ist,
> Will ich in meinem innern Selbst genießen,
> Mit meinem Geist das Höchst' und Tiefste greifen,
> Ihr Wohl und Weh auf meinen Busen häufen,

Und so mein eigen Selbst zu ihrem Selbst erweitern,
Und, wie sie selbst, am End' auch ich zerscheitern.

(1768-1775)

Der Text ist insofern merkwürdig, als Faust ja gerade Abschied genommen hat vom absoluten Anspruch des Wissens, um sich ganz anzufüllen mit den Erfahrungen von Welt und Menschheit; aber auch hier geht es wesentlich darum, das sich selbst genießende Ich bis zum Äußersten anzuspannen, sich selbst in den ganzen Umfang des Äußeren zu begeben, um am Ende selbst das Scheitern dieser Welt teilen zu können. Das Unternehmen, dessen Voraussetzungen Faust im vierten Akt plant, verrät zum ersten Mal, daß es sich bei Faust um einen Bürger mit Besitzerstolz und zweckrationaler Haltung handelt. Faust kehrt zwar nicht in das von ihm als Kerker bezeichnete Gehäuse der Hörigkeit zurück, aber er verkleinert seine Welt, sie bekommt Raum- und Zeitkoordinaten und ist deshalb als *field of employment,* als bearbeitbarer Material-Boden, wieder zugänglich. Es ist jetzt nur noch die Frage, wie er auf rechtmäßige Weise Eigentum so erringen kann, daß es nicht sofort von allen Menschen, vielleicht einschließlich der im Unternehmen Arbeitenden, als Teufelsgeschenk angesehen wird.

Denn wer Eigentum besitzt, darf sich zu dessen Erweiterung, zumal wenn Produktionsprozesse im Spiel sind, sicherlich hier und da auch gewaltsamer und illegaler Mittel bedienen; durch Gewalt sich fremdes Eigentum anzueignen, wäre dagegen eine absolute Verletzung jener Netzwerke von Verträgen und Pakten, mit denen ja diese Tragödie auf verschiedenen Stufen operiert.

In der Dramaturgie der Faust-Karriere zeigt sich ein Bogen mit Verbindungslinien, die nicht nur das Paktgeschehen vom ersten Teil (»Studierzimmer II«) zum letzten Akt führen, sondern mit viel konkreteren und andersartigen Elementen eine Beziehung zum Anfang des vierten Aktes herstellen. Dabei ist nicht Faust die Hauptfigur, sondern Mephisto, der mit dem Hinweis, daß das *Mängelwesen Mensch*, mit seiner anthropologisch armseligen Ausstattung, das gesellschaftliche Projekt des Organersatzes, der Organverlängerung, der Organergänzung unabdingbar erforderlich macht. So hat dieser, dem Lebensstil des »Prothesengottes« durchaus gemäßen, Machterweiterung des Menschen durch Zusatzorgane der Anthropologe Arnold Gehlen einen Ausweg gewiesen; diese hilfreichen Ergänzungsorgane sind allerdings nicht anders herzustellen als durch gesellschaftliche Arbeit und durch Anreicherung des individuellen Vermögens der Realitätsformung. Natürlich kann man sich, wie Mephisto ironisch der Phantasie-Arbeit des »Herrn Mikrokosmus« (1802) Faust unterstellt, mit einem Dichter, einem Poeten zusammentun, der einem »Des Löwen Mut, / Des Hirsches Schnelligkeit, / Des Italieners feurig Blut, / Des Nordens Dau'rbarkeit« (1793–1796) andichtet; der Bürger spricht hier durch den Mund des Mephisto, er stellt nicht sofort seine mannigfachen Dienste zur Verfügung, sondern erklärt unmißverständlich, daß dann, wenn Faust nach wie vor glaubt, nichts oder wenig zu sein, wenn er der »Menschheit Krone« nicht erringen kann, »Nach der sich alle Sinne dringen« (1804 f.), nur weiter von einer illusionären Selbsterhöhung zu träumen gezwungen ist. Er bleibt aber der erbärmliche Mensch, dessen Wünsche und dessen reale Gestalt so weit auseinanderklaffen, daß er sich leicht der Lächerlichkeit preisgibt.

MEPHISTO: Du bist am Ende – was du bist.
Setz' dir Perücken auf von Millionen Locken,
Setz' deinen Fuß auf ellenhohe Socken,
Du bleibst doch immer was du bist. (1806–1809)

Und noch einmal betont Faust die Nutzlosigkeit seines Intellektuellendaseins; die Anhäufung aller Schätze des Menschengeistes habe nicht bewirkt, daß er um ein Haarbreit dem Unendlichen nähergerückt sei.

Die magere Organausstattung des Menschen, Privateigentum und ein Stück Magie, die in der verkehrenden, alles auf den Kopf stellenden Macht des Geldes liegt, das sind Themen, die hier angeschlagen werden und die wenig mit dem zu tun haben, was später die leichtfüßige Herstellung des Assignaten-Papiergeldes ausmacht. Dessen Gültigkeit entstammt dem betrügerischen Stempel des Kaisers und ist Resultat einer von außen kommenden Magie. Das Geld als allgemeines und abstraktes Tauschmittel enthält diese magische Qualität jedoch in sich selbst; Marx spricht von der phantasmagorischen Form der Verkehrungen von Gebrauchsgegenstand und Tauschwert, die im Geldfetisch ihre ausgeprägteste Gestalt angenommen hat. Wer Geld hat, muß nicht Klage führen über die Mängel der eigenen Organausstattung, ja auch Dummheit und Trägheit sind angesichts breiter Verfügung über dieses Zaubermittel kein Problem.

Marx bezieht sich in den ökonomisch-philosophischen Manuskripten ausdrücklich auf jene Stelle im *Faust*-Drama, wo Mephisto die naive Art bedauert, »Wie man die Sachen eben sieht« (1817), und er schlägt eine Umdefinition der menschlichen Wesenskräfte im Zusammenhang ihrer produktiven Vergegenständlichung in der Tauschwertproduktion vor. Wer an den Gebrauchsdingen klebenbleibt, dem wachsen auch von der Objektseite her keine Kraftquellen zu, die seine sinnlichen und geistigen Möglichkeiten vervielfachen. Es ist eine der großartigsten analytischen Passagen in Goethes *Faust,* wenn Mephisto zu einer Rede über Warenproduktion ansetzt, die ja die Grundlage für diese

magische Kraft des allgemeinen Zahlungsmittels und des Geldfetischs ist. Gegenüber Faust erklärt er:
> Mein guter Herr, ihr seht die Sachen,
> Wie man die Sachen eben sieht;
> Wir müssen das gescheiter machen,
> Eh' uns des Lebens Freude flieht.
> Was Henker! freilich Händ' und Füße
> Und Kopf und H[intern] die sind dein;
> Doch alles, was ich frisch genieße,
> Ist das drum weniger mein?
> Wenn ich sechs Hengste zahlen kann,
> Sind ihre Kräfte nicht die meine?
> Ich renne zu und bin ein rechter Mann,
> Als hätt' ich vier und zwanzig Beine.
> Drum frisch! Laß alles Sinnen sein,
> Und g'rad' mit in die Welt hinein!
> Ich sag' es dir: ein Kerl, der spekuliert,
> ist wie ein Tier, auf dürrer Heide
> Von einem bösen Geist im Kreis herum geführt,
> Und rings umher liegt schöne grüne Weide. (1816–1833)

Es ist ein innerweltlicher Vorschlag der Ich-Erweiterung, den Mephisto hier formuliert; so versteht es der junge Marx, indem er das Selbst des lebendigen Menschen nicht an einem unveränderlich starren Ich befestigt, sondern die wechselseitigen Verstärkungen in einer produktiven Subjekt-Objekt-Dialektik in die Ich-Erweiterung einbezieht. Der innere Reichtum eines Individuums ist von der Subjektivierung der Gegenstände, in die lebendige Arbeit, Geist und Sinne eingehen, nicht zu trennen. Diese Subjekt-Objekt-Dialektik betrifft nicht nur die Vervielfältigung meiner subjektiven Möglichkeiten durch den gegenständlichen

Raum, über den ich verfüge. Subjektivierung der Welt und Objektivierung des Ich sind zwei voneinander nicht trennbare Bewegungsrichtungen. Objektiver und subjektiver Reichtum gehören zusammen. Deshalb kann Marx davon sprechen, daß die Industrie, die wirkliche Produktion, das aufgeschlagene Buch der menschlichen Psychologie sei.[98]

Diese und ähnliche Gedanken einer produktiven und auf Beständigkeit gehenden Zugangsweise zur Welt könnten in jenem Teil des Dramas aufgenommen werden, in dem die Karriere des Unternehmers Faust einsetzt und vielleicht damit zu rechnen wäre, daß dieser Hilferuf: »Könnt ich Magie von meinem Pfad entfernen, / Die Zaubersprüche ganz und gar verlernen« (11404 f.), gerade dadurch erfüllt wird, daß jetzt das unternehmerische Projekt des Faust eine *innerweltliche* Dimension der soliden Arbeit und der mit Anerkennung verknüpften Entwicklung eines prosperierenden Unternehmens erlangen könnte. Das ist aber nicht der Fall. Hat Faust vorher geistige Güter akkumuliert und der »Urväter Hausrat« (408) hinzugefügt, ohne sich darüber Rechenschaft abzulegen, wozu sie sinnvollerweise zu verwenden seien, so geht er jetzt daran, ein Unternehmensgelände zu gestalten, auf dem die erbeuteten Waren der Welt akkumuliert, angehäuft werden, ohne sich dabei Gedanken zu machen, was Sinn und Zweck dieses betriebsamen Sammelns und Anhäufens von Gütern ist (dem wahllosen Sammeln von Erlebnissen in seinen verschiedenen Rollen durchaus ähnlich). Es sieht anfangs so aus, als würde Faust jetzt, da er die Rolle des unternehmerischen, also produktiv tätigen Menschen übernommen hat, endgültig dem Frieden zugeneigt sein und Gewalt und Krieg verabscheuen. Als Mephisto auf die Trommeln verweist, die kriegerisches Geschehen ankündigen, sagt Faust: »Schon wieder Krieg! der Kluge hörts nicht gern.« (10235) Faust, sich selbst sicherlich zu den Klugen rechnend, stellt sich jedoch nicht an die Spitze einer Friedenskampagne, um die Unvereinbarkeit von Krieg und Produktion durch eigenes Handeln zu dokumentieren. Vielmehr tritt jetzt eine für die Faust-Karriere typische Wendung ein; wenn Kaiser und Gegenkaiser in einem offenen Bürgerkrieg gegeneinander antreten und der Kaiser, mit dem schon einige Erfahrungen gemacht wurden, mit Fausts Hilfe den Sieg davontragen würde, dann könnte dessen Wunsch, ein eigenes kaiserliches Lehen überschrieben zu bekommen, in Erfüllung gehen. Erpressung ist der Ursprung der Lehensgewährung. So fordert Mephisto Faust auf:

Krieg oder Frieden. Klug ist das Bemühen
Zu seinem Vorteil etwas auszuziehen.
Man paßt, man merkt auf jedes günstige Nu.
Gelegenheit ist da, nun, Fauste greife zu. (10236–10239)

Und Faust greift zu. Er wird mit dem Strand des Reiches belehnt, alles wird ordnungsgemäß mit Brief und Siegel versehen, allerdings unter den mißtrauischen Blicken der Kirchenmänner, die offenkundig, gleichsam atmosphärisch, das Teufelswerk am Sieg riechen und deshalb dem Kaiser drohen, falls dieser merkwürdige Eigentümer die Kirchenabgaben verweigern werde.

ERZBISCHOF [zum Kaiser] ... *mit tiefster Verbeugung:*
Verzeih o Herr! Es ward dem sehr verrufnen Mann
Des Reiches Strand verliehn; doch diesen trifft der Bann:
Verleihst du reuig nicht der hohen Kirchenstelle,
Auch dort, den Zehnten, Zins und Gaben und Gefälle.
KAISER *verdrießlich:*
Das Land ist noch nicht da, im Meere liegt es breit.
ERZBISCHOF:
Wer's Recht hat und Geduld für den kommt auch die Zeit.
Für uns mög Euer Wort in seinen Kräften bleiben!

KAISER *allein:*
So könnt ich wohl zunächst das ganze Reich verschreiben.

(11035-11042)

Faust hat jetzt erreicht, worum er gerungen hat. Er hat verbrieften Besitz, aus dem zwar erst bebaubares und bewohnbares Land gemacht werden muß, aber Urbarmachen und Trockenlegung sind ja seine Unternehmensziele. Daß er ein Pergament mit »Sieglung« und »heiliger Signatur« (10973 f.) bekommt, verschafft ihm ein ganz neues Selbstwertgefühl, weil ihm dieser Pakt absolut nichts durch Zauberei zuspielt, sondern Boden rechtmäßig zueignet, um als Unternehmer tätig zu werden. Jedoch ist die Übertragung dieses Besitzes auch an Bedingungen geknüpft: Unteilbarkeit und Vererbung an den ältesten Sohn.

KAISER: Und also sei, zum Schluß, was wir bisher betätigt,
Für alle Folgezeit durch Schrift und Zug bestätigt.
Zwar habt ihr den Besitz als Herren völlig frei,
Mit dem Beding jedoch daß er unteilbar sei.
Und wie ihr auch vermehrt was ihr von uns empfangen,
Es soll's der älteste Sohn in gleichem Maß erlangen.

(10965-10970)

Und damit bei diesem merkwürdigen Lehensvertrag, bei dem etwas übereignet wird, was noch nicht richtig existiert, was buchstäblich auf Produktion und Akkumulation angelegt ist, am Ende doch nicht noch etwas schiefgeht, hämmert Mephisto Faust eine klare Haltung ein. Es ist des Kaisers, was hier übereignet wird, nach altem Recht, bereits im Sachsenspiegel und auch im Schwabenspiegel gehören alle Schätze, die tiefer im Boden liegen, als ein Pflug reicht, dem Kaiser. Indem der Kaiser mit mephistophelischer Hilfe den Rebellen in offener Feldschlacht besiegt hat, ist Fausts Leistung abgegolten. Mephisto sagt:

Befestige dich bei großen Sinnen
Indem du deinen Zweck bedenkst.
Erhalten wir dem Kaiser Thron und Lande,
So kniest du nieder und empfängst
Die Lehn von grenzenlosem Strande. (10302–10306)

Von der Gefolgschaft im Krieg, zu der ein Lehensvertrag verpflichtete, ist hier nicht mehr die Rede. Ohne Umschweife kann jetzt die Produktion beginnen.

Fausts »ursprüngliche Akkumulation«

Daß es eine unter dem Namen Faust auftretende Figur gegeben hat, die der 1587 in Frankfurt veröffentlichten *Historia von D. Johann Fausten* Modell stand, scheint durch verschiedene Hinweise und Quellen verbürgt zu sein. Ob es sich bei einer durch die Lande ziehenden Figur, von der man glaubte, daß sie mit dem Teufel im Bunde sei, um ein und denselben Faust handelt, ist jedoch völlig offen. Manchmal taucht Faust an zwei Orten gleichzeitig auf; er hinterläßt Spuren, die aber ins Nichts führen. In einer Nachbetrachtung zum ersten literarischen Dokument über Faust, der erwähnten *Historia*, hält Hans Joachim Kreutzer fest: »1520 läßt Bischof Georg III. von Bamberg Faust eine relativ hohe Summe für ein Horoskop zahlen; 1528 und 1532 weisen die Räte von Ingolstadt und Nürnberg ihn aus der Stadt bzw. lassen ihn nicht herein. Wir sehen Faust gleichsam mit der Polizei im Konflikt. Die drei Angaben würden nicht einmal für einen Steckbrief genügend hergeben, geschweige denn für einen Lebenslauf.«[99]

Wollte man Fausts Biographie genauer fassen, müßte man mit Vermutungen arbeiten. Er könnte ungefähr gleichaltrig mit Luther gewesen sein, Ortsangaben weisen, wie Hans Joachim Kreutzer erwähnt, auf das Stammgebiet der Reformation hin, auf Wittenberg und Thüringen. Es ist ungewiß, ob er überhaupt studiert hat. Es mag jedoch von keiner entscheidenden Bedeutung sein, ob ein Mann namens Faust (mit dem Vornamen Johann, Georg oder Heinrich) je gelebt hat, wenn man in Betracht zieht, daß vielleicht die kollektive Phantasie dieser Zeit eine solche, mit teuflischen Zauberkräften ausgestattete Figur unbedingt ins Dasein setzen wollte. Daß dieser historisch fragmentare Grundbestand einer Figur schließlich in die Weltliteratur eingehen konnte, muß mit Problemen zusammenhängen, die mit der existentiellen Grundsituation des Menschen zu tun haben, und die in zeitversetzten, ja ganz verschiedenen Situationen zur Sprache gebracht werden können.

Daß er, mit Hilfe des Teufels, Berufe und Rollen wechseln kann, scheint zur Urgeschichte des Faust-Mythos zu gehören. Das nimmt Goethe auf, versetzt ihn aber am Ende seines Lebens in ein gesellschaftliches Milieu, in dem die magischen Praktiken und Zauberkünste keine öffentlichen Spielereien mehr sind, sondern Kräfte für die Beherrschung der Natur mobilisieren. Faust bewegt sich in den Steinbrüchen der mittelalterlichen Welt, in einer Situation der Auflösung alter Gefolgschaften, der Zerstörung feudal-christlicher Einheit und dem Entwicklungsmilieu eines neuen Menschentyps. Es ist die Zeit, in der Teufel und Schwarzkünstler, Hexen und Inquisitionsgerichte ihr Unwesen treiben und politisch der religiöse Bürgerkrieg Verwüstungen anrichtet. Es herrscht der Hobbessche Naturzustand, *homo homini lupus,* »Der Mensch ist dem Menschen ein Wolf«, oder das *bellum omnium contra omnes,* »Der Krieg aller gegen alle«. Schon im ersten Akt des zweiten Teils von Goethes *Faust* versucht der Kanzler des Reiches, der einen nüchternen Blick auf die gesellschaftlichen Verhältnisse und die Finanzsituation des Landes wirft, den fatalen Erosionszustand der Zeit, das Auseinanderbrechen verbürgter Lebenszusammenhänge, zu beschreiben:

> Doch ach! Was hilft dem Menschengeist Verstand,
> Dem Herzen Güte, Willigkeit der Hand,
> Wenns fieberhaft durchaus im Staate wütet,
> Und Übel sich in Übeln überbrütet.
> …
> Das Ungesetz gesetzlich überwaltet,
> Und eine Welt des Irrtums sich entfaltet.
> Der raubt sich Herden, der ein Weib,
> Kelch, Kreuz und Leuchter vom Altare,
> Berühmt sich dessen manche Jahre
> Mit heiler Haut, mit unverletztem Leib.
> …
> Der auf Mitschuldigste sich stützt,
> Und: *Schuldig!* Hörst du ausgesprochen,
> Wo Unschuld nur sich selber schützt.
> So will sich alle Welt zerstückeln,
> Vernichtigen was sich gebührt;
> Wie soll sich da der Sinn entwickeln
> Der einzig uns zum Rechten führt.
> Zuletzt ein wohlgesinnter Mann
> Neigt sich dem Schmeichler, dem Bestecher.
> Ein Richter der nicht strafen kann
> Gesellt sich endlich zum Verbrecher. (4778–4806)

Auswege, die dem Innern dieser chaotischen Gesellschaft entstammen, lassen sich nicht finden, es sei denn, der absolutistische Staat übernimmt das uneingeschränkte Regiment; als *deus mortalis*, als sterblicher Gott. Aber die vom Kanzler beschriebene Situation einer sich zersetzenden und in gewalttätige Bestandteile auseinandertreibenden Gesellschaft ist der fruchtbare Boden für magische Praktiken, für Teufelsaustreibungen und allerlei religiösen Wahn. Unter der Decke dieser verwirrenden Strukturlosigkeit gesellschaftlichen Lebens bilden sich jetzt konzentrische Kreise, die auf Produktion und Akkumulation gesellschaftlichen Reichtums setzen.

Ökonomisch gesprochen ist die Situation, von der der Kanzler redet, eine der ursprünglichen Akkumulation; *previous accumulation* nennt Adam Smith das. Sie geht dem eigentlichen kapitalistischen Wirtschaftskreislauf historisch voraus. Damit das zustande kommt, sind neue Mischungen erforderlich, sowohl auf der Subjektebene als auch in der Neukombination der Produktionsmaterialien (Arbeit, Werkzeuge, Boden usw.). Als Wagner erklärt: »Es wird ein Mensch gemacht« (6836), erläutert er, daß dazu vor allem neue Mischungen erforderlich seien:

Daß, wenn wir aus viel hundert Stoffen,
Durch Mischung, denn auf Mischung kommt es an,
Den Menschenstoff gemächlich komponieren,
...
So ist das Werk im Stillen abgetan. (6849–6854)

So ist es. Auf phantasiereiche Mischungen und originelle Kombinationen kommt es an, um diese neuen Produktionsprozesse in Gang zu bringen. Worin besteht das, was in der klassischen Politischen Ökonomie und bei Marx *ursprüngliche Akkumulation* genannt wird? Zunächst ist festzuhalten, daß Akkumulation, im

Wortsinne: Häufeln, nur die eine Seite dieses Wirtschaftsprozesses ist; die wohl wichtigere, jedenfalls schmerzvollere Dimension in diesem Vorgang frühkapitalistischer Reichtumsproduktion ist die Tendenz zur Enteignung. *Ursprüngliche Akkumulation* und *ursprüngliche Enteignung* sind zwei Seiten desselben Vorgangs.

Goethe macht Faust zu einem frühkapitalistischen Unternehmer, der noch nicht *innerhalb* der Regeln entfalteter Warenproduktion agiert, mit Arbeitern, die ihre Arbeitskraft dem Markt noch nicht aus »freien« Stücken anbieten, wie jeder normale Warenproduzent, die vielmehr noch herbeigepreßt werden müssen. Marx spricht von ursprünglicher Akkumulation, weil in dieser Phase das *Gewaltmoment* für die neue Produktionsweise noch entscheidende Bedeutung hat. Es ist eine Zeit der totalen Umbrüche; freie Bauern verlieren ihr Land, weil ihr Acker in Schafweiden für die Wollproduktion verwandelt wird. Die sogenannten *enclosures*, die Einhegungen, nehmen den Bauern ihre Existenzgrundlage, und aus Not gehen sie in die Städte, wo sie aber keine Arbeit finden. Elisabeth I. erläßt 1572 eine Verordnung, der gemäß Bettler ohne Lizenz, die über 14 Jahre alt sind, hart gepeitscht und am linken Ohrläppchen mit dem Buchstaben S (slave) gebrandmarkt werden, falls sie keiner für zwei Jahre in Dienst nehmen will; im Wiederholungsfall, wenn sie über 18 Jahre alt sind, sollen sie hingerichtet werden. 72000 große und kleine Diebe, das geht aus Chroniken hervor, sind unter der Regierung Heinrichs VIII. hingerichtet worden, Elisabeth I., seine hochgebildete Tochter, war in diesem Punkt keineswegs milder gestimmt.

Zu den großen und eindrucksvollen zeitkritischen Berichten über diese Periode der Vertreibungen und des Elends von Menschen, die, weil sie in der Stadt keine Arbeit finden, mit Sklaverei oder dem Tod bestraft werden, zählt der des ehemaligen Lordkanzlers Thomas Morus, *Utopia* (1516). Seine Utopie eines Glück versprechenden und gerechten Gemeinwesens steht auf dem Boden dieser Gewaltverhältnisse, unter denen Hütten, Kirchen und Menschen verbrannt werden, mit der Zielvorstellung, daß dies unvermeidliche Kosten des Fortschritts seien. Vertreibung und Enteignung sind die kennzeichnenden Merkmale dieser Entwicklungsphase des Frühkapitalismus.

Im Dialog des zeitgenössischen Berichterstatters mit dem Kardinal zeichnet Thomas Morus ein eindrucksvolles – durchaus aktualisierbares – Bild vom Spannungszustand seiner Zeit.»So setzt man fürchterlich harte Strafen für Diebe fest, während man viel lieber dafür sorgen sollte, daß sie ihr Auskommen haben, damit nicht einer in den harten Zwang gerät, erst stehlen und danach sterben zu müssen. ›Dafür‹ erwiderte der Kardinal, ›ist ja genügend gesorgt. Haben wir nicht Handwerk und Ackerbau? Darin könnten sie ihr Auskommen finden; aber sie *wollen* lieber Gauner sein!‹ ›Oh nein, so entschlüpfst du mir nicht!‹ gab ich zur Antwort. ›Sehen wir zunächst von denen ab, die – ein häufiger Fall – von auswärtigen oder inneren Kriegen verstümmelt heimkehren … Und doch liegt in diesen Verhältnissen nicht die einzige Ursache der Diebereien; es gibt noch eine andere, die euch nach meiner Ansicht in höherem Maße eigentümlich ist.‹ – ›Und das wäre?‹ fragte der Kardinal. ›Eure Schafe!‹ sagte ich. ›Eigentlich gelten sie als recht zahm und genügsam; jetzt aber haben sie, wie man hört, auf einmal angefangen, so gefräßig und wild zu werden, daß sie sogar Menschen fressen, Länder, Häuser und Städte verwüsten und entvölkern. Überall da nämlich, wo in eurem Reiche die besonders feine und darum teure Wolle gezüchtet wird, da lassen sich die Edelleute und Standespersonen und manchmal sogar Äbte, heilige Männer, nicht mehr genügen an den Erträgnissen und Renten, die ihren Vorgängern herkömmlich aus ihren Besitzungen zuwuchsen; nicht genug damit, daß sie faul und üppig dahinleben, der Allgemeinheit nichts nützen, eher schaden, so nehmen sie auch noch das schöne Ackerland weg, zäunen alles als Weiden ein, reißen die Häuser nieder, zerstören die Dörfer, lassen nur die Kirche als Schafstall stehen und ... verwandeln diese trefflichen Leute [ironische Anspielung auf Nobility und Gentry, O. N.] alle Siedlungen und alles angebaute Land in Einöden. ... So oder so müssen die Unglücklichen auswandern, Männer, Weiber, Ehemänner mit ihren Frauen, Witwen, Waisen ... sie müssen auswandern, sage ich, aus der vertrauten und gewohnten Heimstätte und finden nichts, da sie ihr Haupt hinlegen könnten.«[100]

Bevor also die kapitalistische Produktion auf eigenen Beinen stehen kann, ist die Vorgeschichte einer Scheidung zwischen den Arbeitern und ihrem Eigentum an den Verwirklichungsbedingungen der Arbeit erforderlich. In diesem Prozeß verwandeln sich die gesellschaftlichen Lebens- und Produktionsmittel in Kapital und die unmittelbaren Produzenten in Lohnarbeiter. Es sind das 15. und das 16. Jahrhundert, in denen diese häufig gewalttätigen Vertreibungen und Enteignungen stattfinden, die Ergebnis einer Auflösung feudaler Gefolgschaften und der Vernichtung der freien Bauernwirtschaften sind. »...die Geschichte dieser Expropriation ist«, wie Marx im 24. Kapitel des 1. Bandes seines *Kapital* schreibt, »in die Annalen der Menschheit eingeschrieben mit Zügen von Blut und Feuer.«[101]

Wenn Goethe Faust, wie er in teuflischer Begleitung als individueller Magier und Zauberer herumschwirrt, in das Produktionsmilieu der frühindustriellen Aufbruchsprojekte dieser Epoche versetzt, dann wohl auch mit dem Gedanken, daß mit der Steigerung der industriellen Produktivkräfte der menschlichen Entwicklung ein ganz anderer, dem »Prothesengott« in seinen Zauberphantasien durchaus entsprechender Energiefluß zuströmt.

»Herrschaft gewinn ich, Eigentum!« (10187) – das erklärt Faust, als er sich für die Daseinsweise des Unternehmers entschieden hat. Über beides verfügt er jetzt – wenn auch mit kaiserlichen und kirchlichen Rechtsvorbehalten. Aber dieses Eigentum soll nicht als Feudalbesitz genutzt und genossen oder als fertiger Wirtschaftsstandort behandelt werden, der durch normale Warenproduktion (wie in der Wollmanufaktur) gesichert und erweitert wird. Goethes ursprüngliche Akkumulation setzt tiefer und früher an; es sieht so aus, als müßte die Natur selbst in ihren verschiedenen Elementen durch Arbeit, durch menschliche Produktion allererst in den Zustand versetzt werden, in dem Tausch und Warenproduktion den gesellschaftlichen Verkehr bestimmen. Arbeit wird, wie in der Naturrechtslehre von John Locke, zu einem wesentlichen Legitimationsgrund von Eigentum. Hauptgegenstand des Eigentums seien, Locke zufolge, nicht die Früchte der Erde und die Tiere, die auf ihr leben, »sondern die Erde selbst als das, was alles übrige hält und trägt... So viel Land ein Mensch bepflügt, bepflanzt, bebaut, kultiviert, und so viel er verwerten kann durch die Nutzung seines Ertrages, so viel ist sein eigen. Durch seine Arbeit grenzt er es gleichsam gegen das Gemeingut ab. ... Als Gott die Welt der ganzen Menschheit zum gemeinsamen Besitz gab, gebot er dem Menschen auch, zu arbeiten – der überdies durch seinen armseligen Zustand dazu gezwungen wurde.«[102] Der Kaiser hat Faust einen Wasserboden übereignet, den man allenfalls für Fischfang hätte nutzen können; für den Gestaltungswillen des Unternehmers Faust wäre das jedoch kaum eine befriedigende Aufgabe gewesen. Als er im vierten Akt erklärt: »Die Tat ist alles, nichts der Ruhm« (10188), zeigt er sich entschlossen, ein Unternehmen aufzubauen, in dem nicht einfach Güter produziert werden, die den Menschen dienlich sein können, sondern in dem autoritäre Befehlsgewalt die kooperativen Kräfte der menschlichen Arbeit auf Ziele konzentriert, die dem sinnlosen Treiben und Wiederholungszwang der Elemente ein Ende bereiten. So ist seine Produktionsvision zu verstehen, seine Daseinsbestimmung als Unternehmer. Die Produktionszwecke liegen weniger im Resultat als im Prozeß der Machtmessung und der Befriedigung, die im Vorgang der Überwältigung liegt. Im Krieg sieht Faust, was die Massierung von menschlicher Arbeitskraft bewirken kann. Aber es ist ein sinnloses Abschlachten von Menschen, das nichts Dauerhaftes hinterläßt. So kann er, obwohl er selbst Kriegsgewinnler ist, feststellen: »Schon wieder Krieg! der Kluge hörts nicht gern.« (10235) Krieg ist nicht seine Sache, und der Oberbefehl über eine Armee eigentlich auch nicht. Als ihn Mephisto dazu drängt, selbst den Heerführer zu spielen und sich nicht vertreten zu lassen, erklärt Faust (eine der wenigen selbstironischen Stellen in der Tragödie): »Das wäre mir die rechte Höhe / Da zu befehlen wo ich nichts verstehe.« (10311 f.)

Kaum zufällig scheint es mir zu sein, daß Faust *sein* Verständnis von einer erfolgreichen Kräftebündelung und Führerautorität im Zusammenhang des Kriegsgeschehens erörtert; im Schlachtgeschehen wird ihm deutlich, wie die in Arbeitsteilung und Kooperation zusammengefügten Kräfte etwas bewirken können, das selbst den Elementen gewachsen ist, wenn nur »die Kriegsziele« geändert werden. Dafür benötigt er unbedingte Gefolgschaft. »Wer befehlen soll, / Muß im Befehlen Seligkeit empfinden. / … / … was er will, es darfs kein Mensch ergründen. / Was er den

Treusten in das Ohr geraunt, / Es ist getan und alle Welt erstaunt.« (10252-10257) Diesen Führungsstil trägt er in den fünften Akt, wo es um die Realisierung jener Ziele geht, die er sich im hohen Alter, in der jetzt absehbaren Zeit vor dem Tod, gesetzt hat. Mephisto bittet ihn, ihm seine Zukunftsgrillen zu erläutern. Faust tut das:

> Mein Auge war aufs hohe Meer gezogen,
> Es schwoll empor, sich in sich selbst zu türmen.
> Dann ließ es nach und schüttete die Wogen,
> Des flachen Ufers Breite zu bestürmen.
> Und das verdroß mich. Wie der Übermut
> Den freien Geist, der alle Rechte schätzt,
> Durch leidenschaftlich aufgeregtes Blut
> Ins Mißbehagen des Gefühls versetzt. (10198-10205)

Man merkt in dieser Passage, wie Faust sich erregt über diese Anmaßung des Meeres, über die gewaltige Kraftvergeudung, bei der sich alles nur unfruchtbar wiederholt und überhaupt nichts zustandekommt.

> Was zur Verzweiflung mich beängstigen könnte,
> Zwecklose Kraft, unbändiger Elemente!
> Da wagt mein Geist sich selbst zu überfliegen,
> Hier möcht' ich kämpfen, dies möcht ich besiegen.
> …
> Da faßt ich schnell im Geiste Plan auf Plan:
> Erlange dir das köstliche Genießen
> Das herrische Meer vom Ufer auszuschließen,
> Der feuchten Breite Grenzen zu verengen
> Und, weit hinein, sie in sich selbst zu drängen.
> Schon Schritt für Schritt wußt ich mirs zu erörtern;
> Das ist mein Wunsch, den wage zu befördern.
>   (10218-10233)

Das Projekt ist also klar; und sichtbar wird auch, daß die Kontroverse zwischen Thales und Anaxagoras dem zugrunde liegt: Der eine leitet das Leben und die Welt aus dem Wasser ab, der andere aus dem Feuer, der Hitze, der Fiebrigkeit des Kampfes und des Krieges. Wasser ist das Leben begründende Element, wenn die Menschen es zu zähmen verstehen. Leben und lebenswerte Umwelt aus dieser Zähmung des Elements zu gewinnen, ist für Faust um so erstrebenswerter, als sich dieses Element anmaßt, dem menschlichen Geist zu widersprechen. Das trifft zwar auch auf die Feuersbrunst der Vulkane zu; aber sie brechen nur von Zeit zu Zeit aus, und ihr Feuer ist dann wieder verschwunden. Das Wasser umgibt die Lebenswelt der Menschen beständig; deshalb ist es notwendig, mit ihm in einem dauerhaften Friedenszustand zu leben.

Und das bekommt jetzt für Faust den Rang eines visionären Lebensziels. Beackerbaren Boden zu gewinnen, der billig zu erwerben gewesen wäre, kann nicht das Produktionsziel von Faust sein. Da er und Mephisto den Kaiser in der Hand hatten, hätte Faust sich auch einen anderen Landstrich oder Wirtschaftsstandort für ein Lehen erwerben können. Es mußte das Wasser sein, die Trockenlegung des Bodens, also Landnahme, Landgewinnung. Es ist der Existenzkampf an der Wegscheide zwischen Land und Wasser, der für Faust die entscheidende neue Frontlinie bestimmt. Diese Frontlinie hat etwas zu tun mit der gewaltigen Steigerung der Produktivkräfte, die der alternde Goethe wahrnimmt. Und hätte Faust eine dritte Verjüngung erfahren, dann wäre ihm zweifellos Marx entgegengetreten, in dessen *Kapital* die Zwiespältigkeit einer Lebenshaltung sichtbar wird: auf der einen Seite eine geradezu enthusiastische Feier der Produktivkraftentwicklung und auf der anderen Seite, gleichzeitig, Befürchtungen, was diese Technisierung der Welt bewirkt. Maschinerie und große Industrie, die der sensible Goethe auf die Menschheit zukommen sieht, schaffen ganz neue Perspektiven der menschlichen Entwicklung. Was Marx über die Landgewinnung und die agrarische Produktion erörtert, gilt in gleichem Maße für die dem Wasser abgerungene Sicherung des festen Bebauungsbodens, auf dem sich Menschen niederlassen können. »...jeder Fortschritt der kapitalistischen Agrikultur ist nicht nur ein Fortschritt in der Kunst, den *Arbeiter,* sondern zugleich in der Kunst, *den Boden zu berauben,* jeder Fortschritt in Steigerung seiner Fruchtbarkeit für eine gegebene Zeitfrist zugleich ein Fortschritt im Ruin der dauernden Quellen dieser Fruchtbarkeit. Je mehr ein Land, wie die Vereinigten Staaten von Nordamerika z. B., von der großen Industrie als dem Hintergrund seiner Entwicklung ausgeht, desto rascher dieser Zerstörungsprozeß. Die kapitalistische Produktion entwickelt daher nur die Technik und Kombination des gesellschaftlichen Produktionsprozesses, indem sie zugleich die Springquellen alles Reichtums untergräbt: *die Erde und den Arbeiter.*«[103]

Marx steht hier Goethe sehr nahe; anders kann man die große Bewunderung für die Kanalbauten, über die in der Goethe-Zeit viel geredet wurde, nicht verstehen. Nach den Bauwundern der Pyramiden, der griechischen Tempelkonstruktionen, der Thermen des Caracalla und den gotischen Domen waren jetzt ganz andere Projekte in Arbeit, die effektive Naturbeherrschung auf den Plan riefen und sich nicht mehr damit abfinden wollten, daß die Naturgrundlage eine unveränderliche Größe sei. Diese Infragestellung geht auf den Begriff des Menschen über, wie im Falle der Produktion des Homunkulus, aber auch auf die äußere Beziehung zur Natur, auf die Beherrschung der wilden Naturkräfte, des Vulkanismus ebenso wie des Neptunismus. Das geht allerdings nicht, wie Hegel sagt, mit der Breitseite der Gewalt, sondern nur indirekt, durch Kanäle und Röhrensysteme. Um die außermenschlichen Naturkräfte besiegen zu können, müssen die menschlichen Naturkräfte selbst mobilisiert werden. Es ist also die List der Vernunft erforderlich, um die Natur porös zu machen, um menschliche Zwecke zu realisieren. Goethe hätte es sehr gefallen, was im *Kapital* steht. »Nicht *was* gemacht wird, sondern *wie*, mit welchen Arbeitsmitteln gemacht wird, unterscheidet die ökonomischen Epochen. Die Arbeitsmittel sind nicht nur Gradmesser der Entwicklung der menschlichen Arbeitskraft, sondern auch Anzeiger der gesellschaftlichen Verhältnisse, worin gearbeitet wird.«[104] Und das Entscheidende ist jetzt, daß die Struktur dieser Arbeitsprozesse in einem entfalteten Bindegewebe besteht. »Unter den Arbeitsmitteln selbst bieten die mechanischen Arbeitsmittel, deren Gesamtheit man das Knochen- und Muskelsystem der Produktion nennen kann, viel entscheidendere Charaktermerkmale einer gesellschaftlichen Produktionsepoche, als solche Arbeitsmittel, die nur zu Behältern des Arbeitsgegenstandes dienen, und deren Gesamtheit ganz allgemein als das Gefäßsystem der Produktion bezeichnet werden kann, wie z. B. Röhren, Fässer, Körbe, Krüge usw. ... Das allgemeine Arbeitsmittel dieser Art ist wieder die Erde selbst, denn sie gibt dem Arbeiter den locus standi (den Platz, wo er steht) und seinem Prozeß den *Wirkungsraum* (field of employment). Durch die Arbeit schon vermittelter Arbeitsmittel dieser Art sind z. B. Arbeitsgebäude, Kanäle, Straßen usw.«[105]

Ein wesentlicher Teil des Produktionsprozesses, den Faust bei seiner letzten Unternehmung im Auge hat, besteht in der Herstellung dieses *field of employment*, das dem Arbeiter einen festen

Erdenplatz verschafft und das er in einer fortwährenden Verteidigungsarbeit gegenüber dem andrängenden Meer sichert. Viel wissen wir über die konkreten Arbeitsabläufe nicht; die einzelnen Produktionsfaktoren Kapital, Arbeit und Maschinerie müssen aber in einer Weise kombiniert gewesen sein, daß ein sehr schneller Fortschritt im Hafenausbau, in der Eindeichung und im Kanalbau zu erzielen war. Warum Goethe dem doch bereits im greisen Alter stehenden Faust gerade ein solches Unternehmensprojekt aufbürdet, läßt sicherlich sehr verschiedene Vermutungen zu. Faust sucht ja nach Halt und Sicherheit in dieser Welt; beides hat er weder als Gelehrter noch als Liebhaber gefunden. Als »Antäus an Gemüte« (7077) verstand er sich, als er den Phantasieboden der antiken Welt berührte; das Abenteuer mit Helena und der Abstieg zu den Müttern vermochten ihm jene Ruhe nicht zu verschaffen, die im Unterton seiner Klagen und seiner Jammerpredigten als Bedürfnis immer wieder angeklungen ist. Es ist deshalb konsequent, wenn er auf der gewiß von ihm selbst auch verspürten letzten Stufe seiner Karriere den schöpferisch-gestaltenden Baumeister, den kühnen und phantasiereichen Architekten spielen möchte.

Der Welt irgend etwas hinterlassen zu wollen, was bisher noch keiner gesehen hat, ist der geheime Wunschtraum aller totalitären Machtfiguren, der um so gigantischer gerät, je deutlicher das Ende ihrer Herrschaft – und ihres Lebens – naht. Die größenwahnsinnige Herrschaftsarchitektur, die von Jahrhundert auf Jahrhundert wiederkehrte, ist gewiß in ihren Stilelementen und im Geschmack unterschiedlich zu bewerten; aber die in Marmor, Stein und Beton gehauene oder gegossene Brutalität ist allen diesen Projekten gemeinsam. Es ist die Maßlosigkeit, die sie kennzeichnet. Das Theater des Pompeius war in der Anlage 340

Meter lang, bis zu 170 Meter breit, der Innenhof maß mehr als 17000 Quadratmeter. Mehr als tausend Menschen konnten darin Platz finden. Zur Einweihung dieses Hauses traten 600 Maultiere auf, fünf Tage lang wurden im Circus Tierhatzen veranstaltet; 500 Löwen wurden getötet und über 400 Panther. Die besondere Attraktion folgte am letzten Tag: 18 Elefanten kämpften gegen Schwerbewaffnete. Das war, wie Christian Meier in seiner Caesar-Biographie beschreibt, ein überdrehtes Spektakel, das auf Pompeius zurückschlug. »Die Masse staunte, aber in diesem einen Fall ergötzte sie sich nicht: die großen Tiere erregten vielmehr Mitleid. Einige, die verwundet waren, trompeteten so herzzerreißend, daß die zutiefst erschrockenen Zuschauer sie vom Tode freibaten – nicht zur Freude des Pompeius, wie es heißt. Cicero kommentiert, die Elefanten hätten etwas Menschenähnliches.«[106] Diese Architektur soll Zeugnis ablegen von Größe und Ewigkeit der jeweiligen Herrschaft; wie auch jener 1936 von Hitler an Speer übermittelte Großauftrag, Berlin zur Welthauptstadt Germania umzubauen. Schon in den zwanziger Jahren hatte Hitler Skizzen angefertigt; einen Triumphbogen für die Toten des Ersten Weltkriegs sollte es geben, doppelt so hoch wie der Arc de Triomphe, eine »Große Halle« für 180 000 Volksgenossen, siebzehn Mal größer als der Petersdom in Rom, dazwischen eine Prachtstraße, deutlich breiter als die Champs-Élysées. Hitler spricht von »gebautem Nationalsozialismus«.[107] Nicht viel mehr als Skizzen sind von diesen für die »Ewigkeit« geplanten Großbauten geblieben.

Das Produktionsgelände, das Goethe dem Unternehmer und Betriebsleiter Faust übergibt, soll zwar Grenzen setzen, ist aber der ganzen Anlage nach auf Entgrenzung und offene Kampffronten angelegt; es ist eben nicht ein Betrieb mit festem Wirtschaftsstandort, wie die Wollmanufakturen, die überall entstanden, oder Bergwerksbetriebe, mit denen Goethe konkrete Erfahrungen hatte. Es ist vielmehr ein Unternehmensgelände, auf dem zwar, durch Hafenausbau, Röhren- und Kanalsysteme, Trennlinien zwischen Land und Meer gezogen werden, die aber keinerlei Sicherheitsgarantie für Seßhaftigkeit und menschliches Wohnen bieten. Goethe selbst muß, wie aus verschiedenen Berichten hervorgeht, von den Landgewinnungsprojekten zu seiner Zeit fasziniert gewesen sein; Albrecht Schöne fügt die einzelnen Erfahrungselemente zusammen: Da sind die großen Polder oder Seemarschen an der niederländischen und norddeutschen Küste, der Bremer Hafenbau, die Trockenlegung venezianischer Sümpfe und weiter westpreußischer Bruchgebiete an Warthe und Netze. In Fausts Landgewinnungswerk bilde sich die »gewaltige neuzeitliche Mobilisierung menschlicher Fähigkeiten und Kräfte ab«: »Schließlich spielen in den letzten *Faust*-Akt die gigantischen Kanalbaupläne hinein, die man in Goethes letzten Lebensjahren diskutierte. Den kühnen Unternehmungsgeist dieser Projekte bewundernd und ihre weltwirtschaftlichen Folgen bedenkend, hat der greise Autor über den Suez-, Panama- und Rhein-Donau-Kanal gesagt: ›Diese drei großen Dinge möchte ich erleben, und es wäre wohl der Mühe wert, ihnen zu Liebe es noch einmal funfzig Jahre auszuhalten.‹«[108] Goethe hat Erwägungen angestellt, die erstaunlichen Weitblick zeigen; er sagt nach Eckermanns Bericht: »Ich wiederhole also: es ist für die Vereinigten Staaten durchaus unerläßlich, daß sie sich eine Durchfahrt aus dem Mexikanischen Meerbusen in den Stillen Ozean bewerkstelligen, und ich bin gewiß, daß sie es erreichen. Dieses möchte ich erleben, eine Verbindung der Donau mit dem Rhein hergestellt zu sehn. Aber dieses Unternehmen ist gleichfalls so riesenhaft, daß ich an der

Ausführung zweifle, zumal in Erwägung unserer deutschen Mittel. Und endlich drittens möchte ich die Engländer im Besitz eines Kanals vom Suez sehen.«[109] Selbst wenn damals bereits Überlegungen im Umlauf gewesen sein sollten, die drei gewagten Schiffahrtswege zu realisieren, so ist doch der scharfe Blick Goethes für sinnvolle Vernetzungen und Verbindungen höchst bemerkenswert. Der Suez-Kanal wurde zwischen 1859 und 1869 gebaut; der Panama-Kanal 1914, nach vielen Umwegproduktionen, eröffnet. Die Donau, über 2 500 Kilometer schiffbar, gilt seit der Antike als wichtige Wasserstraße; die Verbindung zur Nordsee geht über den Rhein-Main-Donau-Großschiffahrtsweg.

So könnte man doch sagen, daß in diesem gewaltigen Produktivkraftausbau ein menschlicher Fortschritt zum Tragen käme, der gerade in *diesen* Arbeitszusammenhängen ohne alle Einschränkungen begrüßt werden kann. Warum läßt Goethe Faust gerade in der Tätigkeitsform scheitern, die der des Unternehmers am nächsten kommt und auf die bereits im vierten Akt doch alles hinzielt? Es ist reine Spekulation, die Motive Goethes ausmachen zu wollen; wenn aber diese dramatische Erzählung als philosophische Tragödie verstanden werden kann, dann spielen das Unternehmen und Fausts Gemütszustand am Ende seines Lebens dabei eine entscheidende Rolle.

Jedermanns Rechenbuch – das fehlende Gericht

Als ich für diese Schrift die im Laufe der Jahre angesammelte Goethe-Literatur noch einmal durchblätterte, stieß ich auf ein arg zerzaustes, mit Klebestift und Tesafilm leidlich zusammengefügtes Exemplar von *Faust II* – ein gut handhabbares Taschenbuch aus »Hirt's Deutscher Sammlung«, auf dem Umschlag eine Sonnenblume. In Erinnerung geblieben ist mir eine Begebenheit, die über fünfzig Jahre zurückliegt. Als Fahrschüler, der oft stundenlang auf einen Zug warten mußte oder zu früh in die Schule kam, war ich (durch verständnisvolle Fürsprache meines Deutschlehrers) im Besitz des Schlüssels zur Schülerbücherei. Hier war ich auf »Hirt's Deutsche Sammlung« gestoßen, und das lachsrosafarbene, vielleicht auch nur ein bißchen vergilbte Papier der *Faust II*-Ausgabe reizte mich, mit spitzem Bleistift Kommentare an den Rand zu schreiben, Passagen zu streichen, weil sie mir überflüssig erschienen, andere mit Ausrufezeichen oder mit Fragezeichen zu versehen. Eines Tages, es mag im Winter 1949 gewesen sein, hatte mich mein Deutschlehrer, Dr. Christian Friese, später Geschichtsprofessor an der Pädagogischen Hochschule Berlin, dabei beobachtet und verblüfft die Frage gestellt: *Was machst du da eigentlich?* Die Wortwahl meiner Antwort war wohl mißverständlich; ich sagte: *Ich bearbeite Goethes Faust.* Er nahm das Exemplar der Schülerbücherei an sich, einige Tage später sprachen wir über einzelne dieser Anmerkungen. Schließlich drückte er mir dieses *Faust*-Büchlein in die Hand und sagte: Es ist jetzt für die Schülerbücherei ohnehin nicht mehr brauchbar, ich schenke es dir zu weiteren Bearbeitungen. Ich war, wie man sich vorstellen kann, hocherfreut.

Ich erzähle diese Begebenheit, weil ich mit einer Fragenotiz in diesem *Faust*-Exemplar, in dicken Strichen gezogen und mit mehrfachen Ausrufe- und Fragezeichen versehen, nach wie vor nicht zurechtkomme: »Wie ist es möglich, daß Goethe einem Menschen wie Faust, mit diesen miserablen Charaktereigenschaften und dem elenden Lebenslauf, die Himmelstore öffnen kann?« Ich war darüber verwundert, daß Gott, der Herr, der im »Prolog im Himmel« Faust ja eine Art Sicherheitsgarantie für seinen *menschlichen Persönlichkeitskern* gegeben hat, indem er erklärte, es werde dem Teufel nicht gelingen, diesen Geist von seinem Urquell abzuziehen – daß dieser Herr nirgendwo wieder in Erscheinung tritt. Es wäre doch so etwas wie ein Rechenschaftsbericht nötig gewesen, um Fausts Seele oder das, was davon im Verlauf seiner Karriere übriggeblieben war, wenigstens richtungweisend oder im Widerstreit auf den Kampfplatz zwischen Engeln und Teufeln zu bringen.

Als ich sehr viel später Hugo von Hofmannsthals *Jedermann* las, »Das Spiel vom Sterben des reichen Mannes«, wie es im Untertitel dieses Dramas heißt, verschärfte sich die ursprüngliche naive Schülerfrage noch einmal. Denn Hofmannsthal greift auf alte, weit ins Mittelalter reichende Erzählungen zurück, in denen es immer um eine Art Ur-Topos geht: *um die Offenlegung der Lebensbilanz des reichen Mannes*. Schon 1490 wurde in London eine Schrift mit dem Titel *Everyman, a morality play* gedruckt; Hans Sachs schrieb ein Stück *Comedi vom sterbend reichen Menschen*. Hofmannsthal sieht sich in der Tradition der Brüder Grimm, die das, was durch Erzählen überliefert wird, schriftlich festhalten und so auf haltbarere Weise überlieferungsfähig machen. Auch *Jedermann* ist ein Mysterienspiel, ein mit handelnden Personen in Szene gesetztes Geschehen zwischen Himmel und Erde – in dieser Hinsicht der *Faust*-Tragödie ganz ähnlich. Was das *Jedermann*-Spiel von ihr unterscheidet, ist weniger das gesellschaftliche und kulturelle Milieu, in dem sich das Ganze abspielt, wenn der reiche Mann vor den Richterstuhl Gottes gezerrt wird; der Unterschied zwischen *Faust* und Hofmannsthals *Jedermann* besteht vielmehr in der Szenerie des Todes. Hier, wo die Auswege versperrt sind, geht es überwiegend um das Vergangene, selbst dann, wenn es mit aller Kraft als unerheblich für die Gegenwart verdrängt worden ist. Gott, der Herr, bei Hofmannsthal in der Gestalt von Christus, der am Marterholz hing und der den Menschen »die Dörn aus dem Fuß getan / Und auf (s)einem Haupt sie getragen als Kron«[110], dieser Herr will jetzt wissen, was die Menschen aus der von Christus unternommenen Entlastung ihrer Sünden und Schmerzen gemacht haben. Sehr prosaisch, überhaupt nicht theologisch ausgedrückt, heißt das: Ich habe sehr viel für euch getan, ich habe die Schmerzen der Welt auf mich genommen, daß ich am Holz mein Blut hingab, was habt ihr getan?

So viel ich vermocht, hab ich vollbracht
Und nun wird meiner schlecht geachtet.
Darum will ich in rechter Eil
Gerichtstag halten über sie
Und jedermann richten nach seinem Teil.
Wo bist du, Tod, mein starker Bot? Tritt vor mich hin.
TOD: Allmächtiger Gott, hier sieh mich stehn.
Nach deinem Befehl werd ich botengehn.
GOTT: Geh du zu Jedermann
Und zeig in meinem Namen ihm an,
Er muß eine Pilgerschaft antreten
Mit dieser Stund und heutigem Tag.
Der er sich nicht entziehen mag.

>Und heiß ihn mitbringen sein Rechenbuch
Und daß er nicht Aufschub, noch Zögerung such.¹¹¹

Dieses »Rechenbuch« ist es eben, um das es auch bei Faust geht. Er legt es nicht vor, weil niemand das von ihm verlangt und von ganz oben auch niemand beauftragt ist, ihm die Folgen einer fehlenden Rechenschaftslegung zu verdeutlichen. Goethe mag an eine abschließende Gerichtsszene gedacht haben; die Bibel-Tradition, an die nicht zufällig hier und da mit Verweisen erinnert wird, legt eine solche Gerichtsszene auch nahe. In jenem Teil des »Predigers Salomon« (Kohelet), in dem über die Vergänglichkeit des Menschen gehandelt wird und in dem die Zeitmaße entzerrt werden (alles hat seine Zeit: Geborenwerden und Sterben, Pflanzen und Zerstören usw.), ist der Mensch gemeinsam mit anderen Lebewesen in einen Gerichtshof versetzt, in dem darüber entschieden wird, »ob der Odem des Menschen aufwärts fahre oder der Odem des Viehes hinab unter die Erde«. Hier heißt es: »Da sprach ich in meinem Herzen: Gott wird richten den Gerechten und den Gottlosen; denn alles Vorhaben und alles Tun hat seine Zeit. Ich sprach in meinem Herzen: Es geschieht wegen der Menschenkinder, damit Gott sie prüfe und sie sehen, daß sie selber sind wie das Vieh. Denn es geht dem Menschen wie dem Vieh: wie dies stirbt, so stirbt auch er, und sie haben alle *einen* Odem, und der Mensch hat nichts voraus vor dem Vieh; denn es ist alles eitel. Es fährt alles an *einen* Ort. Es ist alles aus Staub geworden und wird wieder zu Staub. Wer weiß, ob der Odem der Menschen aufwärts fahre und der Odem des Viehes hinab unter die Erde fahre? So sah ich denn, daß nichts Besseres ist, als daß ein Mensch fröhlich sei in seiner Arbeit; denn das ist sein Teil. Denn wer will ihn dahin bringen, daß er sehe, was nach ihm geschehen wird?« (Prediger Salomo 3,17–22)

Das sind die wichtigen Fragen, die sich stellen. Ist Faust fröhlich gewesen in seiner Arbeit? »Verweile doch, du bist so schön!« hätte er, würde man die Kriterien der Erlebnisgesellschaft ansetzen, häufig sagen können. Dieses »Verweile...« aber auf die gesamte Lebensbilanz zu beziehen, wäre nichts weiter als eine literarische Fiktion. Faust stirbt den Tod eines Reichen, nicht, wie es im *Jedermann* anklingt, eines normalen Sterblichen, dem der Tod ein keineswegs weniger wichtiges Rechenbuch abfordert. Der Reiche hat das zusätzliche Problem, daß er die Gier und die Ansammlungslust von Gütern, die dann doch dem seelischen Heil nicht zugute kommen, rechtfertigen muß. Faust ist ein Reicher, wie die grauen Weiber feststellen, nicht ein normaler Mensch. Drei der grauen Weiber können Faust nicht nahekommen, weil sie mit dessen Problemen absolut nichts zu tun haben; es sind dies der Mangel, die Not und die Schuld (im Sinne von Schulden). Auch die Not gehört dazu. Er ist eben ein reicher Mann, dem diese Existentialien nichts anhaben können. Diese grauen Geschwister erklären: »Die Tür ist verschlossen wir können nicht ein, / Drin wohnet ein Reicher wir mögen nicht 'nein«. (11386f.) Die Sorge, die einzige Kraft, die auf Schleichwegen durchs Schlüsselloch zu dem Reichen dringen kann, ist die einzige Macht, welche die Identität von Faust berührt.

Goethe hatte ursprünglich wohl daran gedacht, seinen *Faust* mit einer Gerichtsszene abzuschließen; das wäre eine Art himmlisches Appellationsgericht gewesen, einberufen aufgrund der Klage von Mephisto, der sich bereits als Gewinner von Wette und Vertrag sah und jetzt feststellen muß, daß ihm die Engel Fausts Seele rauben.[112] Mephisto kann mit guten Gründen annehmen, daß eine mit Argumenten und Beweisen ausgetragene Gerichtsverhandlung über Fausts Lebenslauf und Karriere nichts anderes zutage fördern kann als Fausts Verurteilung, denn wie wollte man aus dieser Entwicklungsgeschichte ein Gott wohlgefälliges Leben rekonstruieren? Der rastlose Erwerbsgeist und der tätige Wille, unter allen Umständen das »Faulbett« zu meiden, können unmöglich als Zwecke in sich betrachtet werden; vielleicht hat Goethe, im Rückblick auf die einzelnen Erfahrungszusammenhänge der Faust-Karriere, mit der in ihr als bestimmende Kraft wirksamen kriminellen Energie, unter keinen Umständen einen öffentlichen Gerichtstag einberufen können, um diesen *Abguß einer Seele* (kaum zufällig wird am Ende dafür auch der griechische Begriff der Entelechie nicht mehr verwendet) in den Himmel zu befördern. Die Seelenqualität Fausts bleibt im Dunkeln, genauso wie die Aufrechnung von Verdienst und Schuld. Erich Trunz begründet Goethes Abrücken vom Epilog als Gerichtsszene mit poetischen Erwägungen. »…in seiner Schöpferphantasie stiegen andere Visionen auf, und so schrieb er statt dessen die Szene *Bergschluchten*. Ihre Bilder der Steigerung brachten seine religiösen Ahnungen besser zum Ausdruck als ein Gespräch, das wie ein Prozeß mit einem Urteil über das Geschehene geendet hätte.«[113] Was hätte Faust dann noch alles anstellen müssen, und welcher weiteren Beschädigungen seiner Seele hätte es bedurft, damit Mephisto hätte sagen können, er habe diesen Geist wirklich von seinem *menschlichen Urquell* abzuziehen vermocht?! Eine bloße poetische Umorientierung reicht nicht für diesen Bruch in Goethes Konstruktion aus.

Albrecht Schöne differenziert deshalb die Einflußebenen, die dabei eine Rolle spielen könnten. Bis zum Frühjahr 1825 hat Goethe an einem Epilog-Gericht festgehalten. Schöne stellt zunächst in Frage, was Eckermann in einem Gesprächsbericht behauptet, die vielberufenen Engelverse: »Wer immer strebend sich bemüht / Den können wir erlösen« (11936f.), seien der Schlüssel für Fausts Rettung; man werde diese Worte jedenfalls nicht im Sinn einer christlichen Erlösungslehre verstehen dürfen. »›Menschenopfer mußten bluten, / Nachts erscholl des Jammers Qual‹ (11127f.) – das gilt ja nicht nur für das große Landgewinnungswerk. Am Ende des Ersten Teils Margarete im Kerker und unter dem Henkersbeil, ihre Mutter zu Tode gekommen, ihr Bruder niedergestochen; am Ende des Zweiten die beiden frommen Alten in ihrem Hüttchen verbrannt und der Fremde erschlagen: tief in Schuld verstrickt und keineswegs ohne Unrechtsbewußtsein zeigt Faust doch niemals so etwas wie ernstliche Reue. Gottfern und unbußfertig bleibt er bis an sein Ende. Weder ›gute Werke‹ noch gar Luthers ›sola fide‹ könnte man da geltend machen.«[114] Es ist weder eine konsequente Aufstiegslinie, noch eine Verfallslinie, die Goethe zeichnet. Wenn man überhaupt von einer Entwicklung Fausts sprechen kann, dann im Sinne einer Rückkehr aus der Welt der Phantasie, der Dichtung, der Einbildungskraft, der Wunschprojektionen, zu den Elementen wirklichen Lebens, der Erde, dem Wasser, den Raum- und Zeitdimensionen der materiellen Produktionsprozesse. »Aber das Spiel, das Faust vom nächtlichen *Studierzimmer* bis in den nächtlichen *Palast* geführt hat, ist kein in Szene gesetzter Erziehungs- und Bildungsroman, kein Läuterungs- und Vervollkommnungsdrama, das seinen Helden am Ende im Stand der Erlösungswürdigkeit zeigt.«[115] Daß des Menschen Tätigkeit nicht erschlaffe, ist eine der wenigen Grundforderungen des Herrn im »Prolog im Himmel«, die Faust bis zu seinem Lebensende erfüllt. Das kann aber bei einem Aristoteliker wie Goethe kaum ausreichend gewesen sein, Fausts Seele in den Himmel zu heben. Plausibler ist dagegen das Argument Albrecht Schönes, daß in der Bergschluchten-Szenerie, in der die Koordinaten für den Seelenaufstieg festgelegt werden, Goethe auch in eigener Sache spricht. »Ohne Zweifel sind in den *Faust*-Schluß Vorstellungen eingegangen, die der alte Goethe mit dem Gedanken an den eigenen Tod verband... Aus seinen späteren Jahren hat man Äußerungen gegenüber ihm Nahestehenden überliefert, die ebenso indirekt wie unmißverständlich zeigen, wie sehr er diese letzte Szene doch auch in eigener Sache gedacht und gedichtet hat.«[116]

Die Seelenwanderung ist jedoch nicht Gegenstand meiner Untersuchung.[117] Wenn nun die Seelenentwicklung Fausts in den nach oben gehenden Stufenfolgen ein so beschwerlicher Arbeitsprozeß gewesen sein soll, wie Goethe das bezeichnet, wie steht es dann mit der prosaischen Arbeit, die Faust in seinem irdischen Dasein übernommen hat? Denn die Substanz des fünften Aktes besteht doch darin, daß hier das Tätigsein als höchste Form der menschlichen Daseinsweise (die Goethe immer wieder feiert) mit einer Befriedigung der Selbstwertschätzung verknüpft sein soll, die dem bloß genießenden Subjekt fremd ist.

Faust stirbt als reicher Mann; diesmal besteht dieser Reichtum auch nicht aus einem Papiergeldbetrug, sondern ist auf Produktion, auf Handel, Krieg und Piraterie gegründet. Mit der puritanischen Arbeitsmoral, die Gott, der Herr, dem Menschen abverlangt, hat Faust als unternehmerischer und rastlos umtriebiger Mensch kein Problem; insoweit sind die Regeln der Zweckrationalität, die sich dafür eignen, die von Faust festgelegten Ziele zu erreichen und seine Wünsche zu befriedigen, beachtet worden. Das gelingt in der überwiegenden Zahl der Fälle nicht ohne Hilfeleistungen der magischen Praxis. Aber das eigentliche Problem der Faust-Karriere ist die stumpfe Empfindungslosigkeit gegenüber einem Grundzug menschlichen Handelns, das sich gerade dadurch von den Handlungsweisen aller in die Naturkausalität eingebundenen Lebewesen unterscheidet, daß es dem Subjekt zurechenbar ist und das Ich Verantwortung für die beabsichtigten Folgen, aber auch für die unbeabsichtigten Nebenfolgen zu übernehmen bereit ist. Der verzweifelte Intellektuelle, als der Faust seine Karriere beginnt, hatte immerhin den Wunsch, zu erkennen, »was die Welt / Im Innersten zusammenhält« (382 f.). Jetzt ist er in seinem unternehmerischen Tätigkeitsbetrieb dort angelangt, wo er in seinem Wissen und in seiner Erkenntnis erblindet ist, lange bevor er wirklich sein Augenlicht verliert. Es mag schon so sein, daß Goethe dem Handelnden eine Barriere für seine Handlungsmotive beiseite schaffen möchte, indem er erklärt: »Der Handelnde ist immer gewissenlos; es hat niemand Gewissen als der Betrachtende.« (*Maximen und Reflexionen*, Nr. 251) Aber hier geht es nicht um eine Gewissens-Ethik, um Schuldverstrickungen Fausts, die es ja zweifellos gibt. Es sind vielmehr die Normen einer Verantwortungs-Ethik, die in Betracht kommen, wenn es nicht um Motive, sondern um Handlungsfolgen geht.

Manchmal dämmert Faust diese Verantwortung, aber dann hat er sofort Mephisto als Schuldigen am Wickel. Er sollte ihm ein Schlafmittel für Gretchens Mutter beschaffen, es war aber Gift; sie wird ermordet. Im Zweikampf ersticht Faust Valentin, aber Mephisto führt die Kraft des Degens. So ähnlich läuft es weiter. Handelsschiffe schickt Faust aus, als Piratenflotte kommen sie zurück. Den Alten bot er einen Wohnungstausch an, ihr Gast wird erschlagen, Philemon und Baucis werden verbrannt. Unmöglich kann es sich immer darum handeln, daß die eindeutigen Worte Fausts von Mephisto bewußt verdreht werden, wie er es im letzteren Fall seinem Gehilfen vorhält: »War't ihr für meine Worte taub! / Tausch wollt ich, wollte keinen Raub.« (11370 f.)

Die Gedankenwelt Fausts muß so konstruiert sein, daß im Bedeutungskontext seiner Worte das mit enthalten ist, was der Praktiker Mephisto regelmäßig daraus macht. In dieser Verknüpfung von nervöser Gedankenarbeit und rastlosem Tatwillen liegt etwas von dem, was Heine in seinem *Wintermärchen* (»Caput VI«) beschreibt, wenn er über ein gespenstisches Doppelgängertum spricht:

> Da sah ich ihn hinter mir gehen,
> Als ob er mein Schatten wäre und stand
> Ich still, so blieb er stehn.
> Dieser Doppelgänger erklärt nun:
> Ich bin kein Gespenst der Vergangenheit, ...
> Ich bin von praktischer Natur,
> Und immer schweigsam und ruhig.
> Doch wisse: was du ersonnen im Geist',
> Das führ ich aus, das tu' ich ...
> Dem Konsul trug man ein Beil voran.
> Zu Rom, in alten Tagen.
> Auch du hast deinen Liktor, doch wird
> Das Beil dir nachgetragen.
> Ich bin dein Liktor, und ich geh'
> Beständig mit dem blanken
> Richtbeile hinter dir – ich bin
> Die Tat von deinem Gedanken.[118]

In dieser Rolle kann sich Mephisto tatsächlich fühlen; er tut nichts, was Faust vorher nicht gedacht hätte. Manchmal errät er sogar geheime, unausgesprochene Gedanken seines Herrn und macht Vorschläge, wie im Falle der kaiserlichen Vergabe des Lehens. Das Beil des Liktors hat Faust selbst nie in die Hand genommen; er bewegt sich aber durchaus in jener gesellschaftlichen Atmosphäre, in der kapitalistische Produktionspraktiken mit Gewalt, mit Enteignungen und Vertreibungen aufs engste verknüpft sind.

Man wird die Faust-Figur nicht richtig verstehen können, wenn man die historischen Materialien, mit denen Goethe hantiert und die er nach eigenen poetischen Formgesetzen neu zusammensetzt, aus dieser Lebensgeschichte ganz herauszieht. Denn es ist Faust, der praktisch Goethes ganzes waches Leben als Dichter, Naturforscher und Staatsmann begleitet. Auf diese Figur kommt er immer wieder zurück, also wird sie etwas ausdrücken, was ihn an der Entwicklungsrichtung der modernen Welt zutiefst beunruhigt hat und interessiert. Eine dieser Tendenzen ist mit Sicherheit der räuberische Zug der ursprünglichen Akkumulation, die Verfestigung eines Besitzindividualismus, der sich mit Enteignungen verknüpft. Vergewaltigung der Natur, naturwissenschaftliche Wissensanreicherungen im Interesse der Naturbeherrschung sind von Tendenzen nicht zu trennen, auch die Menschen dem Herrschaftswillen von Despoten und anonymen Mächten zu unterwerfen.[119] Die letzte Karrierestufe Fausts ist von dieser Formel bestimmt: »Herrschaft gewinn ich, Eigentum!« (10186) Um den Ruhm, den Mephisto dem gerne hinzufügen möchte, ist Faust nicht bange, denn die Dichter und Erzähler werden das Mächtige weitertragen. Was den eigentümlichen Ruhm dieses Faust ausmacht, ist ohnehin schwer zu bestimmen.

Der Tod und die Utopie

Wenn ich vom Scheitern des Unternehmers Faust spreche, dann mag das zunächst auf Erstaunen stoßen; denn schließlich kann er doch mit einem gewissen Stolz auf jene Teile des Projekts verweisen, die offenbar erfolgreich abgeschlossen sind: Trockenlegung eines erheblichen Strandareals, Kanalbau, Hafenerweiterung. Daß er nicht alle Produktionsziele, die er sich gesetzt hat, zu erreichen vermochte, kann man ihm wohl kaum als Scheitern anlasten. Um die erweiterte Dimension dieses Scheiterns erfassen zu können, bedarf es mehr als des Hinweises auf einige objektive Tatbestände.

Im Ursprungssinn des Wortes »scheitern«, das im 16. Jahrhundert allmählich unsere heutige Bedeutung annimmt, steckt »scheiden«, »Scheit« (wie z. B. ein Holzscheit = ein gespaltenes Holzstück); es geht auf die Wurzel *skei*, »spalten, trennen« zurück. Man sprach vom Scheitern bei Fahrzeugen und Schiffen, die in Stücke brechen. Faust selbst benutzt das Wort »zerscheitern« (1775) (frühneuhochdeutscher Sprachgebrauch des 17. Jahrhunderts). Es ist dieser ursprüngliche Wortsinn, in dem das unternehmerische Scheitern Fausts zu begreifen ist: sein so planvoll und mit Bedacht ins Werk gesetztes Projekt bricht am Ende in Stücke – und er selbst, im übertragenen Wortsinn, auch. Es ist diese Zerstückelung, dieses Auseinanderbrechen des Faustschen Lebenszusammenhangs, womit die Faust-Karriere endet.

Von diesen Erosionen und Verfallstendenzen sind drei Lebensbereiche betroffen: der der Subjekt-Verfassung, der der Zukunftsfähigkeit des Unternehmens und der der öffentlichen Anerkennung. Und in allen drei Dimensionen spielt dabei das Verrücken, ja Zerbrechen der Raum-Zeit-Koordinaten eine entscheidende Rolle. Die Raum- und Zeit-Stichworte häufen sich in einer Weise, die den Eindruck erweckt, als gäbe es überhaupt nichts Sicheres und Selbstverständliches mehr. »Zum Augenblicke dürft' ich sagen« (11581); »Das verfluchte *hier!*« (11233); »Ist der Zukunft nur gewärtig / Und so wird er niemals fertig« (11465 f.); »Die Zeit wird Herr, der Greis hier liegt im Sand« (11592); »Ich bin am rechten Ort« (11422); »Vorbei und reines Nicht, vollkommnes Einerlei« (11597). Die Zeitstrukturen, im zweiten Teil der Tragödie ohnehin in vielfacher Hinsicht durch Ungleichzeitigkeit des Gleichzeitigen und Gleichzeitigkeit des Ungleichzeitigen verschoben, zerbrechen am Ende vollständig; dem Hier und Jetzt, dem Augenblick und dem Standort (dem *locus standi*) fehlt in Beziehung auf die Dimensionen von Gegenwart, Vergangenheit und Zukunft jede innere Ausdehnung und Dichte. Die organische Zeit des Reifens und Wachsens, die ja für Goethes Vorstellung von den gestaltbezogenen Metamorphosen so wichtig ist, wird ohnehin im Verlauf der Lebensstationen Fausts zunehmend durch zyklische Bewegungsformen der Zeit unterbrochen; auf die Persönlichkeit Fausts wirkt sich diese Unfähigkeit, durch trauernde, aber auch bewahrende Erinnerung aus dem Sog des Vergessens und dem Zeitverlust der Verjährung sich herauszuarbeiten, absolut ruinös aus. Da klingt dann der Gegenwartswunsch, sich der selbstverschuldeten Abhängigkeit von der Gespensterwelt zu entledigen, um vielleicht doch noch die Vergangenheit aufzuarbeiten, wie eine rhetorische Phrase. (Vgl. Verse 11404–11407)

Faust weiß, daß er die Zaubersprüche nicht verlernen kann; sie sind, in der Handlungsgestalt Mephistos verkörpert, fester Bestandteil seiner Persönlichkeit. Und heißt das jetzt, daß ihm am Ende diese Gespensterbürde jedes Selbstwertgefühl nimmt, weil er keine einzige Leistung, auch nicht die des Unternehmers, sich selbst als einem natürlichen menschlichen Lebewesen zuschreiben kann?

Es ist nicht das Alter, das den Zerfall der Faustschen Persönlichkeit bewirkt; vielmehr ist in dieser Subjekt-Objekt-Dialektik, in der die menschlichen Energien auf das Außen, auf Objekte oder Genuß der Objekte, gerichtet sind, ohne daß gleichzeitig mit dem objektiven Reichtum der subjektive anwächst, also menschliche Weisheit und kluges Verhalten an Raum gewinnen, die Selbstentleerung des Subjekts mit angelegt. Faust kann nichts lernen, weil ihm die Zeitmaße des Innehaltens, der Bewahrung des Aufbewahrungswürdigen fehlen. Von den vier grauen Weibern, die ihm den Tod ankündigen: Mangel, Schuld, Sorge, Not, dringt nur die Sorge in seinen Persönlichkeitskern. Not kennt er nicht, den Mangel auch nicht, im höchsten Maße mit moralischer Schuld beladen, ist er wohl im Geldsinne schuldenfrei, also gegen das graue Weib Schuld gefeit.

Als die Sorge Faust bedrängt und ihn mit Verwunderung fragt, ob er denn die Sorge nie gekannt habe, antwortet Faust ausweichend; nicht mit einem klaren Ja oder Nein. Vielmehr sind es Unruhe und Zeitnot, die ihn durch die Welt getrieben haben. »Ich bin nur durch die Welt gerannt« (11433), erklärt er, wohl wissend, daß er auch auf eine Lebensphase verweisen könnte, in der die Sorge um Welterkenntnis und Begreifen *Rastplätze der Reflexion* schuf. Aber er weigert sich, auch nur einen Augenblick des Nachdenkens sich selbst zu gewähren. Freilich hilft es überhaupt nichts, sich selber einzureden, daß der Tüchtige in dieser Welt genügend Raum habe, die Dinge zum Sprechen zu bringen und ganz und gar darauf verzichten könne, nach drüben in die

Ewigkeit zu schweifen. Warum ist es gerade die Sorge, vor der keine Mauer und keine Tür schützen kann, die vielmehr als eine schleichende Macht auftritt, welche ins Innere der Menschen eindringt, ohne daß bewußte Abwehr möglich wäre? Als die Sorge an ihn herantritt, erklärt Faust demonstrativ und herrisch, wie heute die Diktatoren, die vor Gericht gestellt werden: *Ich werde dich nicht anerkennen.* Nicht, weil das Ergebnis des Verfahrens zu bestreiten sei, sondern weil das Verfahren selbst keinen Legitimationswert habe. Durch einen Argumentationstrick bringt Faust, dem jetzt die Dämonen und die Gespenster übermächtig erscheinen, die Sorge in diesen magischen Zusammenhang, in den sie überhaupt nicht gehört; denn in Begleitung der vier grauen Schwestern ist ja, von Ferne kommend, der Bruder, der Tod. Und der Tod ist keine Gespensterfiktion, sondern eine Realität, die eintreten wird, ob man sie anerkennt oder nicht.

Goethe ist meines Wissens nie als Urvater des Existentialismus betrachtet worden. Aber von den Daseinsbestimmungen, welche die vier grauen Weiber und der sich nähernde Bruder, der Tod, symbolisieren, sind wenigstens drei (auch »das Sein zum Tode« gehört dazu) in den spekulativen Vorrat des existentialistischen Bruchs im Denken des 19. Jahrhunderts aufgenommen und weiterentwickelt worden: Die Angst bei Kierkegaard, in seinen beiden Schriften *Der Begriff der Angst* und *Furcht und Zittern;* und dann, ziemlich genau hundert Jahre später, Angst und Sorge bei Martin Heidegger in *Sein und Zeit* (§ 41: »Das Sein des Daseins als Sorge«). Heidegger ist offenbar die Angst, die auch ein existentielles Faktum ist, noch zu gegenständlich; Angst hat ein konkret benennbares Objekt. Es ist dem Seienden verhaftet und bietet daher der Seins-Frage nicht jene weiten Horizonte, die ihr zustehen. Die Unbestimmtheit der Sorge eröffnet dem Interpretationshorizont des Daseins eine weit umfassendere Deutung der menschlichen Existenzweise. »Die ontologische Interpretation des Daseins hat die vorontologische Selbstauslegung dieses Seienden als ›Sorge‹ auf den *existentialen Begriff* der Sorge gebracht.« (*Sein und Zeit*, § 42). »Die Zeitlichkeit als der ontologische Sinn der Sorge« (§ 65). Das im Zusammenhang Heideggers weiterzuführen, ist nicht die Absicht meiner Analyse. Sorge als Existential der menschlichen Daseinsweise ist, meines Erachtens, noch nicht die Blickrichtung Goethes.

Ich kann deshalb, wie Heidegger das häufig tut, wenn er die etymologischen Herkunftsgeschichten in ontologische Daseinsbestimmungen verwandelt, der Entwicklungsgeschichte der Sprache folgen, um den Deutungshorizont von *Sorge* näher zu bestimmen. Schon das Lateinische *cura* enthält vielschichtige Bedeutungen: »Sorge, Fürsorge, Rücksichtnahme, Pflege«, ja »Leitung und Aufsicht«, schließlich »besorgte Teilnahme, Kummer, Kümmernis«. Das gemeingermanische Substantiv *Sorge* hat einen engeren Bedeutungshorizont als das Lateinische *cura*. Es drückt die Grundbedeutung von »Kummer, Gram« aus, die im Niederdeutschen, im Schwedischen, im Englischen noch erhalten ist. Im Deutschen gibt es seit der althochdeutschen Zeit zwei Hauptbedeutungen des Wortes *Sorge*. Einerseits bezeichnet es »Unruhe, Angst«, einen »quälenden Gedanken«; andererseits bedeutet *Sorge* die Bemühung um Abhilfe im Sinne von »Vorsorge, Fürsorge«.

Wenn ich recht sehe, unterscheiden sich jene drei grauen Weiber, die Not, Mangel und Schuld ausdrücken, gerade dadurch von der Sorge, daß sie äußerlich auf Distanz gehalten werden können und die Raumtrennung von Innen und Außen kennen; die Sorge dagegen ist eine Kraft, die sich, ohne auf Hindernisse zu stoßen, im Innern des Menschen, in seiner Daseinsweise, einnistet und von dem betreffenden Menschen Besitz ergreift. Das ist wohl bei Faust der Fall. Diese an seinem Persönlichkeitskern bohrende und seinen Gegenwartszustand belastende Kraft bringt vielleicht einen Aspekt von jenem »Rechenbuch« zur Sprache, das Gott im *Jedermann* dem Reichen abverlangt. Daß Faust sich bis zuletzt dagegen wehrt, diese unsichtbare, aus dem Innern kommende Macht anzuerkennen, indem er sie der ihm ja bekannten Gespensterwelt zuschreibt, mag vordergründig als Sieg erscheinen. Denn die Sorge muß in der Tat, um sich als diesseitige Macht erweisen zu können, die Probe aufs Exempel machen: Sie läßt Faust erblinden. Aber diese Seite, die Seite der sinnlichen Weltvernichtung, kann Faust eher mit einer eigensinnigen Gegenwehr beantworten, indem er jetzt vom Licht des Innern schwärmt, als jene am Selbstwertgefühl zerrende Macht der Sorge. Hier sind Triebkräfte am Werk, die das Ich, das die Gegenwehr mobilisiert und die Anerkennung verweigert, in seinen realitätsprüfenden und die inneren Triebe niederhaltenden Funktionen gerade zersetzen. Faust spürt diese neue Ohnmacht. Vielleicht denkt er sogar daran, daß er doch auf ein Zauberwort hätte zurückgreifen sollen, als die zudringliche Sorge sich nicht verscheuchen ließ. Jetzt ist es zu spät. Und die Litanei, die er jetzt über sich ergehen lassen muß, ist zwar ein »eintöniges Gerede«, wohl auch »eine endlose Aufzählung« in der übertragenen Bedeutung des Wortes; aber sie ist kein »Bittgesang« (im ursprünglichen, historischen Wortsinn), sondern die präzise und unmißverständliche Beschreibung eines absolut zerrissenen Seelenzustandes.

SORGE: Wen ich einmal mir besitze
Dem ist alle Welt nichts nütze,
Ewiges Düstre steigt herunter,

> Sonne geht nicht auf noch unter,
> Bei vollkommnen äußern Sinnen
> Wohnen Finsternisse drinnen.
> Und er weiß von allen Schätzen
> Sich nicht in Besitz zu setzen.
> Glück und Unglück wird zur Grille,
> Er verhungert in der Fülle,
> Sei es Wonne sei es Plage
> Schiebt ers zu dem andern Tage,
> Ist der Zukunft nur gewärtig
> Und so wird er niemals fertig. (11453-11466)

Aber das ist nicht alles. Die Beschreibung völlig ambivalenter Gefühle, mit Gegensinn und Selbstabwertung, geht weiter:

> Soll er gehen, soll er kommen,
> Der Entschluß ist ihm genommen;
> Auf gebahnten Weges Mitte
> Wankt er tastend halbe Schritte.
> Er verliert sich immer tiefer,
> Siehet alle Dinge schiefer,
> Sich und andre lästig drückend,
> Atem holend und erstickend;
> Nicht erstickt und ohne Leben,
> Nicht verzweiflend, nicht ergeben.
> So ein unaufhaltsam Rollen
> Schmerzlich Lassen, widrig Sollen,
> Bald befreien, bald erdrücken,
> Halber Schlaf und schlecht Erquicken
> Heftet ihn an seine Stelle
> Und bereitet ihn zur Hölle. (11471-11486)

Diese gegenläufigen Gefühlsregungen, der Verlust von Balance und Ausgleich der inneren Maßverhältnisse im Menschen, Lähmungstendenzen und die drückende Erfahrung, daß aus der äußeren Grenzsetzung und der Regelung der Verhältnisse Hilfe für die innere Strukturierung des Gefühlslebens nicht zu erwarten ist – das ist eine äußerst prägnante Beschreibung dessen, was *depressive Zustände* eines Menschen ausmachen. Albrecht Schöne hat nachdrücklich darauf hingewiesen.[120] Und diese depressive Seelenverfassung, die in jüngeren Jahren eines Menschen vielfältig durch Aktivitätsbeschleunigung und schnellen Wechsel der Tätigkeitsfelder verdeckt und kompensiert werden kann, ist im ganzen Leben Fausts gegenwärtig gewesen. Etwas von Sinnlosigkeitsverdacht steckt da drin. Faust möchte am Ende seines Lebens den Boden der magischen Praktiken verlassen, nicht zuletzt deshalb, weil er sonst überhaupt nicht feststellen könnte, was angesichts seiner hochgespannten Lebensziele sein eigenes Verdienst ist und nicht das von Mächten, die er herbeirufen kann, die ihm aber gleichzeitig seine Autonomie nehmen. Es ist ja ein letzter Verzweiflungsruf:

Noch hab ich mich ins Freie nicht gekämpft.
Könnt ich Magie von meinem Pfad entfernen
Die Zaubersprüche ganz und gar verlernen;
Stünd ich, Natur! vor dir ein Mann allein
Da wär's der Mühe wert ein Mensch zu sein.

(11403-11407)

Ich weiß, ich habe diese Zeilen schon mehrfach zitiert, aber in anderem Zusammenhang. Goethe hatte ja in einem Entwurf die Absicht bekundet, Faust von der Magie befreit sterben zu lassen. Das hat er revidiert, und wohl aus Gründen, die mit dem allmählichen Zerfall der Persönlichkeitsstruktur zu tun haben; denn alle Lebensstufen, alle realen Projekte und alle Traumphantasien von anderen gestalten zu lassen (von Geistern, dem Teufel, dem Schicksal), läßt am Ende kaum einen überzeugenden Ausweg offen, der mit sicherem und sichtbarem Stolz auf die eigenen Leistungen beschritten werden kann. So ist es konsequent, wenn der alternde Faust angesichts des Todes in eine tiefe Depression fällt. Es ist ein Scheitern ganz eigener Art; er will ja aus dem Gefängnis des Gelehrten ausbrechen, um die blühenden Landschaften der Welt zu erfahren. Er will genießen, aber auch tätig sein. Der unschlagbare und unbesiegbare Leistungsheld ist sein Ich-Ideal; da mag die bekannte Wertschätzung Goethes für Napoleon herkommen: daß dieser nicht nur Pläne schmiedet, sondern auch umsetzt. Aber es sind nicht nur die einzelnen Fehler dieser Leistungshelden, die ihr Scheitern am Ende bestimmen; es ist vielmehr die geraffte Beschleunigung ihres Lebens, die am Ende nichts Aufbewahrungswürdiges übrigläßt.

Das hat jüngst Christine Morgenroth als ein wesentliches Element der depressiven Anlage im Menschen untersucht und beschrieben. Verschärfte Beschleunigung, Vergleichzeitigung der Ereignisse (wie in den Helena-Passagen und in der Nordischen, auch in der Klassischen Walpurgisnacht) zerstören das Austragen von Problemen und vergrößern jenen Lagerplatz, auf dem abgebrochene Anfänge, Ruinen des guten Willens und Projektskizzen abgelagert sind. Wenn Faust sagt: »Ich bin nur durch die Welt gerannt« (11433), dann führt diese Beschleunigung am Ende des Lebens zu einer depressiven Verlangsamung und Untätigkeit.

Christine Morgenroth sagt: »Eine allgemeine, alles umfassende Stimmung tiefer Traurigkeit führt dazu, das Leben als grundsätzlich bedrohlich und die eigene Person in ihrer Gesamtheit als wertlos und schuldig zu erleben; dabei stehen diese Gefühle in keinem direkt erkennbaren Verhältnis zur tatsächlichen Lebenssituation der Betroffenen. Die zentralen depressiven Erscheinungsformen gehen mit Verlangsamung und Hemmung des Antriebs ebenso einher wie mit einer erheblichen Beeinträchtigung der Vitalfunktionen. Diese Reduktion des allgemeinen Aktivitätsniveaus steht im schroffen Gegensatz zu der von der Leitnorm definierten und geforderten leistungsorientierten Persönlichkeit, die keinerlei Einschränkungen aufweist, sondern die, im scharfen Kontrast dazu, vielmehr zu weiteren Leistungen und Beweisen ihrer Anpassungsfähigkeit mental bereit und körperlich in der Lage ist, die sich also der gesellschaftlichen Leitnorm der Simultaneität unterworfen hat. Eine Depression, ein depressives Syndrom, gleichgültig ob als depressive Persönlichkeitsstruktur, als spezifische Erkrankung, als Modus der Realitätsverarbeitung oder als Reaktion auf einen Verlust, bringt einen subjektiven Zustand von Verlangsamung, Energieverlust und Hoffnungslosigkeit mit sich, der fast allen Fähigkeiten widerspricht, die in einer Leistungs- und Informationsgesellschaft von ihren Mitgliedern, insbesondere den Erwerbstätigen, erwartet werden.«[121] Es ist dieser depressive Faust, den es in der ganzen Tragödie immer auch gegeben hat, der dem vorherrschenden Faust-Bild, das auf Beschleunigung, Leistung, Flexibilität der Rollen setzt, völlig widerspricht. Aber diese depressive Unterseite gibt es nicht erst im fünften Akt. Faust, dieser moderne »Prothesengott«, leidet unentwegt unter Selbstüberforderung; an sich müßte er das alles selbst tun, was er machen will und was er von sich selbst beansprucht, aber er kann es nicht leisten, ohne das Schicksal, die Geister, die Vorsehung für sich arbeiten zu lassen. Als ihn diese Mächte im Stich lassen, zerbricht sein Selbstwertgefüge. Dieser innere Selbstwiderspruch, etwas leisten zu sollen, was Faust alleine nicht leisten kann, erzeugt aus sich heraus paranoide Züge; indem sich seine Umwelt mit Gespenstergestalten bewaffnet, schreitet der Prozeß der Realitätsverleugnung fort.

Der Name *Faustus* bedeutet, wie bereits erwähnt, »der Glückliche«. Ist Faust glücklich? Das kann man selbst dort schwerlich sagen, wo er mit Gründen behaupten könnte, dem Augenblick das »Verweile doch, Du bist so schön!« (11582) zuzusprechen. In allen literarischen Verkleidungen und Masken, die Faust ausprobiert, tritt er als »Unvergnügter« in Erscheinung. John Locke hat diese »Krankheit« als »Uneasyness« bezeichnet, die dann als Mißvergnügen in den Sprachschatz des 18. Jahrhunderts eingegangen ist. Bereits der Zittauer Schulrektor Christian Weise läßt in seiner Komödie *Die unvergnügte Seele* (erschienen 1688) eine Gestalt auftreten, die dieses Mißvergnügen symbolisiert, das Fausts Leben wie ein Schatten begleitet. Dieser Figur legt Weise in den Mund: »Weiß doch selber nicht, was mir mangelt. Soviel kann ich sprechen: Ich bin unvergnügt.«[122]

Ich habe von drei Ebenen des Scheiterns gesprochen, als ich den unternehmerischen Menschen Faust vorstellte. Das erste Dokument seines Scheiterns liegt in der inneren Erosion seines Persönlichkeitskerns, wodurch aus dem strahlenden Leistungshelden eine eher mitleiderregende und beklagenswerte Gestalt wird. Hierbei tritt die Sorge als bohrender und quälender Selbstzweifel auf, als eine »schleichende Macht« und von innen kommende Kraft der Überwältigung des Ich. Für diesen Zustand kann man in der Tat den Freudschen Satz anwenden: Das Ich ist nicht mehr Herr im eigenen Hause. Aber dieser Selbstentwertung, ja Selbstentleerung des Ich mit der Folge eines depressiven Absturzes entspricht auf der Objektseite der drohende Verfall und die Verödung seines Unternehmens. Nichts auf diesem riesigen Unternehmensgelände läßt die Vermutung zu, daß es sich hierbei um einen von Arbeitern, Meistern, Ingenieuren mitbestimmten oder gar auf Selbstbestimmung abgestellten Betrieb handelt. Faust hat, als er im vierten Akt die Traumgestalt eines solchen Unternehmens entwickelte, nie den geringsten Zweifel daran gelassen, daß ein solches Projekt eine autoritäre, wenn nicht sogar totalitäre Führungsstruktur benötigt. Vorbild dafür ist eher das Militärkommando als eine Form ziviler Selbstverwaltung mit dezentralisierten Entscheidungsbefugnissen.

> Auf strenges Ordnen, raschen Fleiß,
> Erfolgt der allerschönste Preis;
> Daß ich das größte Werk vollende
> genügt Ein Geist für tausend Hände. (11507-11510)

Faust weiß auch, warum er Sklaven und Sklavenarbeit haben will und nicht urteilsfähige und aus eigener Kraft und Phantasie das Gemeinwesen mitgestaltende Polis-Bürger. Zuviel Mitbestimmung und Bildung ist Nahrung für den rebellischen Geist:

> Man freut sich daß das Volk sich mehrt,
> Nach seiner Art behäglich nährt,
> Sogar sich bildet sich belehrt,
> Und man erzieht sich nur Rebellen. (10156-10159)

Faust setzt auf diktatorische Befehlsgewalt und blinde Folgebereitschaft. Auch die ideologische Komponente eines Führerkults spielt in seinen unternehmerischen Gedankenreihen eine zentrale Rolle. Getreue wünscht er sich, die gar nicht mehr auf ausdrückliche Befehle warten müssen, um das, was er beabsichtigt, umzusetzen. Es muß jedoch ein Geheimnis um seine Planungen und die charismatische Wirkung seiner Führerkraft bleiben; nichts davon darf im Wege normaler Urteilskraft ergründet werden.

Wäre Faust ein Mensch gewesen, der auf die Frage des grauen Weibes »Hast du die Sorge nie gekannt?« mit Stolz antwortet: Sehr wohl; in beiden Bedeutungszusammenhängen, dem des quälerischen Selbstzweifels, aber auch dem der Sorge und Fürsorge für die, die mir anvertraut sind – dann hätte Faust für die Menschen seines Unternehmens und ihr Schicksal, angesichts seines offenkundig nahenden Endes, Verantwortung übernehmen müssen. Gerade die von ihm befürwortete autoritäre Führungsstruktur hätte ihn veranlassen müssen, für die Nachfolge Sorge zu tragen. Das tut er nicht; so entsteht der Eindruck, als wäre das ganze Unternehmen von vornherein auf Götterdämmerung angelegt: auf Untergang und Selbstzerstörung, wenn Faust stirbt. Keine der phantasiereichen Figuren der Tragödie tritt auf dem Unternehmensgelände auf, auch nicht die zwei Phantasiesöhne Fausts, Knabe Lenker und Euphorion. Nichts von Poesie oder Philosophie der Nordischen oder der Klassischen Walpurgisnacht, nichts von alledem präsentiert sich als Nachfolgegesellschaft, die das Unternehmen weiterführt. Es ist schon ein erstaunlicher und bestürzender Tatbestand, wie Goethe Fausts großes Landgewinnungsprojekt veröden läßt, indem die Erbschaft von den finstersten und gewalttätigsten Figuren angetreten wird.

Nichts von dem, was Faust durch Krieg, Handel und Piraterie erworben hat, wird in sorgfältig und gerecht verteilende Hände übergeben. Gewiß, Euphorion (der Wortsinn deutet auf Leichtfüßigkeit und Fruchtbringendes) ist eine allegorische Figur, der Phantasiesohn aus der Verbindung Fausts mit Helena. Und Knabe Lenker, das allegorische Wesen der Poesie, praktiziert zwar die Lust am Trug und nimmt der bloßen Wahrheitsverkündigung des »Unternehmens Leben« die Langeweile; aber dieser Trug, der artige Schein, wie Goethe sagt, ist eben die Münze der Poeten, die sich mit einer verrotteten Realität nicht abfinden. Warum ist am Ende von Fausts Leben so wenig Erkenntnis und Poesie übriggeblieben, die doch in beiden Teilen der Tragödie in einer unglaublichen Reichhaltigkeit entfaltet werden?

Wer sind die Figuren, die Fausts Erbschaft antreten und das Projekt weiterverfolgen, wie er es in seinen Traumphantasien geplant hat? Warum hat Goethe nicht in dieser Todesszene Fausts eine allegorische Figur erfunden, die das weltliche Erbe seiner ganzen Unternehmungen sorgfältig und pfleglich weiterführt, so wie er es selbst ja in seiner Funktion als Staatsmann immer getan hat? Nicht Knabe Lenker oder Euphorion oder andere Figuren der Tragödie treten am Ende auf, sondern Lemuren, gewalttätige Gesellen und Mephisto, die praktisch alles übernehmen, was wenigstens zu einem Teil Ergebnis der Arbeit und Planungsmühe Fausts ist.

Sollte die Faust-Tragödie auf Untergang angelegt sein, dann hat sie eine unglaubliche Aktualität. Die Fürsten nach Machiavellis Zuschnitt, die absolutistischen Herrscher, die Bonapartes, die Schreckensfiguren des 20. Jahrhunderts: Stalin, Hitler, Mussolini, Pinochet, die wie ein Alptraum auf der Menschheit lasten, hat es immer wieder gegeben. Faust ist nicht ein literarisches Exemplar für die Existentialien des modernen Menschen; er bringt vielmehr zum Ausdruck, was einzelne in der Menschengattung anstellen können, wenn sie mit Macht und Gewalt ausgestattet werden und wenn man sie gewähren läßt. Es sind alles Großunternehmen, die hier geplant sind. Und sie beziehen nie den Eigenwillen und die Autonomiebedürfnisse der Menschen ein, die in diesen Projekten arbeiten. Insofern ist es keineswegs zufällig, daß die Mitarbeiter des Faust-Projekts Lemuren, die drei gewaltigen Gesellen und Mephisto sind. Wie sollte diese Truppe Fausts Unternehmensprojekt, wenn es denn überhaupt als den Menschen dienliches beabsichtigt war, pfleglich weitertragen können? Kein Mensch mit Verantwortungsgefühl und Freiheitsbewußtsein bewegt sich künftig auf dem Unternehmensgelände Fausts.

Zunächst die Lemuren. Es sind hilfswillige Arbeitswesen, die sich zwar einen Arbeitsauftrag merken können, aber die Gründe dafür sofort vergessen. *Lemures* ist der allgemeine Name für die abgeschiedenen Seelen der Menschen, von denen die guten als Hausgötter (*lares*) verehrt wurden, die bösen als Nachtgeister, Gespenster (*larvae*) unstet umherirrten. Es ist dem Goethe-Text unschwer zu entnehmen, daß es sich bei diesen Lemuren nicht um die fürsorgenden und guten Hausgötter handelt, sondern um die beunruhigenden Nachtgeister. Es sind also Schadensgeister, und es muß Gründe für Goethe gegeben haben, sie auf dem Boden dieses Unternehmens von Faust anzusiedeln. Anders als Homunkulus, der ein körperfreies Geistwesen ist, mit unendlichem Drang zur Arbeit, sind die Lemuren abgemagerte Lebewesen, deren Gebeine nur noch durch Bänder und Sehnen zusammengehalten werden. Wer sie sich vorstellen könnte, würde tatsächlich auf den Gedanken kommen, daß es mühselig zusammengeflickte Körper sind. Die Lemuren sind fremdartige Kreaturen, die nur auf Befehl handeln.

Die zweite Gruppe von Lebewesen, die Fausts Projekt übernehmen, haben sich bereits im Kriegszug gegen den kaiserlichen Konkurrenten hervorgetan und aktiv an der Plünderung des reichbestückten Zelts des Gegenkaisers beteiligt. Goethe nennt sie die »Drei Gewaltigen«, und die Namen, die er ihnen gibt, Raufebold, Habebald, Haltefest, verweisen, abgestuft nach der Bewaffnungsart (leicht bewaffnet, wohl bewaffnet, stark bewaffnet) zugleich auf das Räuberische und die Gewaltbereitschaft dieser Figuren. Faust weiß Bescheid, mit welchem Gefährten-Gesindel er sich da einläßt. Mephisto präsentiert sie ihm mit der Bemerkung: »... allegorisch wie die Lumpe sind, / Sie werden nur um desto mehr behagen.« (10329 f.) Es sind Söldner und Auftragsmörder, die Faust auf dem Kriegsschauplatz aufsammelt und ins Trockenlegungsunternehmen einschleppt. Sie sind es auch, die den Wanderer erschlagen, Philemon und Baucis in ihrer Hütte verbrennen. Auch hier kann Faust nicht behaupten, er habe nicht gewußt, mit wem er sich einläßt. Raufebold präsentiert ihm unmißverständlich seine Gemütsverfassung:

> Wenn einer mir ins Auge sieht
> Werd ich ihm mit der Faust gleich in die Fresse fahren,
> Und eine Memme wenn sie flieht
> Faß ich bei ihren letzten Haaren. (10331-10334)

Mephisto und die drei gewaltigen Gesellen haben längst den Faustschen Betrieb übernommen. Piratenschiffe bringen Güter aus den entlegensten Teilen der Welt in den Hafen, und die Beute wird unter diesen Gesellen, und vielleicht noch anderen, die mit im Spiele sind, aufgeteilt.

Aber noch in einer anderen Hinsicht ist dieses Faust-Unternehmen zum Scheitern verurteilt; in Fausts Unternehmensplanung spielte ja der Anspruch eine zentrale Rolle, sich auf ein Kräftemessen mit der Natur, dem Element des Wassers, einzulassen und dessen nutzlosen Wiederholungszwang zu brechen, um die natürlichen Kräfte für menschliche Zwecke umzulenken. Mephisto hat eine Ahnung davon, vielleicht auch das Wissen, daß diesem machtpolitischen Anspruch der Menschen gegenüber der Natur, gegenüber der Kraft der Elemente, des Wassers und des Feuers, enge Grenzen gesetzt sind. So kann er triumphierend verkünden, daß die Zeit über Fausts Leben Herr geworden ist, und daß auch dieses keineswegs (wie Faust wohl meinte) auf Versöhnung ausgehende Menschenwerk infolge innerer Zerrissenheit dem Untergang geweiht ist. Die Erde mit sich selbst versöhnen und den Wellen dauerhafte Grenzen setzen – das würde nicht nur eine ganz andere Führung dieses Unternehmens voraussetzen, sondern auch eine andere, pfleglichere Umgangsweise mit den Menschen und den Dingen. So kann Mephisto im Vorgriff auf das Ende bereits triumphieren und mit Stolz, an Faust vorbeisprechend, verkünden:

> Du bist doch nur für uns bemüht
> Mit deinen Dämmen deinen Buhnen;
> Denn du bereitest schon Neptunen,
> Dem Wasserteufel, großen Schmaus.
> In jeder Art seid ihr verloren,
> Die Elemente sind mit uns verschworen,
> Und auf Vernichtung läufts hinaus. (11544–11550)

Das dritte Element des Scheiterns liegt in der Art und Weise, wie Faust beerdigt wird; Beerdigungsrituale sind ja in allen Hochkulturen, zurückgehend bis in die archaische Zeit, kollektive Veranstaltungen mit Ehrbezeugungen, wenigstens vorgetäuschter Trauer und sprachlicher Todesbemächtigung. Nichts dergleichen widerfährt dem Großunternehmer Faust, der doch, gerade noch im Palast residierend, von seinem Weltbesitz schwärmt. Es ist eine äußerst karge und sprachlose Beerdigung. Denn das, was die Lemuren im Singsang daherplappern, Versteile der Totengräber in Shakespeares *Hamlet* aufgreifend, aber abgetrennt von dem tiefsinnigen Gespräch, das die zwei Totengräber dort über Leben und Tod führen – das klingt wie eine zusätzliche Verhöhnung Fausts. Nachdem ihnen Mephisto schon untersagt hat, das Grab unter irgendwelchen Schönheitsgesichtspunkten zu schaufeln, fangen die Lemuren den toten Körper auf und legen ihn ins Grab, »ein längliches Quadrat« (11528). Zynisch kommentiert Mephisto:

> Aus dem Palast ins enge Haus,
> So dumm läuft es am Ende doch hinaus. (11529 f.)

Faust fällt praktisch in ein Grab, so als hätte er dieses »längliche Quadrat«, dieses Erdloch, den Bunker, die Insel auch zu Lebzeiten immer schon als Fluchtpunkt gesucht. Das Grab ist das letzte Versteck, deshalb dürfen für solche Menschen öffentliche Zeichen den Ort ihres Verschwindens nicht verraten. Da philosophiert Mephisto über das »dumme Wort«: »Vorbei«. Das könnte durchaus auf der Grabtafel Fausts stehen.

> Warum vorbei?
> Vorbei und reines Nicht, vollkommnes Einerlei.
> Was soll uns denn das ewge Schaffen,
> Geschaffenes zu nichts hinwegzuraffen?
> Da ists vorbei! Was ist daran zu lesen?
> Es ist so gut als wär es nicht gewesen,
> Und treibt sich doch im Kreis als wenn es wäre.
> Ich liebte mir dafür das Ewig-Leere. (11596–11603)

Wenn es nichts Aufbewahrenswertes mehr gibt, dann ist »Vorbei und reines Nicht« in der Tat »vollkommnes Einerlei«. Der deutsche Faust wird einfach verscharrt – ganz anders als der ebenfalls verirrte und in Geisterhand geratene Faust in Christopher Marlowes Drama.[123]

Nun könnte ich mit diesem Akt des Scheiterns und des entwürdigenden Endes *meine* Erzählung von Fausts Leben abschließen – wäre da nicht eine, angesichts des Todes mit besonderer Wahrheitshaltigkeit ausgestattete, öffentliche Rede, in der sich ein ganz anderer Faust darstellt, ein Mensch mit Freiheitsidealen und einer Polis-Utopie. Es ist eine in der Goethe-Forschung durchaus kontrovers gedeutete Passage im fünften Akt. Die Positionen treffen hart aufeinander; da sind auf der einen Seite jene totalitären Gefühle Fausts, die kollektive Gewalt, vielleicht Überfälle auf bewohntes Gebiet, Umzäunung von Zwangsarbeitslagern oder anderes zur Folge haben; ihm ist es gleichgültig, wie Arbeiter herbeigeschafft werden:

> Wie es auch möglich sei
> Arbeiter schaffe Meng' auf Menge,
> Ermuntere durch Genuß und Strenge,
> Bezahle, locke, presse bei!
> Mit jedem Tage will ich Nachricht haben
> Wie sich verlängt der unternommene Graben.
>
> (11551–11556)

Das ist eine völlig unmißverständliche Anweisung an den »Aufseher« Mephisto und seine gewaltigen Gesellen, in der Umgebung des Faust-Projektes Massen von Arbeitern auf das Unternehmensgelände zu schaffen. Daß dieser erblindete und die Geschehnisse der Umwelt nicht mehr wahrnehmende Leistungsheld durch das »Geklirr der Spaten« (11539) ergötzt wird und in seinem Erdloch oder in seinem Bunker oder auf seiner Insel nur noch den verkümmerten Genuß kennt, daß ihm »die Menge ... frönet« (11540) – das alles gibt dem Realitätsverlust Fausts, der *Graben* und *Grab* verwechselt, in der Tat eine tragische Note. Niemand würde aber auf den Gedanken kommen, das letzte Aufbäumen dieses Arbeitssüchtigen als die Erfüllung seines Lebenstraumes anzusehen, wenn er den bisherigen Weg in seine Betrachtung einschließt.»Bezahle, locke, presse bei« steht unmittelbar vor der Todesszene, in der Faust diese an die Welt, das Arbeitslager, die Lemuren und die gewaltigen Gesellen gerichtete Rede hält. In diesem Stolz auf das vorhandene Werk und auf das, was noch umgesetzt werden muß, ist nichts von einer Gefühlswelt enthalten, die einmal Dietrich Bonhoeffer, in einem Brief aus dem Konzentrationslager, als die »Seelenverfassung der Hilaritas«[124] bezeichnet. An Raffael und Mozart erläutert er, was mit einer solchen Beziehung zum eigenen Werk gemeint ist. Es ist eine Art Zuversicht zum eigenen Werk, als Kühnheit und Herausforderung der Welt, einer christlichen, aber »antiklerikalen Weltlichkeit«, als feste Gewißheit, der Welt mit dem eigenen Werk, auch wenn es ihr nicht gefallen sollte, etwas Gutes zu erweisen. Bonhoeffer, der in den letzten Tagen vor Kriegsende noch hingerichtet wurde, nennt noch andere Namen, Künstler und Denker, die diese Form der Heiterkeit im Ausdruck des eigenen Werks zeigen: Walther von der Vogelweide, Luther, Lessing, Rubens, Hugo Wolf, Karl Barth.[125] Diese Zuversicht und Heiterkeit zum eigenen Werk, diese *Hilaritas*, besitzt Goethe, nicht aber Faust.

Das mag etwas mit den Schuldverstrickungen zu tun haben, in die Faust zeit seines Lebens eingebunden ist, weil er vor normalen Gerichten, wenn nicht als Täter, so doch als Anstifter zum Mord verurteilt werden müßte. Auch das ist in den *Faust*-Bearbeitungen durchgespielt worden. Im *Faust* von Nikolaus Lenau spitzt Mephisto die Alternative zu: »Du mußt entweder dieses Erdenleben / Vertaumeln dumpf in viehischer Geduld; / Wo nicht, dich als entschloßner Mann erheben / Und kühn zur Wahrheit dringen durch die Schuld.«[126] Dem widerspricht der kantisch geschulte Moralist Schiller aufs entschiedenste; in der Ballade *Das verschleierte Bild zu Sais* heißt es: »Weh dem, der zu der Wahrheit geht durch Schuld / Sie wird ihm nimmermehr erfreulich sein.«[127] Das mag Goethes Auffassung so strikt nicht sein, weil doch der Handelnde immer gewissenlos sei; was sich aber Faust aufgeladen hat, das kann in der Tat nur noch durch eine göttliche Instanz abgegolten werden. Insofern hat Goethes Äußerung, der letzte Akt sei von großer »Bedeutung«, aber so schwer auszuführen, daß er sich davor fürchtete[128], einen nachvollziehbaren Wahrheitsgehalt. Diesen Verbrecher Faust in den Himmel zu bringen, dazu bedarf es allerdings der größten poetischen Anstrengungen.

Die auf die oben zitierten Kommandos folgende Rede Fausts gehört, nimmt man die Reden Ciceros auf dem Forum, im Senat oder der Rostra oder die Demosthenes' auf der Athenischen Agorá zum Vergleich, zu den eindrucksvollsten Reden, die es gibt; sie wird aber nicht vor einer Volksversammlung oder im römischen Senat gehalten, sondern vor Arbeitssklaven und einer zwielichtigen Führungsmannschaft. Man kann sich gut vorstellen, daß die Französische Nationalversammlung oder jene Versammlung, die 1776 die Virginia Bill of Rights beschlossen hat, wohltuend aufgenommen hätte, was Faust zu sagen hat. Nicht die Rede ist das Problem, sondern die Zuhörer, an die sie gerichtet ist. Eine kritische Öffentlichkeit, welche die Gedanken Fausts aufnehmen und weitertragen könnte, fehlt; insofern ist das öffentlich gemachte Testament Fausts, wenn man es denn so nennen darf, ins Leere gesprochen. Aber Todesreden haben eine eigene Form; wer sie liest, steht unter dem Eindruck, daß hier der Wahrheitsbeweis für Aussagen besonders begründet ist. Die Menschen gehen davon aus, daß der eigene Tod geahnt wird, im tiefsten Innern. Wer also über sein Leben in der Vergangenheit spricht und in die Zukunft etwas entwirft, was Realität werden sollte, der hat einen Glaubwürdigkeitsvorsprung vor dem, der nur etwas entwirft. Man hat deshalb Fausts Tod mit dem von Moses in Verbindung gebracht, dem von Gott ja prophezeit wurde, das Gelobte Land noch zu sehen, es aber nicht mehr betreten zu können. Moses Tod kann etwas erläutern, was Faust begegnet ist. »Und der Herr sprach zu ihm: Dies ist das Land, von dem ich Abraham, Isaak und Jakob geschworen habe: ›Ich will es deinen

Nachkommen geben: – Du hast es mit deinen Augen gesehen, aber du sollst nicht hinübergehen.‹ So starb Mose, der Knecht des Herrn, daselbst im Land Moab nach dem Wort des Herrn. Und er begrub ihn im Tal ... Und niemand hat sein Grab erfahren bis auf den heutigen Tag.« (Fünftes Buch Moses, 34)

Das Land in der Phantasie sich auszumalen und den Blick darauf zu richten, ist etwas anderes, als sich in der Wirklichkeit zu bewegen. Karl Marx hat immer dagegen gekämpft, daß man sich das gelobte Land des Sozialismus ausmale und die politischen Strategien, es in die Wirklichkeit umzusetzen, danach ausrichte. Es ist eine merkwürdige Erfahrung, die man aus der Türmerposition des politischen Beobachters macht, daß die von ihrer Macht getrennten Menschen oder die dem Tod Entgegengehenden häufig das in ihnen schlummernde Potential von Ethikentwürfen oder Utopien erst öffentlich machen, wenn sie die Macht verloren haben oder am Ende ihres Lebens stehen. Eine solche existentiale Umbruchsituation veranlaßt offenkundig, das »Rechenbuch« der Öffentlichkeit vorzulegen, um am Ende doch noch so etwas wie eine Beglaubigung des rechten Weges zu erfahren.

Goethe konstruiert seine Faust-Figur so, daß die Widersprüche zwischen vergangenem Leben und der Utopie eines lebenswerten Lebens radikal aufeinanderprallen. Anders ist die folgende öffentliche Rede nicht zu verstehen.

Faust, der die halblaut geäußerte Gemeinheit, daß er die Nachricht vom Graben mit dem Grab verwechsle, überhaupt nicht aufgenommen hat, setzt seine oben zitierte Kommandorede fort, indem er ihr eine ganz andere Wendung gibt:

Ein Sumpf zieht am Gebirge hin,
Verpestet alles schon Errungene;

> Den faulen Pfuhl auch abzuziehn
> Das Letzte wär das Höchsterrungene.
> Eröffn' ich Räume vielen Millionen,
> Nicht sicher zwar, doch tätig-frei zu wohnen.
> Grün das Gefilde, fruchtbar; Mensch und Herde
> Sogleich behaglich auf der neusten Erde,
> Gleich angesiedelt an des Hügels Kraft,
> Den aufgewälzt kühn-emsige Völkerschaft.
> Im Innern hier ein paradiesisch Land,
> Da rase draußen Flut bis auf zum Rand,
> Und wie sie nascht gewaltsam einzuschießen,
> Gemeindrang eilt die Lücke zu verschließen.
> Ja diesem Sinne bin ich ganz ergeben,
> Das ist der Weisheit letzter Schluß:
> Nur der verdient sich Freiheit wie das Leben,
> Der täglich sie erobern muß.
> Und so verbringt, umrungen von Gefahr,
> Hier Kindheit, Mann und Greis sein tüchtig Jahr.
> Solch ein Gewimmel möcht ich sehn,
> Auf freiem Grund mit freiem Volke stehn.
> Zum Augenblicke dürft' ich sagen:
> Verweile doch, Du bist so schön!
> Es kann die Spur von meinen Erdetagen
> Nicht in Äonen untergehn. –
> Im Vorgefühl von solchem hohen Glück
> Genieß ich jetzt den höchsten Augenblick. (11559–11586)

Das sind wunderbare und eindringliche Worte, die jeden Menschen mit visionärem Blick und der überschüssigen Kraft für Gesellschaftsutopien erfreuen müssen. Der einzige Makel dieser an zukünftige Generationen gerichteten öffentlichen Rede, die als ein nach innen gerichteter Monolog erscheint, besteht darin, daß sie mit dem wirklichen Leben Fausts, wie es sich den Texten entnehmen läßt, absolut nichts zu tun hat. Wo es um die technische Bewältigung der Trockenlegung von Sümpfen, dem Pfuhl, der alles verpestet, geht, sind jene technologischen Utopien im Spiel, die es seit der Frühzeit der bürgerlichen Gesellschaft immer wieder gegeben hat: Auch Thomas Morus träumt von der technischen Entlastung der Menschen und der Verringerung des Arbeitsleides. Francis Bacon, Campanella träumen von der Verkürzung der Arbeitszeit vermöge technischer Errungenschaften und der kreativen Erweiterung der Lebenszeit; Saint-Simon, noch zu Lebzeiten Goethes, von der Verwaltung von Sachen anstelle der Herrschaft der Menschen über Menschen. Auch bei ihm ist der Entlastungsaspekt, die Leidvermeidung durch naturwissenschaftlich-technische Entwicklung, im Spiel.

Darin ist Faust ein gelehriger Schüler seines Zeitalters und der Epoche Goethes. Aber alles, was die Versöhnungs- und Freiheitssphäre der Menschen betrifft, das friedliche Zusammenleben von Mensch und Herde, der paradiesische Friedenszustand, »auf freiem Grund mit freiem Volke stehn«, also das prinzipiell Gewaltlose in einer friedensfähigen Gesellschaft – das alles ist kein die Grundzüge des Faustschen Lebens bestimmendes Merkmal. Das macht es auch schwierig, diese Todesvisionen von einem gelobten Land in die Nähe von Mose zu rücken, wie es verschiedentlich gemacht wird. Es ist ein friedlicher Umgang mit den Nachkommen und der Erbschaft, der mit dem Tod Moses verknüpft ist. Denn es ist eine ganz andere Übergabe der eigenen Erde an die Nachkommen. Es heißt: »Und Mose war 120 Jahre alt, als er starb. Seine Augen waren nicht schwach geworden, und seine Kraft war nicht verfallen.« Das gilt eben nicht für Faust; seine inneren Kräfte sind zerrüttet, und sein Unternehmen, das ja offenbar die Grundlage für die Umsetzung seiner Todesvisionen sein soll, hat nur noch ein Führungspersonal, das sich aus den gewaltigen Gesellen, den Lemuren und Mephisto zusammensetzt. Unmöglich kann Goethe diesen zugetraut haben, daraus ein menschenwürdiges und freies Gemeinwesen zu gestalten.

Die Abschlußrede Fausts ist vielfach gedeutet worden; die überzeugendste Interpretation habe ich in jenem großartigen Vortrags-Essay gefunden, den der bedeutende Goethe-Forscher Albrecht Schöne verfaßt hat.[129] Dieses Kabinettstück vorsichtiger und doch genauer *Faust*-Deutung (neben den bereits erwähnten reichhaltigen Kommentaren Schönes) kann man sich nur durch eigene Lektüre aneignen; das möchte ich ausdrücklich empfehlen. Ein Gedanke ist jedoch hervorzuheben, weil er den ganzen *Faust* durchzieht, besonders aber den zweiten Teil der Tragödie: Es ist die Mehrdeutigkeit des Goethe-Textes. Manchmal kann an die Feststellung Freuds erinnert werden, der vom Gegensinn der Urworte spricht, vom ursprünglich einheitlichen Bedeutungsgehalt – wie kalt und heiß, leicht und schwer usw. Auf der Grundlage von handschriftlichen Notizen, Textvarianten, die dann in die Endfassung nicht eingehen, Erläuterungen und Hinweisen Goethes stellt Albrecht Schöne fest: »Es gehört zu den eigenartigen, großartigen Zügen der Goetheschen Alltagsdichtung, daß sie so doppeldeutig oder vielschichtig, obenhin so in sich selber widersprüchlich erscheint, wie das Menschenleben und Erdentreiben, welches dieser ›ethisch-ästhetische Mathematiker‹ (wie er selber sich doch nannte) mit seinen poetischen ›Formeln‹ erfaßt.«[130]

Wer Faust und Goethe verwechselt, kann leicht in eine Falle tappen; so mag es jenen von Schöne zitierten Leuten gegangen sein, die im Sinne der Klassiker-Erbfolge Fausts Todesrede in die Vision eines sozialistischen Eden verwandelten. Erklärt man den Gewaltmenschen Faust zum Ich-Ideal und bestückt dieses mit einer gehörigen Portion Arbeitsmoral und einem nie endenden Überlebenskampf, dann konnte man durchaus auf die blutige Ironie verfallen, in das südliche Eingangsgebäude der ehemaligen Stalinallee die Faust-Verse einzumeißeln: »Solch ein Gewimmel möcht ich sehn, / Auf freiem Grund mit freiem Volke stehn!« (11579 f.) Das Ausrufezeichen haben die »volksnahen« Architekten Ulbrichts jedoch hinzugelogen. Es soll wohl das Unabdingbare, das Unvermeidliche unterstreichen. Eine blutige Ironie steckt insofern in dieser Verwendung der Faust-Verse, als nur kurze Zeit nach dem Tod des Gewaltherrschers, der den Namen für diese Allee hergab, genau an dieser Stelle ein Volksgewimmel stattfand – allerdings als Rebellion und Aufstand gegen dieses so verstandene Reich der Freiheit.

Es mag bei jeder Interpretation des *Faust* Albrecht Schönes Mahnung gelten: »Fausts letzte Verse bleiben rollengebunden (sind also durchaus nicht als Goethes eigene Worte zu nehmen), und der Autor hat sie mit entschiedenen Vorbehalten umstellt, mit tiefer Ironie, mit Hoffnungslosigkeit umdüstert.«[131] Und doch fällt es einem, trotz dieser Warnung, schwer, diese angesichts des letzten Augenblicks, also in existentieller Not, gesprochene Rede vom utopischen Gehalt einer besseren Welt ganz zu reinigen und sie als propagandistische Lüge eines Volksredners zu lesen. Im Ansatz könnte diese Freiheitsfeier doch auch etwas ausdrücken, von dem Goethe träumte. Dieser Polis-Traum, im Weimarer Kleinstaat und durch die praktische Phantasie staatsmännischer Tätigkeit konkretisiert, würde allerdings die Bearbeitung eines gesellschaftlichen Bodens voraussetzen, auf dem sich Faust nur als Störer betätigen könnte. Insofern ist er, in seiner literarischen Konstruktion, vielleicht mit Charakterzügen lebender Gestalten der Goethe-Zeit ausgestattet, wie Napoleon oder der Herzog von Weimar, nur als eine politische Gegenfigur zu Goethes Vorstellung von Maßverhältnissen des Politischen und der Tätigkeit eines gesellschaftlichen Reformators zu begreifen, der Freiheitsbetätigung wesentlich als die Veränderung der konkreten Lebenszusammenhänge der Menschen betrachtet. Goethe hat eine klare Vorstellung von den Gefäßgrößen politischen Handelns, das Nähe und Distanz der menschlichen Verhältnisse ausbalanciert. Gerade in einer Zeit, in der Globalisierung der Wirtschaftsprozesse und deren Verselbständigung alle konkreten, das heißt, nach Nähe und Distanz ausgewogenen, Einheiten zu erdrücken scheint, wäre eine Neulektüre dieser *Faust*-Tragödie, in der ja die Anmaßungen und der Größenwahn zentrale Bedeutung haben, auf dem Hintergrund der Goetheschen Gesellschaftsutopie von äußerst produktiver Dringlichkeit. Es ist ja dieses imperiale Gehabe, das die Anstrengungen, die politischen Veränderungen in den konkreten Verhältnissen anzusetzen, immer wieder entmutigt; Goethe mag in der Tat vorgeschwebt haben, als er die Todesrede Fausts verfaßte, was Albrecht Schöne so ausdrückt: »Weit eher als an das ›Volk‹ im Sinn einer staatsbildenden Nation und an dessen ›republikanische‹ Verfassung mag Goethe bei Fausts Versen an eine große Siedlergemeinschaft solcher sogenannten ›Freisassen‹ gedacht haben – wie man sie zu seiner Zeit längst schon durch Befreiungen von Lasten, Abgaben, Frondiensten in öde oder sumpfige Landstriche und überschwemmungsbedrohte Marschen gezogen hat.«[132]

Über Goethes Staatstätigkeit in der Provinz des Herzogtums Weimar-Eisenach hat es immer genügend Informationen und Berichte gegeben, in denen Goethe selbst diese Phase seines Lebens genauso hochrangig einschätzt wie die der *Farbenlehre;* in weiten Teilen der Goethe-Forschung sind freilich beide sehr umfangreiche Lebensabschnitte mit einer gewissen Geringschätzung behandelt worden, übrigens in beiden Fällen schon zu Lebzeiten Goethes. Wird Goethe aus dem klassizistischen Korsett gelöst und in die freie Landschaft unserer gesellschaftlichen Probleme einbezogen, würden auch *Faust*-Inszenierungen für junge Menschen eine Attraktivität erlangen, welche die Schranken des normalen Theaters sprengt. In seinem Buch *Wie die Großen mit den Menschen spielen. Versuch über Goethes Politik*[133] greift Ekkehart Krippendorff Hinweise Leo Kreutzers auf und macht den Versuch, Goethes Begriff des Politischen in den literarischen Texten mit zu enthüllen. Vor allem ist hier erläutert, was Goethe unter einer Weimar-Utopie, unter einem Weimar-Modell versteht. Leo Kreutzer rückt die Fehlinterpretationen des Naturwissenschaftlers Goethe zurecht und konfrontiert die zunehmende Globalisierungseuphorie mit dem Plädoyer für eine »Phantasie des Lokalen«[134]. Beides höchst aktuelle Ansätze, die von einem Goethe berichten, der im germanistischen Mainstream kaum zu finden ist. In seinem brisanten Artikel bezieht Kreutzer afrikanische Germanisten in den Globalisierungsdiskurs der Goethe-Zeit ein. In diesem Text wird erkennbar, wie stark dieser Dichter zur Deutung der Gebrochenheit der modernen Welt herangezogen werden kann und wie er als kompetenter Deuter von Irrwegen auftreten kann. Die Phantasie des Lokalen, der überprüfbaren Lebensverhältnisse, hat nichts mit Flucht in das Übersichtliche zu tun. Von der Dialektik von Allgemeinem und Besonderen, von Universalismus und pfleglichem Umgang mit dem Einzelschicksal – von dieser Dialektik können wir uns auch heute nicht verabschieden.

Was bleibt, ist eine Frage: Für die Beantwortung dieser Frage hat *Faust* viele Hinweise gegeben, auch Goethe. Es ist die Frage nach der Gesellschaft, in der wir leben wollen; es ist die Frage nach einem lebenswerten Leben und einem würdigen Sterben. Es gibt keine eindeutige Antwort – aber in den Texten der Vergangenheit nach wahrheitsfähigen Aussagen zu suchen, das ist auch heute ein sinnvolles Unternehmen.

Der Unternehmer-Mensch – Über Zumutbarkeit und Verantwortung

Wollte man sich auf eine Geschichte der Definitionen einlassen, die auf die von Kant als zu schwer eingeschätzte Frage »Was ist der Mensch?« Antworten zu geben versuchen, dann würde man ein sehr weites und widersprüchliches Spektrum von Aussagen, von Realitätsbeschreibungen und diesseitsgewandten Bestimmungen des Menschen vorfinden. Im Grunde kristallisieren sich solche Definitionen vom Menschen, den man als vorherrschenden Typus oder in der Wunschvorstellung eines Selbstideals gelten lassen möchte, in jeder Epoche in eigentümlicher und unverwechselbarer Weise heraus. Eine der bekanntesten Definitionen dieser Art ist das *zoon politikón* von Aristoteles; der vollwertige, in seinen Eigenschaften und Grundbedürfnissen wohl auch herbeigewünschte Mensch ist der sorgfältige Polis-Bewahrer. Außerhalb der Polis können nur Götter und Tiere leben. Tiere haben zwar eine Stimme, mit der sie Zeichen von Schmerz und Freude bekunden können, aber nur der Mensch hat die Sprache. Und die Sprache ist das einzige Medium, das im politischen Zusammenhang des Stadtstaates aus gemeinschaftsfeindlichen Bestrebungen des einzelnen Ausgleich herstellen und Frieden sichern kann. »Daraus geht nun klar hervor«, sagt Aristoteles, »daß der Staat zu den Dingen zu zählen ist, die von Natur sind, und daß der Mensch (nach der Bestimmung) der Natur ein Lebewesen ist, das zum staatlichen Verband gehört, und daß derjenige, der aufgrund seiner Natur, und nicht durch eine Schicksalsfügung, außerhalb des staatlichen Verbandes steht, entweder minderwertig – oder übermenschlich – ist... Denn wer von Natur so ist, der sucht zugleich Streit, da er ohne Verbindung dasteht (wie ein Stein) auf dem Spielbrett. Daß aber die Bezeichnung ›zu einem Staate gehörend‹ eher für den Menschen als für jede Biene und für jedes Herdentier zutrifft, ist klar.«[135] Der Mensch ist ein aus Freiheit auf friedliche Vereinbarungen und Verständigung angelegtes Lebewesen, das seine Anlagen und seine Freiheitsbedürfnisse nur in der staatlichen Gemeinschaft entfalten kann. Die Sorge für das Wohl der Polis liegt deshalb in der Verantwortung des einzelnen. Wo dieser sich vom Polis-Zusammenhang aus freiem Entschluß trennt, verliert er seine eigentliche menschliche Wesensbestimmung und wird zum Sklaven seiner Begierden; er fällt in die Naturabhängigkeiten zurück und verliert den öffentlichen Raum seiner Freiheitstätigkeit.

Sehr hoch in der diesseitigen Welt ist also der Mensch angesetzt, der sich als Polisbürger betätigt; die Polis selbst hat so etwas wie einen Ewigkeitsstatus in der Welt erfahrbarer Dinge.

Solche epochenspezifischen Definitionen des Menschen sind, weil sie stets holzschnittartige Vereinfachungen darstellen, in ihrer allgemeinen Aussagekraft sicherlich problematisch; in der Zuspitzung werfen sie jedoch Licht auf den vom Zeitgeist favorisierten Menschentyp, auf den sich Wunschvorstellungen richten. Die Korrespondenz zwischen einem Machtmenschen vom Zuschnitt eines Condottiere (ursprünglich ein Söldnerführer, der jedoch dauerhafte Herrschaft begründen konnte) und einem vielseitig gestaltenden Künstler wie Leonardo prägt ein Bild vom Menschen, das man so nur in der Renaissance findet. Und als die bürgerliche Klasse ihre ursprüngliche Akkumulation und die frühkapitalistischen Raubzüge beendet hatte, da regte sich das Bedürfnis, dem Menschen Glanz und Sonderstellung im Kosmos gerade dadurch zuzuschreiben, daß er aus der Verwicklung in materielle Bedürfnisse und Interessen befreit wird. Der *Citoyen* ist das Traumbild, das Ideal des Bourgeois, der von der banalen Alltagswelt des Besitzindividualismus nicht in der Realität, sondern nur in der Phantasie loskommen kann. Es ist dieser Citoyen, um den herum ein Menschenbild geprägt wird, das mit der individuellen Autonomie und Würde Gesetzgebungskraft im Interesse der Menschheit verbindet. Achtung der Menschheit in der individuellen, jeder einzelnen Person, wie Kant sie fordert, ist daher das bestimmende Unterscheidungsmerkmal zu allen Lebewesen, die in die Kausalität der Weltverhältnisse eingebunden bleiben und daher weder Freiheit noch Verantwortung kennen. Souveränität wird in das Innere der gesetzgebenden Instanz des freien Menschen verlagert, der die ihm von der Natur verliehenen Kraftquellen für die Ausgestaltung einer friedensfähigen Gesellschaft nutzt. Hier verknüpfen sich Traditionslinien von Kant und Rousseau mit der Wilhelm von Humboldts.

Das Idealbild des Menschen, wie es eine Epoche entwirft, nimmt im Grunde auch Regeln und Zwecke auf, wie Bildung und Erziehung von den Menschen verstanden werden. Das ist gut nachweisbar am Beispiel Humboldts. In seinem höchst aktuellen Werk, das sich mit den »Grenzen der Wirksamkeit des Staates« beschäftigt, ist die *Entstaatlichung der Gesellschaft* mit einer klaren Zwecksetzung der zusammenhängenden Entfaltung der Sinnes- und Verstandeskräfte des Menschen verknüpft. »Der wahre Zweck des Menschen, nicht der, welchen die wechselnde Neigung, sondern welchen die ewig unveränderliche Vernunft ihm vorschreibt – ist die höchste und proportionirlichste Bildung seiner Kräfte zu einem Ganzen. Zu dieser Bildung ist Freiheit die erste, und unerläßliche Bedingung. Allein außer der Freiheit erfordert die Entwikkelung der menschlichen Kräfte noch etwas andres, obgleich mit der Freiheit eng verbundenes, Mannigfaltigkeit der Situationen. Auch der freieste und unabhängigste Mensch, in einförmige Lagen versetzt, bildet sich minder aus. ... der Mensch (scheint) zur Einseitigkeit bestimmt, indem er seine Energie schwächt, sobald er sich auf mehrere Gegenstände verbreitet. Allein dieser Einseitigkeit entgeht er, wenn er die einzelnen, oft einzeln geübten Kräfte zu vereinen, den beinahe schon verloschenen wie den erst künftig hell aufflammenden Funken in jeder Periode seines Lebens zugleich mitwirken zu lassen und statt der Gegenstände, auf die er wirkt, die Kräfte, womit er wirkt, durch Verbindung zu vervielfältigen strebt. Was hier gleichsam die Verknüpfung der Vergangenheit und der Zukunft mit der Gegenwart wirkt, das wirkt in der Gesellschaft die Verbindung mit anderen.«[136] Gut zwanzig Jahre vor Humboldts Schrift über die Grenzen des Staates war ein epochales Buch von Adam Smith erschienenen: *Untersuchung über das Wesen und die Ursachen des Reichtums der Nationen*. Am Beispiel der Nadelmanufaktur erläutert Smith die ungeheure Produktivität von Arbeitsteilung und Kooperation im ökonomischen Zusammenhang der Warenproduktion. Diese Problematik entfaltet Humboldt in den

Binnenräumen der Subjektivität. *Bildung ist Herstellung des Zusammenhangs der menschlichen Lebenskräfte,* die bewußt in Verbindung zueinander gebracht werden müssen, wenn sie menschlichen Zwecken dienen sollen. Es ist die höchste und proportionierteste Verbindung dieser Kräfte, nicht die treibhausmäßige Spezialisierung und Vereinseitigung, welche dem Gemeinwesen den größten Nutzen bringt.

Wenn ich hier einige Beispiele für epochenspezifische Merkmale vorführe, die mit einem bestimmten Menschenbild verknüpft werden, ob nun in Gestalt eines Selbstideals oder einer Realitätsvermutung, dann bin ich mir dessen bewußt, daß es sich dabei um eine idealtypische Konstruktion der Zuspitzung handelt, wie Max Weber das verstanden hat. Die Sonderstellung des Menschen in der Gesellschaft und in der Natur mit *einem* auszeichnenden Merkmal kenntlich zu machen, scheint den Erkenntnistrieb immer wieder erregt zu haben. Man spricht vom *tool making animal,* dem Werkzeuge produzierenden Tier; dem *animal rationale,* dem vernunftbegabten Lebewesen. Kant stellt fest, daß weder Verstand noch Vernunft die entscheidende Differenz des Menschen zu anderen Lebewesen ausmacht, sondern daß es die Würde ist, daß er sich selbst bindende Gesetze auferlegen kann. In der Anthropologie Arnold Gehlens wird vom Menschen als dem Mängelwesen gesprochen, das seine Instinktreduziertheit durch technische Anlagen ausgleichen muß. Da wäre der *Homo faber* zur Stelle, der für alle Probleme technische Lösungen zur Verfügung stellt. Immer werfen diese Definitionen Licht auf Teilwirklichkeiten; auf Tätigkeitsmerkmale, die den Menschen in einzelnen Bereichen tatsächlich kennzeichnen.

Mit welchem Kranz von Merkmalen der Mensch ausgestattet wird, das hat freilich erhebliche Bedeutung für sein Verhalten zur

Natur, zu den Dingen und den anderen Menschen. Wird der Mensch als instrumentelles Lebewesen definiert, so ist zu erwarten, daß Denken und Verhalten auf erfindungsreiche Mittelverwendungen reduziert sind. Wie stark die instrumentell herabgestufte Definition des Menschen selbst die ökonomische Wertbildung berührt, demonstriert Marx in einer Fußnote im ersten Band des *Kapital* am Beispiel der Sklaverei in den Südstaaten der USA. Er sagt: »Dies ist einer der Umstände, die die auf Sklaverei gegründete Produktion verteuern. Der Arbeiter soll sich hier, nach dem treffenden Ausdruck der Alten, nur als instrumentum vocale (sprachbegabtes Werkzeug) von dem Tier als instrumentum semivocale (stimmbegabten Werkzeug) und dem toten Arbeitszeug als instrumentum mutum (stummen Werkzeug) unterscheiden. Er selbst aber läßt Tier und Arbeitszeug fühlen, daß er nicht ihresgleichen, sondern ein Mensch ist. Er verschafft sich das Selbstgefühl seines Unterschieds von ihnen, indem er sie mißhandelt und con amore (mit Leidenschaft) verwüstet. Es gilt daher als ökonomisches Prinzip in dieser Produktionsweise, nur die rohesten, schwerfälligsten, aber gerade wegen ihrer unbehilflichen Plumpheit schwer zu ruinierenden Arbeitsinstrumente anzuwenden. Bis zum Ausbruch des Bürgerkrieges fand man daher in den am Meerbusen von Mexiko liegenden Sklavenstaaten Pflüge altchinesischer Konstruktion, die den Boden aufwühlen wie ein Schwein oder Maulwurf, aber ihn nicht spalten und wenden.«[137]

Gerade dieses Gefühl der Selbstachtung und der Würde trägt in sich eine Kraft, die das instrumentelle Definitionsgehabe im Umgang mit dem Ich, der unwiederholbaren Subjektivität und dem Persönlichkeitskern der Menschen sehr schnell zerbricht. Für die Prägung der herkömmlichen Bilder war stets das gesellschaftliche Betriebsklima entscheidend, das mit der Schwerkraft des Reiches der Notwendigkeit behaftet blieb, vom dem man sich jedoch häufig zu befreien versuchte, wenigstens im Sinne einer zwecksetzenden Idee. Schiller z. B. hat das für die moderne Welt wohl am klarsten formuliert, wenn er dem Menschen das Spiel als seine authentische Tätigkeitsweise vorbehält: »Der Mensch spielt nur, wo er in voller Bedeutung des Worts Mensch ist, und *er ist nur da ganz Mensch,* wo er spielt.«[138] Sein ästhetischer Staat träumt von der Befreiung aus der Not und der Beschwerlichkeit der Produktion des materiellen Lebens unter Bedingungen einer Ökonomie des Mangels.

Nun vollzieht sich unter unseren Augen heute, was die Definition des vollwertigen Menschen betrifft, eine Gedankenverdrehung, die es so bisher in der Geschichte noch nicht gegeben hat. Im Zustand einer absolut beispiellosen Entfaltung der Produktivkräfte und der Reichtumsproduktion, soweit sie den marktbezogenen Warenverkehr betrifft, mobilisiert das politische und ökonomische Herrschaftspersonal Kampagnen, die den Menschen einreden, sie müßten jetzt entschlossen das Selbstbild des *Homo oeconomicus* übernehmen und sich als Betriebswirte ihres eigenen Lebens verstehen. Eine der größten Sumpfblüten im Morast der ideologischen Umdefinitionen von Leben und menschlichen Zwecken ist der »Mensch als Unternehmer«, seine unternehmerische Daseinsbestimmung als eine Art Existential. Unternehmer bezeichnet künftig keinen Beruf mehr oder eine Rolle oder einen Eigentumsstatus; vielmehr ist Unternehmersein der wesentliche Daseinszweck. Wer diese Bestimmung des Menschen verfehlt, mag sich auf der Verliererseite des Überlebenskampfes nachträglich Gedanken darüber machen, warum er nicht rechtzeitig auf die Anforderungen dieses Menschentyps eingeschwenkt ist.

Ich spreche von einer ideologischen Sumpfblüte; sie wird leider nicht nur durch erblindete Praktiker mit eindeutigen Herrschaftsinteressen gepflegt, sondern auch von Soziologen, die ihre fehlende wirkliche Macht durch die Macht über Begriffe, Deutungen und Symbole wettmachen möchten. Daß Menschen ökonomischer Kompetenz bedürfen, um ihre Privathaushalte in Ordnung zu bringen, also lernen müssen, mit den verfügbaren materiellen Mitteln und den begrenzten Ressourcen sorgsam umzugehen, ist ein völlig unstrittiger Punkt. Warum sie sich als Unternehmer betätigen sollen in einer Welt, in der die gewachsene Produktivität der Arbeit und die technischen Mittel gerade jenes Problem schaffen, aus dem sich chronisch Massenarbeitslosigkeit speist, das hat dagegen keine rationalen Gründe, sondern ist ausgesprochen pathologisch.

In *Meyers Großem Taschenlexikon* heißt es unter dem Stichwort *Unternehmer*: »Persönlichkeit, die ein Unternehmen selbständig und eigenverantwortlich leitet und über umfassende Entscheidungsbefugnis verfügt. Der selbständige Unternehmer ist in der Regel auch Eigenkapitalgeber (im Unterschied zum angestellten Manager) und trägt das Risiko. Die beiden Aufgaben (Unternehmensleitung und Übernahme des Kapitalrisikos) sind in der Einzelunternehmung in einer Hand vereinigt, in Gesellschaftsunternehmungen, bes. der AG, fallen sie dagegen versch[iedenen] Rechtsträgern zu, die personell meist nicht identisch sind.«[139] Das sind klare, verständliche, begründete, aber wohl überholte Worte, wenn man den Verfechtern des unternehmerischen Menschentyps wie Ulrich Beck und Meinhard Miegel zuhört. Das Machtgefälle zwischen demjenigen, der Kapital besitzt, und jenen Menschen, die ausschließlich ihre Ware Arbeitskraft auf dem Markt anbieten können, wird ein für alle Mal eingeebnet. Eine Stelle im

Marxschen *Kapital* scheint mir für diese Ignoranz in der Wahrnehmung des Machtgefälles zwischen Kapitalbesitzern (gleich welcher Größenordnung) und dem einfachen Besitzer seiner lebendigen Arbeitskraft charakteristisch zu sein. Verläßt man die Sphäre der einfachen *Zirkulation,* wo Käufer und Verkäufer der Ware sich als gleichwertige Subjekte gegenübertreten, und begeben wir uns in die Sphäre der *Produktion,* dann verändert sich das Bild der handelnden Personen grundlegend. Marx sagt: »Der ehemalige Geldbesitzer schreitet voran als Kapitalist, der Arbeitskraftbesitzer folgt ihm nach als sein Arbeiter; der eine bedeutungsvoll schmunzelnd und geschäftseifrig, der andre scheu, widerstrebsam, wie jemand, der seine eigne Haut zu Markt getragen und nun nichts anderes zu erwarten hat als die – Gerberei.«[140] Marx spricht von Arbeitskraftbesitzern – in der modernen, Waren produzierenden Gesellschaft ist es eben der entscheidende Punkt, daß auch der Arbeiter als Warenbesitzer auftritt, aber die einzige Ware, die er besitzt, besteht in seiner lebendigen Arbeitskraft, die er unter Bedingungen verkaufen kann und muß, die sich seinem Einfluß weitgehend entziehen. Wer dieses Machtgefälle im Gebrauch des Wortes »Arbeitskraftbesitzer« ignoriert, der ist nicht nur erblindet im Erkenntniszusammenhang, vielmehr betreibt er eine betrügerische Manipulation; denn einen Arbeitskraftbesitzer in dem hier bezeichneten Sinn auf Augenhöhe mit dem Kapitalbesitzer bringen zu wollen, bedeutet nichts anderes, als zum Mittel magischer Beschwörung zu greifen.

Wer deshalb behauptet, die Zukunft der Welt hänge wesentlich vom Willen und dem Mut des Arbeitskraftbesitzers ab, sich aus der selbstverschuldeten Lethargie zu lösen, der führt im Grunde im Schilde, im Interesse der wirtschaftlich Mächtigen alle Lasten der sozialen Sicherung der Existenz dem einzelnen aufzubürden. Meinhard Miegel (Kooperationspartner von Ulrich Beck in der bayerisch-sächsischen Kommission für Zukunftsfragen) ist der engagierteste Propagandist dieser Neudefinition des Menschen im betriebwirtschaftlichen Korsett. »Jahrzehntelang haben wir in der Frage der Eliten betreten geschwiegen. ... Dieses Tabu können und dürfen wir uns nicht länger leisten. Hiermit verbunden ist die Förderung von Selbständigkeit und Unternehmertum. Dabei geht es nicht in erster Linie um die Weckung weiterer Freiberufler oder Förderungfonds für Jungunternehmer. Vielmehr muß der große, gebildete und wohlhabende Bevölkerungsteil lernen, einen größeren Teil seiner Existenzsicherung in die eigene Hand zu nehmen. Sich auf die Straße zu stellen und einen Arbeitsplatz zu fordern ist einfach, ihn zu schaffen schwierig. Solange jedoch die einen immer nur fordern und von den anderen erwartet wird, daß sie diese Forderung erfüllen, wird es mit der Verwirklichung von Gleichheit in unserer Gesellschaft nicht weit her sein. Die Zukunft gehört dem Unternehmer seiner eigenen Arbeitskraft.«[141]

Die Zukunft gehört also dem Arbeitskraftunternehmer. Zwar konzediert Miegel, daß die Mehrheit der Erwerbsbevölkerung auch zukünftig in abhängigen Beschäftigungsverhältnissen stehen wird. Er spricht aber eine Ermahnung aus: »Wer aber seine Arbeitskraft nicht selbst in das Wertschöpfungsgefüge einzubringen vermag und sich hierfür Dritter bedienen muß, wird zu den Verlierern des wirtschaftlichen und gesellschaftlichen Wandels zählen. Diese im weitesten Sinne unternehmerische Gesellschaft kann und wird innovativer und produktiver sein als die heutige.«[142] So ist die Selbstdefinition des Menschen, sich unternehmerisch auszusetzen und zu betätigen, das entscheidende Existential des modernen Menschen; dem wäre durchaus menschliche Qualität abzugewinnen, wenn man es nicht auf den Bedingungsrahmen enger marktwirtschaftlicher Rationalität beschränken würde. Das ist aber in allen diesen ideologisch verbrämten Entzerrungen von Staat und Individuen der Fall, denn in ihrer Kernaussage dienen sie nur einem einzigen Zweck: Der Mensch solle gefälligst für sich selbst aufkommen, auch die von der Gesellschaft verursachten Lasten seiner Existenzweise in Verantwortung nehmen und sich aus den sozialen Sicherungssystemen der Gesellschaft, diesen gewaltigsten und nachhaltigsten Errungenschaften des 20. Jahrhunderts, mit Willen und Bewußtsein verabschieden. Wie der überbordende gesellschaftliche Reichtum produziert wird, erscheint diesen Theoretikern des modernen Menschen als ein von dem Tatbestand, daß die Masse der Menschen ja tatsächlich der entscheidende Faktor der Wertschöpfung ist und deshalb ein Recht auf Mitbestimmung bei der Verwendung ihrer Produkte hat, völlig abgetrennter Sachverhalt. Wenn der gesellschaftlich produzierte Reichtum in die Gesellschaft jedoch nicht mehr zurückkehrt, sondern privat angeeignet werden darf, dann ist das gesellschaftliche Gefüge mit Explosionsherden ausgestattet.[143]

Zoon politikón, Renaissance-Mensch, aus dem Innern gesteuerter Citoyen – das sind sehr verschiedene Entwürfe vom Menschen, wie er ist und wie er sein soll; ihnen gemeinsam ist jedoch, daß sie in der Bestimmung der individuellen Lebensführung gleichzeitig gesellschaftliche Grundrisse des guten, sinnvollen und dem Gemeinwesen gegenüber verantwortlichen Lebens enthalten. In dem auf unternehmerische Tätigkeit zugespitzten Bild vom Menschen sind zwangsläufig Charaktereigenschaften und Erfindungsgeist vorherrschend, die auf Profitmaximierung, Renditesteigerung jeder Art, auf zweckrationale Verwendung der Mittel und Zeitverdichtung der Zwecke gerichtet sind. Daß alle diese Fertigkeiten und Problemlösungsstrategien betriebswirtschaftlich sinnvoll und für den gesellschaftlichen Produktionszusammenhang unerläßlich sind, das ist völlig unstrittig. Hier hat die instrumentelle Vernunft in allen ihren Ausprägungen ihren angestammten und legitimen Platz. Diese Merkmalsbestimmungen mit ihren Realitätsvorteilen jedoch zu Daseinszwecken der Menschen zu verallgemeinern, erfüllt nicht nur den soziologischen Tatbestand einer Vorurteilsproduktion, sondern leistet dem totalitären Umbau einer Gesellschaft Vorschub.

Zunächst muß festgehalten werden, daß diese Neudefinition des Menschen ihren banalen gesellschaftlichen Kontext hat. In gleichem Maße, wie die sozialstaatlichen Sicherungssysteme abgebaut werden, wächst der Mensch in die Rolle des selbstverantwortlichen Lebewesens, das für mündig erklärt wird und dem deshalb auch zumutbar ist, für den überwiegenden Teil der Sozialkosten, für Krankheit, Bildung, Alterssicherung, durch Verwertung eigener Ressourcen aufzukommen. Nicht nur soll, wie im Märchen, jeder seines Glückes eigener Schmied sein, sondern er soll auch die Betriebskosten für die Leidvermeidung tragen. In der von Meinhard Miegel geleiteten Kommission für Zukunftsfragen der Freistaaten Bayern und Sachsen heißt es daher auch völlig unverblümt: »Die Zerschlagung der sozialen Sicherungssysteme muß als produktiver Akt der Befreiung der Bevölkerung von der Vormundschaft des Staates gesehen werden. Die Bevölkerung kann auch größere Verantwortung übernehmen und so den Staat entlasten. Dann können Abgaben vermindert, die öffentlichen Haushalte konsolidiert, die Bürokratie eingeschränkt und Regulierungen abgebaut werden. Der Weg ist frei für mehr

Eigeninitiative und Leistungsbereitschaft, individuelle Verantwortung und Freude an der Übernahme vertretbarer Risiken. An Stelle der Sozialstaatsorientierung unmündiger tritt die Gemeinschaftsorientierung mündiger Bürger.«[144]

Der Verleger Reinhard Mohn spricht von einer *Kultur der Selbständigkeit,* Roman Herzog, ehemaliger Bundespräsident, von einer *Gesellschaft* der Selbständigkeit; überhaupt gehört zur Vision dieser »Weltbürgergesellschaft« die gewaltige Anreicherung von allem, was mit diesem *Selbst* verknüpft ist: *Selbstinitiative, Selbstkontrolle, Selbstvertrauen, Selbstverantwortung, Selbstorganisation,* sogar *Eigensinn* gehört dazu.[145] Der Gemeinwohlunternehmer, der sich hier auf der Grundlage eines autonomen Wirtschaftssubjekts in den Stand des Citoyen aufputzt, wird freilich fortwährend durch die Erfahrungen eines ganz anderen Menschentypus in Frage gestellt und dementiert, der sich ihm als Antipode gegenüberstellt, obwohl er untrennbar mit ihm verknüpft ist: Es ist der *allseitig verfügbare,* universell flexible und in Abrufbereitschaft stehende *Mensch,* der sich glücklich schätzt, wenn er im Abhängigkeitsgeschehen des Marktes irgendwo einen Platz erwischt, wo er seine Arbeitskraft gegen Bezahlung (wenn sie auch noch so dürftig sein sollte) realisieren kann. Er möchte vielleicht gerne jenes Individuum sein, das sich Ulrich Beck ausgedacht hat, wenn er sagt: »Das wählende, entscheidende, sich selbst inszenierende Individuum, das sich als Autor seines eigenen Lebens, Schöpfer seiner Identität versteht, ist die Leitfigur unserer Zeit.«[146] Diesem Menschen ist jedoch die frohe Zukunftsgewißheit und die Lust, mit Freude neue Chancen zu ergreifen, noch nicht so richtig anzumerken; seine Physiognomie und seine Lebenseinstellung erinnern eher an jenen auf den Markt tretenden *Arbeitskraftbesitzer,* wie Marx ihn in ironischer Brechung sieht, »scheu, widerstrebsam, wie jemand, der seine eigne Haut zu Markt getragen und nun nichts anderes zu erwarten hat als die – Gerberei.«[147]

Es ist genau dieses Menschenbild, das zur Zeit für die wirtschaftlichen und politischen Führungsschichten zur Krisenlösung unter Beibehaltung der existierenden Macht- und Herrschaftsverhältnisse benötigt wird. Dieser allseitig verfügbare Mensch, der in Wirklichkeit einen häufig erfolglosen sozialdarwinistischen Überlebenskampf zu bestehen hat, bedarf in der Tat der öffentlichen Ermunterung und einer ideologischen Statuszuschreibung, die ihm ein illusionäres Selbstwertgefühl verschafft, auf Augenhöhe mit den tatsächlichen Unternehmern zu stehen. Hätte er nicht wenigstens diese Illusion, würde ihm die Zerstörung seiner sozialen und gesellschaftlichen Lebensqualität als ein Akt der Selbstproduktion wohl nie in den Sinn kommen. Schon die Nazis hatten ein sicheres Gespür für solche Symbolbildungen; indem sie den prosaischen Unternehmer oder Manager in den Rang eines Wirtschaftsführers erhoben, konnten sie sicherer auf Folgebereitschaft rechnen. Diese hoheitliche Symbolbildung auf allen Ebenen, die natürlich durch die folgebereiten Intellektuellen untermauert wurde, konnte auch beträchtliche Freiwilligenressourcen mobilisieren, ohne daß Unternehmer oder Staat bezahlen mußten.

Wenn das Unternehmerische als neues Existential des modernen Menschen gefeiert und häufig auch als eigene Entdeckung ausgegeben wird, bedarf es der Erinnerung, daß der Originaltext dieser Verallgemeinerung des unternehmerischen Verhaltens Joseph Schumpeters *Theorie der wirtschaftlichen Entwicklung* ist.[148] Nachdem Schumpeter im ersten Teil seines Buches das Wirtschaftsleben unter dem Gesichtspunkt eines »Kreislaufs« in jahraus, jahrein wesentlich gleicher Bahn, »vergleichbar dem Blutkreislauf des tierischen Organismus«, betrachtet hat, geht er der Frage nach, an welchen Bruchstellen des wirtschaftlichen Handelns neue Impulse gesetzt werden, die gleichsam den bürokratisch gesicherten Ablauf der Wirtschaft stören und zu Richtungsänderungen führen. Das Störende und manchmal auch Zerstörende bezieht sich überwiegend auf das Zerbrechen der Routine wirtschaftlichen Handelns; und da Routine ebenso wie innovative Anstöße handelnde Subjekte zu ihren Trägern haben, begibt er sich auf die Suche nach jenen Figuren, die für diese Basis-Innovationen in Frage kommen könnten. Unter dem wirtschaftlichen Führungspersonal entdeckt er eine Figur, die nicht in ihrer festgefügten Rolle, sondern mit besonderen Tätigkeitsmerkmalen dafür in Frage kommen könnte, daß sie Anstöße zu Neuem gibt. Indem Schumpeter eher auf den älteren französischen Begriff *entrepreneur* und den englischen *undertaker* zurückgreift, als auf das, was sich allmählich als Berufsbild des Unternehmers herausgebildet hat, definiert er unternehmerische Tätigkeit ganz neu. »Unternehmersein (ist) kein Beruf ... und überhaupt in der Regel kein Dauerzustand; so sind die Unternehmer zwar eine Klasse im Sinne einer Gruppe, die der Forscher durch Klassifikation bildet ... aber keine Klasse im Sinne der sozialen Erscheinung, die man im Zusammenhang mit ›Klassenbildung‹, ›Klassenkampf‹ usw. meint. Die Erfüllung der Unternehmerfunktion schafft klassenmäßige Positionen für den erfolgreichen Unternehmer und die Seinen, sie kann auch einer Zeit ihren Stempel aufdrücken, Lebensstil, moralisches und ästhetisches Wertsystem formen, aber sie bedeutet an sich ebenso wenig eine Klassenposition, als sie eine voraussetzt.«[149]

Insofern kann in der Tat jeder Mensch, wie die Schumpeter-Adepten behaupten, Unternehmer sein, notfalls auch als Ich-AG oder abgemagerter Arbeitskraftbesitzer. So dumm war Schumpeter allerdings nicht, daß er bloße Erregungszustände für das Neue, Risikobereitschaft oder Abenteuerlust mit dem Prädikat der Unternehmertätigkeit geehrt hätte. Wenn Schumpeter sagt, Unternehmer ist man dann, wenn man eine »neue Kombination« durchsetzt, dann gibt er der unternehmerischen Tätigkeit für das eigene Gemeinwesen eine besondere Verantwortung. Diese hängt nie bloß von der objektiven Lage des Unternehmens ab und auch nicht von der Kapitalausstattung des Unternehmers, sondern ist eine eigene schöpferische Tätigkeit. »Die Durchsetzung neuer Kombinationen (ist) eine besondere Funktion und (ein) Privileg von Leuten, die viel weniger zahlreich sind als jene, die äußere Möglichkeit dazu hätten, und oft von Leuten, denen jede äußere Möglichkeit dazu zu fehlen scheint. Deshalb sind Unternehmer ein besonderer Typus, deshalb auch ihr Tun ein besonderes Problem und der Erzeuger einer Reihe bedeutsamer Phänomene.«[150] Unternehmer in diesem Sinne sind Handwerker des Mittelalters, Bauern, Börsenleute, »Dorfpotentaten, die mit ihrer Bauernwirtschaft und ihrem Viehhandel etwa noch eine ländliche Brauerei, eine Gastwirtschaft und einen Warenladen vereinigen.«[151]

Bestimmte Schulen der Nationalökonomie hatten Management- und Unternehmerfunktionen einfach identifiziert. Dagegen wendet sich Schumpeter entschieden. Das Unternehmerelement im Handel hängt weder von der Kapitalausstattung noch von der Berufssituation ab; es ist die besondere Kompetenz neuer Kombinationen in jeder Form menschlicher Tätigkeit, wie das Arbeitsvermögen oder der Tätigkeitsdrang unserer Sinne. Macht spielt insoweit eine Rolle, als diese Durchsetzung »neuer Kombinationen« alte Verhältnisse in Frage stellt. »Weil Unternehmersein kein Beruf ist und überhaupt in der Regel kein Dauerzustand«, ist unternehmerische Tätigkeit eher die Beschreibung eines schöpferischen Vorgangs als die Sicherung eines Existentials, das der diesseitigen Existenzweise des Menschen insgesamt zukommt. Natürlich ist es sinnvoll, wenn ein Forscher gleichzeitig imstande ist, seine Erkenntnisse auf dem Markt zu verkaufen; die Arztpraxis, in der nach ökonomischen Gesichtspunkten gewirtschaftet wird und die Verschreibungsgewohnheit dem Druck der Pharmaindustrie widersteht, ist nach Schumpeters Kriterien ein gutes Unternehmen. Aber in allen diesen Berufen die unternehmerische Praxis an Kriterien zu orientieren, die marktbezogen sind, wäre auch für Schumpeter völliger Unsinn. Insoweit haben die leidenschaftlichen Verfechter des unternehmerischen Menschen alle von Schumpeter abgeschrieben, aber nur wenig von dem verstanden, was er eigentlich meinte: Er sprach, als er den unternehmerischen Menschen allgemein ins Spiel brachte, vom schöpferischen Unterbrechen des normalen und routinierten Wirtschaftskreislaufs, nicht von einer Neudefinition des Menschen als eines *Homo oeconomicus,* der die *Fachkompetenz* des Arbeitskraftunternehmers zu seiner *Daseinskompetenz* verfälscht.

Tatjana Freytag faßt die Probleme, die mit der Übertragung der Kriterien unternehmerischen Verhaltens auf sämtliche gesellschaftliche Lebensbereiche verknüpft sind, folgendermaßen zusammen: »Alle diejenigen Eigenschaften, die scheinbar nur auf dem Nährboden des ›Unternehmerischen‹ zur Blüte treiben, sind der Menschheit ja nicht unbekannt. So ließe sich Verantwortungsbewußtsein, Selbsttätigkeit, ja auch Eigeninitiative frei von jeglichem verwertungsgerichteten, betriebswirtschaftlichen Kalkül als menschliche Qualität denken. Davon jedoch weit entfernt, wird allein unternehmerisches Denken und die frühzeitige Befähigung dazu als conditio sine qua non jeglicher Persönlichkeitsentwicklung ausgegeben, die in keinem Schulcurriculum mehr fehlen darf. Dabei ist der Charakter des unternehmerischen Denkens nicht zu trennen von der kapitalistischen Produktion, ein Denken, dessen Partialität die Logik des Tausches nicht überschreiten kann und somit den dieser Logik unterliegenden Irrationalismen folgt. Die von den Vertretern der ›enterprise culture‹ so gehuldigten personalen Dispositionen und Schlüsselqualifikationen, insbesondere die sozialen Kompetenzen, widersprechen geradezu einem Menschentypus, der seine partikularen Interessen unter Konkurrenzdruck versuchen muß, gegen andere durchzusetzen. Interessanterweise ist bei aller Willkür, was die Zusammenstellung des Kanons an unternehmerischen Eigenschaften anbelangt, doch festzustellen, daß bestimmte Fähigkeiten stets ausgelassen werden: Phantasie, Selbstbestimmung, Widerstandsfähigkeit, Erfahrungsfähigkeit, Spontaneität, um nur einige zu nennen, scheinen für die ›Macher‹ der neuen Bildungsziele keine erstrebenswerten ›skills‹ oder ›soft-skills‹ darzustellen.«[152]

Ich kehre zur Literatur zurück. Es ist ja die große Leistung von Hans-Georg Gadamer, Texte der Vergangenheit in die Gegenwart zurückzuholen, um sie in eigens erfahrenen Deutungszusammenhängen der gegenwärtigen Lebenswelt überprüfbar zu machen. Faust ist nicht unser Zeitgenosse, aber sind wir nicht Zeitgenossen dieser *Faust*-Tragödie, weil sie Probleme aufwirft, die uns unmittelbar berühren und nach wie vor in Erregung bringen? Zu den zentralen Problemen, welche das Drama thematisiert, gehört das der Verantwortung für das, was der Mensch tut oder unterläßt und was die Motive und die Wirkungen seines Handelns bestimmt. Auf allen Stufen seiner Karriere ist Faust damit konfrontiert, und das Problem verläßt ihn auch nicht, als er im Besitz von Macht und Eigentum ist und zum ersten Mal in seinem Leben so etwas wie einen nützlichen Produktionsprozeß in Gang bringt und zu überwachen versucht. Es stellt sich dabei auch die Frage, welche zumutbaren Opfer einfache Menschen bringen müssen, damit die großen geschichtlichen Projekte gelingen können. Das setzt aber, wie Hartmut von Hentig betont, gelingende Bildungsprozesse voraus, in deren Zentrum (wenn denn überhaupt von Bildung gesprochen werden darf) »Bereitschaft zur Selbstverantwortung und Verantwortung in der res publica« zu stehen habe.

Das ist nun der springende Punkt für die Erfolgsethiker und für diejenigen, die dem Arbeitslosen einzureden bemüht sind, er hätte alles Zeug zum Unternehmer, wenn er sich dazu nur entschließen würde. Gegenwärtig vollzieht sich nämlich eine brisante Polarisierung des kulturellen Sprach- und Symbolspektrums, wodurch ganz neue Zuordnungen von Zumutbarkeitsregeln und Verantwortungen kollektiv befestigt werden. In einer Zeit offenkundig enger werdender Verteilungsspielräume öffentlicher Haushaltsmittel finden sich nämlich sehr viele Menschen mit neuen Vorstellungen von Zumutbarkeit und mit neuen Erwartungen konfrontiert: Man hält es für zumutbar, daß sie ihr beträchtliches Lebensniveau um einige Stufen senken, sich also ohne großes Murren zu Opfergeschenken auf dem Altar allgemeiner Wohlfahrt bereiterklären.

Die Zukunft wird mit der kategorischen Erwartung versehen, den entwürdigenden Stand eines allseitig betreuten und damit entmündigten Menschen zu verlassen und wieder entschieden Verantwortung zu übernehmen für sich selbst, für die nächsten Angehörigen, ja für das Wohl und Wehe des gesamtgesellschaftlichen Gemeinwesens. So sind Zumutbarkeit und Verantwortung, nimmt man das zur Zeit festgeklopfte Begriffs- und Symbolspektrum der neoliberalen Leistungswelt, aufs engste miteinander verschränkt und geradezu zu Existenzbestimmungen der vom gegenwärtigen Prozeß des Sozialabbaus betroffenen Menschen geworden.

Aber beide Begriffsfelder verweisen auf vermintes Gelände. Höchst merkwürdige Verschiebungen zeichnen sich ab. Je weiter wir den Blick nach oben richten, auf die glanzvollen und privilegierten Macht- und Herrschaftsetagen, desto unsicherer werden Opferzumutungen und Verhaltensweisen – Haltungen, die Anzeichen von Verantwortungsbewußtsein vermuten lassen. Zehn Euro Praxisgebühr – das ist so handfest und unmißverständlich durchsichtig wie der Zehnte vom Ernteertrag, den der mittelalterliche Bauer der ewig bedürftigen Kirche zu entrichten hatte. »Soll ich das denn selber bezahlen?!« gab der Bundesbankpräsident Welteke (als er noch im Amt war) der verblüfften Journalistenrunde zur Antwort, als ihm die von einer Privatbank beglichene Rechnung für eine weitgehend zu familiären Urlaubszwecken genutzte Suite im Adlon-Hotel vorgehalten wurde. Ist das zumutbar, eine Rechnung von 7 000 Euro zu bezahlen, wenn dahinter ein Einkommen von 350 000 Euro Jahresgehalt steht, oder gelten hier ganz andere Zumutbarkeitsregeln als auf dem normalen Arbeitsmarkt, wo ja bekanntlich Kürzungen der Unterstützung angedroht werden, wenn als zumutbar definierte Arbeit verweigert wird? Denn noch vor kurzer Zeit hat derselbe Topmanager der Finanzwelt erklärt: »Solange Rentner ihren Urlaub in Mallorca verbringen, kann man ihnen Rentenkürzungen durchaus zumuten.«

Es wäre jedoch verfehlt, die hartnäckige Selbstabdichtung gegen alle Schamgefühle und Gewissensbisse, wie sie sich normalerweise zeigen müssten, auf mißglückte individuelle Moralentwicklung zurückzuführen und lediglich mangelnden Anstand zu beklagen. Beispiele organisierter und auf die Zentren wirtschaftlicher Macht verweisender Verantwortungslosigkeit sind zu alltäglichen Medienmeldungen geworden; es ist also ein strukturelles gesellschaftliches Problem, mit dem wir es zu tun haben, keines einzelner entgleister Managerkarrieren. Es drückt eine schwere Störung des Maßverhältnisses von Macht und Moral, von öffentlicher Verantwortung der Mächtigen und einem Besitzindividualismus aus, der räuberische Aneignungspraktiken als schöpferische Impulse mißdeutet.

Die Suche nach objektiven Gesetzmäßigkeiten, um von Verantwortung für die gewollten Folgen, aber auch für die ungewollten Nebenfolgen entlastet zu werden, hat inzwischen groteske Formen angenommen. Es sind ja nicht nur die im vergangenen Jahrzehnt in großer Zahl gegründeten Firmen der Unternehmensberatung, die, wie man weiß, zu 80 Prozent ausschließlich für die Aufgabe fürstlich bezahlt werden, ökonomische Gesetzeslegitimationen zu liefern, um Entlassungen von Arbeitskräften als alternativlos erscheinen zu lassen. Wo es objektiv keine Alternativen gibt, ist jedes verantwortungsvolle Handeln nutzlos. »Auch die Manager sind Getriebene«, sagt der ehemalige Daimler-Chef Edzard Reuter.

Das hohe Wort Verantwortung – hat es nur noch für den »Arbeitskraftbesitzer« Geltung? In dem Maße nämlich, wie die betriebswirtschaftliche Denkweise das, was man ›Ökonomie des Ganzen Hauses‹, den Volkswohlstand oder auch politische Ökonomie nennen könnte, aufgezehrt hat, scheint ökonomisches Handeln seinen Entscheidungsspielraum völlig eingebüßt zu haben. Unternehmen, die Massenentlassungen planen, denken häufig über Produktionsalternativen überhaupt nicht mehr nach. Längst ist Globalisierung zu einem Erpressungsmittel geworden. »Wenn ihr eure Ansprüche nicht weiter senkt, müssen wir den Betrieb oder Betriebsteile in Billiglohnländer verlagern!« Solche Parolen, die mit einer Unbefangenheit Verbreitung gefunden haben, als hätten die Gebote der Wirtschaft *quasireligiösen Rang,* unterstellen von Menschen gemachte und durch Interessen definierte Gesetzmäßigkeiten als ›Naturgesetze‹, die unumstößlich gelten. Das ist jedoch falsches Bewußtsein, Ideologie im klassischen Sinne.

Daß es sich bei dieser Verwendung naturgesetzlicher Metaphern für gesellschaftliche Prozesse um Rechtfertigungsmedien für privilegierte Herrschaftsinteressen und die individuelle Aneignungspraxis kollektiv erarbeiteten Reichtums handelt, ist gerade in den letzten Jahren immer deutlicher geworden. In den siebziger Jahren galt die Devise: *Die Gewinne von heute sind die Investitionen von morgen und die Arbeitsplätze von übermorgen.* Eine überzeugende Kausalkette, glaubte man. Die Sache hat jedoch eine geradezu absurde Wendung bekommen: *Die Gewinne von heute sind immer häufiger die Arbeitslosen von morgen.*

Die Wirtschaftseliten, die den Unternehmertypus gerne zum bestimmenden Menschenbild stilisieren möchten, sind heute dabei, ihr Ansehen in einer Weise zu beschädigen, das in der deutschen Nachkriegsgeschichte ohne Beispiel ist. Es sind bedrohliche Zerfallserscheinungen einer politischen Kultur, wenn Topmanager und Verbandsfunktionäre Tag für Tag das Anspruchsverhalten von Lohn- und Gehaltsempfängern der Kritik unterziehen; längere Arbeitszeiten ohne Lohnausgleich, mehr Eigenverantwortung für die Gesundheitsversorgung von den Arbeitnehmern fordern, gleichzeitig aber die Geldgier privilegierter Managercliquen, von deren Gehältern ja selbst das Führungspersonal mittelständischer Unternehmen nur träumen kann, mit Schweigen oder verständnisvoller Duldung übergehen.

Auch auf dieser Ebene sind hilfswillige Wissenschaftler zur Stelle, die das Gewissen entlasten. Da macht sich ein Professor in einer Fernsehdiskussion daran, das angemessene Gehalt für einen Topmanager zu berechnen. Er nimmt ein Monatsgehalt von 3 000 Euro und erklärt, das 150fache sei leistungsgerecht. Aber das ist kein wissenschaftliches Resultat, sondern eher eine Schande für seine Profession, die er mit solchen Scheinberechnungen diskreditiert. Als der ehemalige Bundeskanzler Gerhard Schröder deutsche Firmen als unpatriotisch bezeichnete, die Betriebe in Billiglohnländer verlagern, obwohl sie ausreichende Gewinne im Inland machten, empörte sich die Wirtschaftselite. Aber einige gingen auch daran, diesem ›Outsourcing‹, wie sie es *scheinwissenschaftlich* nennen, einen ökonomisch zwingenden Sinngehalt zuzusprechen. »Mit der Verlagerung von Arbeitsplätzen ins Ausland stabilisiert das Unternehmen die Gewinnsituation. Damit werden die verbliebenen Arbeitsplätze sicherer, wenigstens vorübergehend«, sagt der Würzburger Ökonom Norbert Bertholt (in der »Welt am Sonntag« vom 28. März 2004).

Ja, wenigstens vorübergehend! Das dachte auch der Bürgermeister Werner Laberenz der Kleinstadt Wetter an der Ruhr, als der Kampf um den Erhalt von Mannesmann verloren ging. Im Kampfgeschehen selbst hatte die den Verkauf einfädelnde Mannesmann-Führungsriege großmäulig erklärt, Produktionsstandorte und Arbeitnehmer hätten nichts zu befürchten. Jetzt leidet die Gemeinde unter den Spätfolgen dieser Fusion mit Vodafone. »Essers Millionen würden uns sanieren«, ist der verzweifelte Hilferuf des Bürgermeisters, der Esser geschrieben hatte; denn genau 30 Millionen Euro (also die Zuwendung für Esser) beträgt das Haushaltsdefizit der Gemeinde, in der Betriebsteile geschlossen wurden. Esser stellt sich aber taub; er opfert keinen Cent. »Wir werden dem Esser sicher kein Denkmal setzen«, erklärt der Bürgermeister, »warum auch?«

Verantwortung hängt von der Voraussetzung ab, daß wir uns als freie und entscheidungsfähige Lebewesen begreifen. Es mag sein, daß es zwingende ökonomische Gesetze gibt, die beachtet werden müssen, aber wer zwingt mich, den angesammelten Privatreichtum nur für Privatzwecke zu verwenden? Deutsche Manager blicken gerne, wenn sie sich ihre Gehälter ansehen, nach Amerika; aber dieser neidvolle Blick ist riskant, nicht nur, weil die amerikanischen Gerichte gegen räuberische und betrügerische Praktiken sehr schnell Anklage erheben. Es existiert dort auch eine ganz andere Unternehmenskultur. »Wer als Reicher stirbt, hat Schande über sein Leben gebracht.« Das hat einer der reichsten Amerikaner um 1900 gesagt: Andrew Carnegie. Dieser in calvinistischem Geist erzogene Großunternehmer meinte damit, daß vom diesseitigen Glück der Anhäufung von Gütern etwas unabgegolten bleibt, wenn es nicht vor dem Tod des Reichen in das Gemeinwesen zurückgegeben wird. Von seinem riesigen Vermögen konnte er seine Verwandtschaftserben großzügig abfinden, den Rest hat er in gemeinnützige Einrichtungen, z. B. zur Unterstützung internationaler Friedensbestrebungen, in einen Pensionsfonds für Lehrer, in den Bau der New Yorker Konzerthalle gesteckt, die heute noch seinen Namen trägt. Mit Carnegie begann das reichhaltige Stiftungswesen der Vereinigten Staaten; er setzte Rockefeller und die anderen reichen Industriellen unter Konkurrenzdruck.

Nun wird man sich an dem einen oder anderen Punkt dieser Schrift die Frage stellen: Was hat all das, was ich erläutert habe, in einem *Faust*-Buch zu suchen? Sehr viel. Nichts ist ungebrochen und unvermittelt übertragbar; nichts darf ohne den hermeneutischen Zwiespalt, der sich aus der Zeitdifferenz ergibt, betrachtet werden. Und Faust ist ja der unternehmerische Menschentyp auch in jenen Phasen seiner zweiten Karriere, als er noch nicht über eigene Macht und über Eigentum verfügt, die ihn als produzierenden Bourgeois ausweisen. Er hat sich auf jene Suche von Unternehmensexperimenten genau in dem Sinn begeben, wie es die Gralsritter der durch den Arbeitskraftbesitzer geöffneten Lebenssituation heute vorsehen. Und dabei ist immer das Donner-Wort Gottes, des Herrn, im Spiel: »Des Menschen Tätigkeit kann allzuleicht erschlaffen, / Er liebt sich bald die unbedingte Ruh« (340 f.). Der Herr im Prolog der geschützten Himmelsregion fürchtet um den Wohlstand der Menschen, wenn ihr natürliches Ruhebedürfnis zum Normalzustand werden sollte. Das ist ja auch die bestimmende Angst unserer Wirtschaftselite. Nicht, daß sie selbst in ihren Kräften schlapp werden könnten, oder als Versager enden, weil ihnen die produktive Kombinationskraft in Schumpeters Verständnis verlorengegangen ist, erscheint ihnen als Problem, sondern daß die, die von abhängiger Arbeit existieren, ihre Arbeitslust verlieren. Deshalb ist unternehmerische Aktivität in ein anthropologisch bestimmendes Merkmal der Menschen zu verwandeln. Denn würden alle Menschen sich als Unternehmer verstehen, könnte Massenarbeitslosigkeit der Vergangenheit angehören. Das ist die frohe Botschaft dieser Unternehmer-Ideologie. »Vier Jahrzehnte wirtschaftlicher Fortentwicklung nach 1945 brachten den Deutschen behaglichen Wohlstand. Doch mit dem Ende der fetten Jahre muß sich der Staat auf die

Befriedigung der *basic needs* zurückziehen. Alles andere müssen die Beteiligten selbst tun.«[153] Nun ist bezeichnend für diesen prosaischen Text, der doch offensichtlich enge Unternehmerinteressen ausdrückt, daß ihm ein berühmtes Gemälde beigegeben ist, das ihm die Weihe des Allgemeinen verleihen soll: *Das Schlaraffenland* von Pieter Bruegel d. Ä. Hier wird die Atmosphäre von sozialer Hängematte, von Trunksucht und Faulenzen insinuiert.

Die Ideologen einer Reduktion der Gesellschaft auf Betriebswirtschaftliches wissen sehr genau, daß sie ein unternehmerisches Menschenbild durch bloßen Verweis auf Globalisierungszwänge, ohne Rückgriff auf kulturelle Traditionsbestände, in den Köpfen der Menschen kaum verankern können. Die Bundestagswahl vom 18. September 2005 hat gezeigt, daß in der Bevölkerung eine linke Mehrheit vorhanden ist, der diese trügerischen Versicherungen von Fortschritt und Sicherheit fragwürdig erscheinen; eine linke Mehrheit ist entstanden, die aber als Linke praktisch nicht regierungsfähig ist. Es sind deshalb für die betriebswirtschaftlichen Ideologen Traditionsbestände zu mobilisieren, die über den Alltag weit hinausgehen. Neuerdings hat sogar Kants Kategorischer Imperativ Eingang ins *Handelsblatt* gefunden. Die Anforderung, den Menschen nie bloß als Mittel, sondern immer zugleich als Zweck zu behandeln (wie es *eine* Formulierung des Kategorischen Imperativs vorsieht), übersetzt der Autor so ins Wirtschaftsdeutsch. »Nutze den anderen ruhig aus, aber behandle ihn dennoch stets als Menschen. Reduziere ihn nicht auf seine Funktion ... wer sich ernst genommen fühlt, arbeitet besser.«[154] Genau so ist es: Wer sich als Mensch ernstgenommen fühlt, arbeitet besser und betreibt intensiver den Prozeß der Selbstausbeutung. Auch darin mag ein Stück Freiheit enthalten sein, aber es ist nur schwer mit dem traditionellen und verständlichen Begriff der Emanzipation, also der Befreiung der Menschen, zu verbinden.

Ohne Verdrehungen ist freilich Kant schwerlich in einen Zusammenhang einzubinden, in dem, nach Hans-Olaf Henkel, die »Ethik des Erfolgs«[155] maßgebend ist und nicht die Grundwerte des Königsberger Aufklärers Maßstäbe setzen: Achtung und Würde. Denn es ist gerade die Würde, die, Kant zufolge, keinen Preis hat, nicht tauschbar ist und auch nicht veräußert werden kann. Diesem Dilemma entgeht ein genauso berühmter Autor der deutschen Sprache, mit einer Figur, die geradezu idealtypisch alle Merkmale des risikofreudigen und ruhelos betriebsamen Unternehmers bündelt: Goethes Faust. Da ist alles versammelt, was einen Unternehmer-Menschen auszeichnet, sogar die Verabschiedung vom nutzlosen Intellektuellendasein wird mitgeliefert. Im Teufelspakt wird die Marschrichtung der Karriere Fausts, die auf des Teufels Reize angewiesen ist, noch einmal vertraglich festgehalten, mit einem Tröpfchen Blut besiegelt: »Werd' ich beruhigt je mich auf ein Faulbett legen: / So sei es gleich um mich getan!« (1692 f.) Erst als Unternehmer, der alle Widerstände wegräumt und alles Vergangene verjähren läßt, kommt Faust zu sich selbst; der fünfte Akt des zweiten Teils sieht aus, als wäre er eine große Festveranstaltung des unternehmerischen Menschen. Das Ganze hat nur einen Haken: Am Ende ist Fausts Betriebsgelände von Lemuren und finsteren, gewaltbereiten Gesellen belagert, die nach Mephistos Regieanweisungen tätig sind. Fausts Karriere geht aus vom verzweifelten Intellektuellen und endet beim gescheiterten Unternehmer. Sein schreckliches Ende im wahrnehmbaren Diesseits mag einer der Gründe sein, warum wir von *Faust*-Deutungen Meinhard Miegels und Hans-Olaf Henkels vermutlich auch in Zukunft verschont bleiben werden.

Epilog.
Mein Goethe. Episode aus einer beschwerlichen Schulkarriere[156]

Es muß in der Zeit gewesen sein, als ich die Gottfried-Keller-Oberschule in Berlin (Bahnhof Jungfernheide) besuchte, daß sich in meinem Kopf die fixe Idee festsetzte, man könne als gebildeter Mensch nur anerkannt werden, wenn man eine gründliche Goethe-Lektüre hinter sich gebracht habe. Schon vorher hatte ich tastende Schritte in die Bildungslandschaft getan; als Fahrschüler genoß ich das Privileg, einen Schlüssel zu verschiedenen Schülerbüchereien zu besitzen, um mir die Wartezeit zu vertreiben. Aus Langeweile griff ich zu den Büchern und las kreuz und quer. Auch Goethe war darunter, eine alte *Faust*-Ausgabe, *Wilhelm Meisters theatralische Sendung*, verschiedene Gedichtbände. Was ich vermißte, war eine vollständige Werkausgabe Goethes oder doch wenigstens eine Bücherreihe seiner Schriften, die mir den Eindruck hätte vermitteln können, daß sich ein systematisches Studium lohne. Denn darauf kam es mir gerade an: Goethe nicht hier und dort zu lesen oder durchzublättern, sondern mir schien Bildung nur dann gelungen zu sein, wenn ich mich dem Werk dieses großen Dichterfürsten systematisch näherte.

Ein glücklicher Zufall kam mir zu Hilfe. Die Eltern meines besten Freundes, Konrad hieß er, wollten mich kennenlernen und übermittelten mir eine Einladung zum frühen Abendessen. Ich klärte das mit meinen Eltern, die in Altfinkenkrug in der Nähe von Falkensee einen Neubauernhof auf der Grundlage der Bodenreform in der sowjetisch besetzten Zone besaßen, und erkundigte mich, wann der letzte Zug von Charlottenburg, wo

Konrads Eltern wohnten, Richtung Potsdam geht. Es war ein karges Mahl, das uns serviert wurde, aber wohlschmeckend. Es war jedoch nicht das, was mich an diesem Frühabend interessierte; schon bei der freundlichen Begrüßung war ich von dem in diesem Haushalt aufgestellten Bücherreichtum derart beeindruckt, daß mein Blick fortwährend in der Runde die Bücherrücken abtastete. So sieht also ein Bildungshaushalt aus, dachte ich im Stillen. Konrads Eltern waren beide Lehrer; viel müssen sie in ihrem Leben gesammelt haben, und daß das alles unbeschädigt die Zerstörung Berlins überlebt hat, erschien mir wie ein Wunder.

Plötzlich bleibt der umherschweifende Blick an einer Bandreihe hängen, kleinformatiger als die übrigen Bücher, deutlich ist auf dem Rücken aber erkennbar: *Goethes Werke*. Ich beginne zu zählen und komme auf etwa 40 Bände. Es ist mir unmöglich, jetzt Überlegungen zu unterdrücken, wie ich wohl an diese Goethe-Ausgabe herankomme.

Die nächsten Tage verbringe ich, wie üblich in den Pausen und während Freistunden, gemeinsam mit meinem Freund Konrad – nun aber überwiegend in einer Art Handelsgespräch; mein Freund hat inzwischen herausbekommen, wieviel es mir bedeuten würde, Einblick in den ganzen Goethe zu bekommen oder doch wenigstens sinnlich abtastbar begreifen zu können, was dieser Mensch alles produziert hat. Konrad weiß natürlich, daß meine Eltern einen Bauernhof haben, klein und mit schmaler Ausstattung, und deshalb nicht besonders reichhaltig in der Produktion. Aber es ist ganz klar, daß es uns, was die Ernährung betrifft, besser geht als den Städtern, die, wie es damals hieß, auf Hamsterfahrten gehen mußten. Ich erzähle ihm, daß ich bereits in der Volksschule in Finkenkrug, gut eine Wegstunde von Altfinkenkrug entfernt, die Lehrer, in deren Fächern ich nicht besonders gut war, mit Heu für ihre Kaninchen und manchmal auch mit ein paar Pfund Kartoffeln ausgestattet habe. Einmal ist es meinem fünf Jahre älteren Bruder, der auf dem Bauernhof meiner Eltern arbeitete und alle Versteckecken kannte, sogar gelungen, zwanzig Pfund Roggen vom Hof zu schaffen, die ich in einer kleinen Buchhandlung umsetzte und dafür 16 dicke Bände *Meyers Konversationslexikon* aus dem Jahre 1890 erwerben konnte. Eine »Enzyklopädie des Allgemeinen Wissens« heißt es im Untertitel dieses fulminanten Werkes. (Dieses zentnerschwere Wissen haben wir auf unserer zweiten Flucht mitgeschleppt, es nimmt in meiner Bibliothek heute noch einen Ehrenplatz ein.) Auch einen etwas größeren Kartoffelexport haben wir einmal zustande gebracht, vielleicht waren es zwanzig oder dreißig Pfund. Dafür bekam ich von derselben Buchhandlung *Schlossers Weltgeschichte*. 18 Bände. Auch sie sind noch in meinem Besitz, und obwohl ich weiß, daß seit Schlosser in der Geschichtsschreibung viele Veränderungen stattgefunden haben, greife ich doch häufig auf diese lebendige Erzählung geschichtlicher Ereignisse zurück.

Ich erzählte Konrad von diesen Handelsgeschäften, nicht ohne den Hintergedanken, so auch in Bezug auf die Goethe-Ausgabe einen Naturalientausch zu erwirken. Ich merkte sehr schnell, daß Konrad zu pokern anfing; die ganze Goethe-Ausgabe aus dem Haus der Eltern wegzuschaffen, sei ohne deren Zustimmung unmöglich. So gingen die Gespräche jetzt darüber, wie man Band für Band ausleihen könnte und wie hoch die Leihgebühr ist. Konrad schlug vor: zehn Eier pro Band. Das ist Wucher, erklärte ich ihm. Wir einigten uns schließlich auf drei Eier. Diese in einem sicheren Behälter vom Hof zu schaffen, sei leicht zu bewerkstelligen.

Die ganze Sache lief dann fast zwei Jahre; Goethe ist der einzige große Autor, den ich buchstäblich systematisch gelesen habe, beginnend mit Band 1 bis Band 40 oder 42 (das weiß ich nicht mehr genau). Sobald ich einen Band ausgelesen hatte, bestellte ich bei Konrad rechtzeitig den neuen. Er setzte den gelesenen wieder ins Regal zurück. Niemand hat davon etwas bemerkt.

Nun trat ein Ereignis ein, das diesen Naturalientausch plötzlich unterbrach. Mein Vater, Sozialdemokrat seit 1918, geriet in Konflikt mit der SED; von Anbeginn an war er unzufrieden gewesen mit der Vereinigung von SPD und KPD. Da er von Freunden Hinweise bekam, daß man ihn verhaften wolle, schafften wir innerhalb von vierzehn Tagen alles Nötige zu Verwandten nach Westberlin, den Rest hat mein Vater an andere Neubauern verkauft. Für die Goethe-Lektüre hatte das nun zur Folge, daß ich Eier oder andere Lebensmittel nicht mehr beschaffen konnte. Mir fehlten aber noch einige Bände dieser Ausgabe von Goethes Werken aus der J. G. Cotta'schen Buchhandlung Stuttgart von 1867. Konrad hatte die Reihenfolge durcheinandergebracht, so daß ich den 42. Band bereits gelesen hatte, aber noch nicht die Bände 33, 34 und 35.

Ich erklärte ihm, daß ich auch diese Bände gerne sehen möchte, obwohl ich ja nun mit begehrten Gütern nicht mehr die Leihgebühr entrichten könne. Zu meiner Verblüffung sagte er: »Meine Eltern haben bisher nichts gemerkt, ich bringe dir die noch fehlenden Bände mit und wir verhandeln darüber, wie du sie, nicht zuletzt in Erinnerung an mich, nach Westdeutschland rüberschaffen kannst.« Ich dachte an ein Geschenk, aber das war weit gefehlt. Ohne jetzt noch weiter pokern zu wollen, bot ich ihm meine Briefmarkensammlung an, die ich schon im Flüchtlingslager in Dänemark, wo ich mit zwei älteren Schwestern über zweieinhalb Jahre lebte, mit wertvollen Marken angelegt hatte. Als er mir die restlichen Bände brachte, war ich hocherfreut, als ich sah, daß es sich um die *Farbenlehre* handelte. Da ich jetzt in Ruhe lesen konnte, weil diese drei Bücher mein Eigentum waren (wenn auch auf nicht ganz legale Weise erworben), vertiefte ich mich in der Fluchtzeit von Berlin nach Oldenburg in die Materialien, Didaktiken und Experimente, die sich alle gegen den Newtonschen Naturbegriff richten. Mit der *Farbenlehre* und den anderen Büchern im Gepäck, zog meine Familie in das niedersächsische Dorf Döhlen (Kreis Großenkneten), etwa dreißig Kilometer von Oldenburg.

Die *Farbenlehre* beginnt jetzt schicksalhaft für meine Schulkarriere zu werden. Da mir über zwei Jahre Schule fehlten, die ich, wie gesagt, im Flüchtlingslager in Dänemark verbracht hatte, dazu mehrere Schulwechsel, war es auf Grundlage der Noten unmöglich, ins altsprachliche Gymnasium zu kommen. Ich kam also in die 10. Klasse einer Oberrealschule, und dort auch noch zu allem Unglück in den mathematisch-naturwissenschaftlichen Zweig, wo sich auch sonst viele Schulversager sammelten. Ich machte Bekanntschaft mit einem Mathematiklehrer, der dem Siegfried-Mörder aus Wagners *Götterdämmerung* alle Ehre machte; er hieß August Hagen (meine Mitschüler haben mich jüngst darüber belehrt, daß er eigentlich *Hagens* hieß, mir ist der *Hagen* im Gedächtnis geblieben), war brutal in jeder seiner Äußerungen, aber aus Verhältnissen stammend wie ich, jedenfalls im sozialen Status. Man hat mir gesagt, seine Familie stammte aus dem Walfänger-Milieu. Sehr bald bildete sich eine Art solidarische Unterseite in unserer Beziehung, die in keiner klassenöffentlichen Äußerung erkennbar war, die sich aber in jeder Situation des existentiellen Notschreis meiner Schulkarriere auswirkte.

Dieser »Hagen« brüllte mich eines Tages an, als ich wieder einmal mit dem binomischen Lehrsatz nicht zurecht kam: »Negt, was haben Sie eigentlich im Kopf, womit beschäftigen Sie sich überhaupt?!« Ich hatte in meiner Antwort nichts zu riskieren, das schoß mir blitzschnell durch den Kopf; dieser Unterricht war ohnehin für mich eine Spekulation à la baisse. So erklärte ich freimütig: »Mit dieser ganzen Physik und Mathematik und diesem Begriff der Natur, der dem allem zugrunde liegt und auf Newtonsche Denkweise zurückgeht, damit kann ich überhaupt nichts anfangen! Ich halte das Ganze für einen grandiosen Irrtum! Ich habe mich ausführlich mit Goethes *Farbenlehre* beschäftigt und bin der Überzeugung, daß das, was Sie hier lehren, ein Irrweg ist.« Ich merkte, wie die Zornesröte in sein Gesicht drang, und erwartete jetzt eine donnernde, vielleicht sogar beleidigende Antwort. Aber nichts dergleichen geschah, eher mitleidig-milde bemerkte er: »Wenn das so ist, dann haben Sie sich vielleicht in der Schule geirrt.« Richtig, der Auffassung war ich ja auch.

Einige Tage später wurde ich von August Hagen in den Raum beordert, in dem die Lehrer einzeln mit problematischen Schülern zu reden pflegten. Bei diesem Gang fühlte ich mich derart elend, daß ich dachte, jetzt sei meine Schulkarriere endgültig beendet. Denn in den Zwischenzeugnissen stand immer wieder dieses angsteinflößende Wort, das ich zu hassen gelernt hatte: »Versetzung gefährdet«. Aber schon als ich den Raum betrat, war ich verblüfft über das freundliche Gesicht von Hagen, das ich so im Unterricht noch nie wahrgenommen hatte. Als ich mich gesetzt hatte, eröffnete er mir einen Vorschlag; »Ich weiß, wie Ihnen zumute ist, und Ihr Vater, der sich ja regelmäßig bei mir einfindet, wenn es um die Versetzungsgefährdung geht, hat mich davon überzeugen können, wie schwer es ein Jugendlicher hat, dem schulische Hilfe aus dem Elternhaus nicht zuteil werden kann. Ich kenne aus eigener Erfahrung solche Situationen. Wenn Sie denn schon von Newtonscher Physik nichts verstehen oder nichts verstehen wollen, dann setzen Sie sich doch daran, in einer Jahresarbeit die Experimente und Beobachtungen Goethes zu überprüfen. Ich will Ihnen gerne die Geräte ausleihen und die Prismen, soweit wir sie verfügbar haben.«

Ich war über dieses Angebot so verblüfft, daß mir noch nicht einmal ein Wort der Dankbarkeit über die Lippen kam. »Ich will es versuchen«, war meine verlegene Antwort. In Wirklichkeit aber war ich aufs Äußerste erregt und stürzte mich sofort auf ein intensives Studium der *Farbenlehre,* machte Skizzen, fertigte Schablonen an, nahm Prismen zu Hilfe und studierte vor allem die reichhaltigen Materialien zur *Farbenlehre,* in denen Goethe einen weiten Bogen der europäischen Wissenschaftsgeschichte schlug, um seinen *Naturbegriff* dem offiziellen der Newtonschen Tradition entgegenzustellen. Aufs Höchste erfreut über diese Möglichkeit, mit einer praktisch außerschulischen Leistung ausgleichen zu können, was mir im schulischen Zusammenhang Versagensängste bereitete, arbeitete ich über ein Jahr an diesem Goethe-Projekt. Als ich die Arbeit August Hagen vorlegte, blätterte er kurz darin und nahm sie kommentarlos in Empfang. Es verging weniger als eine Woche, bis ich an den Verhaltensweisen anderer Lehrer bemerkte, wie sich die Schulatmosphäre für mich verändert hatte.

Es war dann nur noch eine Frage der Zeit, wann mein Klassenlehrer Oskar Küchel, ein großer Goethe-Verehrer, der dann auch seinen Studienratsdienst quittierte, um in Süddeutschland in einer Waldorfschule zu unterrichten, öffentliches Lob für meine Farbenlehre bekundete. Er nahm das Klassenbuch (oder

August Hagen, das weiß ich nicht mehr) mit der Bemerkung: »Sonst ist es hauptsächlich ein Schriftstück des Tadels, ich werde jetzt ein Lob eintragen. ›Für die sehr gute Jahresarbeit über Goethes *Farbenlehre* erhält Oskar Negt ein besonderes Lob.‹« Jetzt war es öffentlich. Natürlich lasen auch die anderen Lehrer dieses Klassenbuch, und ich avancierte allmählich in den Stand eines Goethe-Kenners in der Schule (übrigens bekam ich für Kants Kategorischen Imperativ in der letzten Klasse auch noch einen Lobspruch), so daß einzelne Lehrer in Geschichte, Erdkunde, Biologie und natürlich in Physik bei bestimmten Problemen mich gar nicht nach dem »normalen« Wissen befragten, sondern danach, wie sich Goethe dazu stellen würde. Da ich mittlerweile den Kenntnisstand in Sachen Goethe bei den Lehrern einzuschätzen verstand, war es für mich praktisch risikolos, einzelne Goethe-Zitate auch einfach zu erfinden.

In den letzten zwei Jahren war die Angst vor dem Abitur gewichen; ich hatte nach wie vor eine Fünf in Mathematik, die absolut verläßlich war, in Geschichte und Deutsch, ein bißchen in den Sprachen, einen milden Ausgleich, war aber von der Vier (also »ausreichend«) in Physik abhängig; so betete ich darum, daß August Hagen gesund bleibt. Wenigstens, bis ich das Abitur gemacht habe. Die Noten hatten sich nicht verändert, nach wie vor stand in den Zwischenzeugnissen wegen der zweiten Fünf, in Physik, »Versetzung gefährdet«, aber ich hatte großes Vertrauen, daß ich bei der Versetzung ein »Ausreichend« bekomme. Das ist die Episode einer Schulkarriere, die beschwerlich war. Ich habe das Abitur bestanden, weil Lehrer meine außerschulischen Leistungen anerkannten, wenn sie auch die schulischen Leistungen dadurch aufzuwerten nicht bereit waren. Das Abitur verdanke ich wesentlich Goethe.

Anmerkungen

1 Siehe dazu Hans-Olaf Henkel, *Die Ethik des Erfolgs. Spielregeln für die globalisierte Gesellschaft*. Ullstein-Verlag, Berlin 2004.

2 Will Quadflieg, in: *50 Jahre Stern*, S. 3.

3 Oswald Spengler, *Der Untergang des Abendlandes. Umrisse einer Morphologie der Weltgeschichte*. dtv, München 1972, S. 234.

4 *Eisler-Mitteilungen* 30. Hg. von der internationalen Hanns-Eisler-Gesellschaft, 9. Jahrgang, Oktober 2002, S. 4.

5 Johann Wolfgang von Goethe, *Faust. Der Tragödie erster und zweiter Teil. Urfaust*. Hg. und kommentiert von Erich Trunz. C. H. Beck Verlag, München 1986.

6 Johann Wolfgang Goethe, *Faust. Texte*. Hg. von Albrecht Schöne. Deutscher Klassiker Verlag, Frankfurt am Main 1994 (Faust-Zitate im Text nach dieser Ausgabe). Sowie: Johann Wolfgang Goethe, *Faust. Kommentare*. Von Albrecht Schöne. Deutscher Klassiker Verlag, Frankfurt am Main 1994.

7 Leo Kreutzer, *Mein Gott Goethe*. Rowohlt, Reinbek 1980.

8 So eine Äußerung von Ekkehart Krippendorff; er sagt: »Mit dem Aperçu ›Goethe ist zu schade für Germanistik‹, leitete der Germanist Leo Kreutzer eine Goethe-Tagung der Evangelischen Akademie Loccum ein, an der ich mit einem Vortrag (am 22. März 1987, dem 155. Todestag) beteiligt war.« Ekkehart Krippendorff, *Wie die Großen mit den Menschen spielen. Versuch über Goethes Politik*. Suhrkamp Verlag, Frankfurt am Main 1988, S. 7.

9 Ebd.

10 Ekkehart Krippendorff, *Goethe. Politik gegen den Zeitgeist*. Insel Verlag, Frankfurt am Main 1999.

11 Johann Wolfgang von Goethe, *Materialien zur Geschichte der Farbenlehre*. In: *Goethes Werke*, Bd. 35. Verlag der J. G. Cotta'schen Buchhandlung, Stuttgart 1867, S. 51 f.

12 Aristoteles, *Poetik*. In: *Hauptwerke*. Ausgewählt und übersetzt von Wilhelm Nestle. Kröner Verlag, Stuttgart 1953, S. 344 f.

13 Ebd., S. 343.

14 Ebd., S. 346. (Hervorhebung von O. N.)

15 Unterredung mit Napoleon, Oktober 1808. In: Johann Wolfgang von Goethe, *Gesammelte Werke in sieben Bänden*. Hg. von Bernd von Heiseler. Bertelsmann Verlag, Gütersloh 1957, S. 605 f.

16 Georg Wilhelm Friedrich Hegel, *Vorlesungen über die Philosophie der Religion*. Jubiläumsausgabe in zwanzig Bänden. 16. Bd. Hg. von Hermann Glockner. Fr. Frommann Verlag, Stuttgart 1959, S. 134 f.

17 Hegel, *Vorlesungen über die Ästhetik*. Jubiläumsausgabe in zwanzig Bänden, a.a.O., 14. Bd., S. 564.

18 Ebd., S. 530.

19 Eckermann, *Gespräche mit Goethe in den letzten Jahren seines Lebens*. Hg. von Fritz Bergemann. Insel Taschenbuch Verlag, Frankfurt am Main 1985, S. 416.

20 Sigmund Freud, *Das Unbehagen in der Kultur*. Studienausgabe Bd. IX, *Fragen der Gesellschaft, Ursprünge der Religion*. Fischer Wissenschaft, Fischer Taschenbuch Verlag, Frankfurt am Main 1982, S. 222.

21 Ich zitiere hier nach Albrecht Schöne, Zeugnisse zur Entstehungsgeschichte, in: Goethe, *Faust, Texte*, a.a.O., S. 806.

22 Ebd.

23 Ebd., S. 807.

24 Ebd., S. 808.

25 Sigmund Freud, *Das Unbehagen in der Kultur*, a.a.O., S. 222.

26 Christa Wolf, *Kassandra. Erzählung*. Luchterhand Verlag, Darmstadt und Neuwied 1983, S. 76 f.

27 Sophokles, *Antigone*. In: *Tragödien und Fragmente*. Griechisch und deutsch. Hg. und übersetzt von Wilhelm Willige, überarbeitet von Karl Bayer. Ernst Heimeran Verlag, München 1966, S. 261 f.

28 Immanuel Kant, *Vorlesungen zur Metaphysik*. In: *Kants gesammelte Schriften*. Hg. von der Deutschen Akademie der Wissenschaften zu Berlin, Bd. 28 2,1, Berlin 1970, S. 533 f.

29 Ebd.

30 Immanuel Kant, *Idee zu einer allgemeinen Geschichte in weltbürgerlicher Absicht*. In: *Werke*. Hg. von Wilhelm Weischedel. Wissenschaftliche Buchgesellschaft, Darmstadt 1964, Bd. VI, S. 41.

31 Immanuel Kant, *Zum ewigen Frieden*. In: *Werke*, a.a.O., Bd. VI, S. 224.

32 Albert Camus, *Der Mythos von Sisyphos. Ein Versuch über das Absurde*. Rowohlt Verlag, Reinbek 1995.

33 Günther Anders, *Die Antiquiertheit des Menschen. Bd. 1: Über die Seele im Zeitalter der zweiten industriellen Revolution; Bd. 2: Über die Zerstörung des Lebens im Zeitalter der dritten industriellen Revolution*. C. H. Beck Verlag, München 1995.

34 Jorge Semprún, *Was für ein schöner Sonntag!* Suhrkamp Verlag, Frankfurt am Main 1984.

35 Jorge Semprún, *Die große Reise*. Roman. Suhrkamp Verlag, Frankfurt am Main 1981.

36 Paracelsus, *Vom gesunden und seeligen Leben. Ausgewählte Texte.* Reclam Verlag, Leipzig 1991, S. 71 f.

37 Immanuel Kant, *Kritik der reinen Vernunft*, in: *Werke.* Hg. von Wilhelm Weischedel, a.a.O., Bd. II, S. 187.

38 Ebd., S. 190.

39 Ebd.

40 Immanuel Kant, *Kritik der praktischen Vernunft.* In: *Schriften zur Ethik und Religionsphilosophie.* Wissenschaftliche Buchgesellschaft, Darmstadt 1963, Bd. IV, S. 300.

41 Christopher Marlowe, *Die tragische Historie vom Doktor Faustus.* Reclam Verlag, Stuttgart 1964, S. 68.

42 Siehe dazu Johann Wolfgang Goethe, *Faust. Kommentare.* Von Albrecht Schöne. Deutscher Klassiker Verlag, Frankfurt am Main 1994, S. 246.

43 Immanuel Kant, *Kritik der reinen Vernunft*, a.a.O., S. 267.

44 Ebd., S. 267 f.

45 Ebd., S. 11.

46 Ebd., S. 267 f.

47 Ebd., S. 12.

48 Albrecht Schöne, *Faust, Kommentare*, a.a.O., S. 397.

49 Sigmund Freud, *Vorlesungen zur Einführung in die Psychoanalyse. Neue Folge der Vorlesungen zur Einführung in die Psychoanalyse. Studienausgabe*, Bd. 1. S. Fischer Verlag, Frankfurt am Main 1969, S. 516.

50 Hans Christian Andersen, *Des Kaisers neue Kleider.* In: Hans Christian Andersen, *Märchen.* K. Thienemanns Verlag, Stuttgart, Wien 1991, S. 7.

51 Ebd., S. 12.

52 Immanuel Kant, *Zum ewigen Frieden.* In: *Schriften zur Anthropologie, Geschichtsphilosophie, Politik und Pädagogik*, Band VI. Wissenschaftliche Buchgesellschaft, Darmstadt 1964, S. 213 f.

53 Ovid, *Metamorphosen.* Lateinisch/deutsch. In deutsche Hexameter übertragen von Erich Rösch. Hg. von Niklas Holzberg. Artemis & Winkler, Zürich, Düsseldorf 1996, S. 307.

54 Ebd.

55 Ebd., S. 309 f.

56 Ebd., S. 311.

57 Es ist strittig, ob es »Wasserboden« oder »Wasserboten« heißt. Siehe dazu Albrecht Schöne, *Faust, Kommentare*, a.a.O., S. 717.

58 Am 9. Mai 1997 anläßlich des 18. Kongresses der Deutschen Gesellschaft für Transaktionsanalyse.

59 Jens Schley, *Nachbar Buchenwald. Die Stadt Weimar und ihr Konzentrationslager 1937 bis 1945*. Böhlau Verlag, Köln, Weimar, Wien 1999.

60 Ebd., S. 1.

61 Ebd., S. 5.

62 Ebd., S. 79. Ich kann in diesem Zusammenhang nur auf die jüngere Erforschung dieses Komplexes verweisen, auf das Buch *Weimar 1930. Politik und Kultur im Vorfeld der NS-Diktatur*. Hg. von Lothar Ehrlich und Jürgen John. Böhlau Verlag, Köln, Weimar, Wien 1998. Und von denselben Autoren das Buch *Das Dritte Weimar. Klassik und Kultur im Nationalsozialismus*. Hg. von Lothar Ehrlich, Jürgen John und Justus H. Ulbricht. Böhlau Verlag, Köln, Weimar, Wien 1999.

63 Ernst Fraenkel, *Der Doppelstaat*. Europäische Verlagsanstalt, Frankfurt/Main 1974, S. 21.

64 Dieter Kühn, *Schillers Schreibtisch in Buchenwald*. S. Fischer Verlag, Frankfurt am Main 2005, S. 26.

65 Ebd., S. 31.

66 Immanuel Kant, *Vorlesungen über Moralphilosophie,* in: Werke 27, 2,1 Akademieausgabe, S. 601.

67 Paul Celan, *Corona*. In: *Mohn und Gedächtnis*. Deutsche Verlags-Anstalt, Stuttgart 1952.

68 Ute Wrede, *Mohn und Gedächtnis*. Reihe Cantz, Hatje Cantz Verlag, Ostfildern-Ruit 1998, S. 15.

69 Siehe dazu: *Aufsätze zu Goethes ›Faust I‹*. Hg. von Werner Keller. Wissenschaftliche Buchgesellschaft, Darmstadt 1974.

70 Siehe dazu den nach wie vor sehr interessanten Aufsatz von Alexander Rudolph Hohlfeld, *Pakt und Wette in Goethes ›Faust‹*. In: *Aufsätze zu Goethes ›Faust I‹,* a.a.O., S 38 ff. Der Aufsatz stammt aus dem Jahr 1920/21. Dazu auch: Albrecht Schöne, *Faust, Kommentare,* a.a.O., S. 162 ff.

71 Max Weber, *Die protestantische Ethik und der Geist des Kapitalismus*. In: *Gesammelte Aufsätze zur Religionssoziologie I*. Verlag J. C. B. Mohr (Paul Siebeck), Tübingen 1963, S. 166 f.

72 Ebd., S. 184.

73 Ebd., S. 192.

74 Bernard Mandeville, *Die Bienenfabel*. Mit einer Einleitung von Walter Euchner. Suhrkamp Taschenbuch Verlag, Frankfurt am Main 1980, S. 134.

75 Karl Marx, *Theorien über den Mehrwert* (4. Band des *Kapital*). In: Karl Marx/ Friedrich Engels: *Werke (MEW)*. Dietz Verlag, Berlin/DDR 1977, Bd. 26.1, S. 363.

76 Walter Euchner, Einleitung zu Bernard Mandevilles *Bienenfabel*, a.a.O., S. 45.

77 Theodor W. Adorno, *Noten zur Literatur.* In: *Gesammelte Schriften*, Bd. 11. Suhrkamp Verlag, Frankfurt am Main 1990, S. 137.

78 Ebd., S. 137 f.

79 Zum Begriff des »Geschichtsverhältnisses« verweise ich auf das von mir gemeinsam mit Alexander Kluge verfaßte Werk *Geschichte und Eigensinn*, jetzt in: Alexander Kluge/Oskar Negt, *Der unterschätzte Mensch*, Bd. 2. Verlag Zweitausendeins, Frankfurt am Main o.J., bes. S. 361 ff.

80 Albrecht Schöne, *Faust, Kommentare*, a.a.O., S. 742.

81 Johann Wolfgang von Goethe, *Farbenlehre*, zit. n. Albrecht Schöne, *Faust, Kommentare*, a.a.O., S. 742.

82 Johann Wolfgang von Goethe, *Nachträge zur Farbenlehre*, Abschnitt: »Physiologische Farben«, In: *Goethes Werke*, Bd. 34, Verlag der J. G. Cotta'schen Buchhandlung, Stuttgart 1867, S. 207.

83 Ebd., S. 208.

84 Ebd.

85 Wilhelm Hauff, *Das kalte Herz*. In: *Hauffs Märchen*. Schmidt und Günther, Leipzig 1936, Erste Abteilung, S. 276 ff. – Zweite Abteilung, S. 391 ff.

86 Heinrich Heine, *Almansor. Ein Tragödie*. In: *Heines Werke in 15 Teilen*, Vierter Teil. Deutsches Verlagshaus Bong und Co., Berlin, Leipzig, Wien, Stuttgart o.J., S. 21.

87 Theodor W. Adorno, *Erziehung nach Auschwitz*. In: *Stichworte. Kritische Modelle 2*. Suhrkamp Verlag, Frankfurt am Main 1969, S. 99.

88 Ebd.

89 Theodor W. Adorno, *Negative Dialektik*. Suhrkamp Verlag, Frankfurt am Main 1966, S. 353 f.

90 Hannah Arendt, *Eichmann in Jerusalem. Ein Bericht über die Banalität des Bösen.* Reclam Verlag, Leipzig 1990.

91 Heinrich Heine, *Der Doktor Faust. Ein Tanzpoem nebst kuriosen Berichten über Teufel, Hexen und Dichtkunst.* Hg. von Joseph H. Kruse. Verlag Philipp Reclam jun., Stuttgart 1991, S. 43 f.

92 Ebd., S. 48 f.

93 Albrecht Schöne, *Faust, Kommentare*, a.a.O., S. 387 f.

94 *Goethe über seinen Faust.* Verlag der Nationen, Berlin o. J., S. 201 f.

95 Ebd., S. 199 f.

96 Albrecht Schöne, *Faust, Kommentare,* a.a.O., S. 386.

97 Albrecht Schöne schreibt dazu: »Meint wohl den besonders in Pestzeiten als Gegenmittel verwendeten Theriak: eine ehemals berühmte Arzney in Form einer Latwerge [dick eingekochte Substanz] aus fast siebzig Heilmitteln, von denen einige ganz unwirksam, andere sich untereinander ganz entgegengesetzt sind, so daß sie sich in der Wirkung aufheben.« Ebd., S. 239.

98 Siehe dazu: Karl Marx, *Die Frühschriften.* Hg. von Siegfried Landshut. 7. Auflage, neu eingerichtet von Oliver Heins und Richard Sperl, Geleitwort von Oskar Negt. Kröner Verlag, Stuttgart 2004, S. 366 ff.

99 *Historia von D. Johann Fausten.* Kritische Ausgabe, Text des Druckes von 1587. Hg. von Stephan Füssel und Hans Joachim Kreutzer. Reclam Verlag, Stuttgart 1988, S. 327 f.

100 Thomas Morus, *Utopia.* Mit Bildern von Michael Matthias Prechtl. Verlag C. H. Beck, München 1987, S. 30 ff.

101 Karl Marx, *Das Kapital,* Bd. 4, *MEW,* a.a.O., S. 743.

102 John Locke, *Über die Regierung* (The Second Treatise of Government). Rowohlt Verlag, Reinbek 1966, S. 30.

103 Karl Marx, *Das Kapital,* Bd. 1, *MEW,* Bd. 23, a.a.O., S. 529 f. (Hervorhebungen von O. N.)

104 Ebd., S. 194 f. (Hervorhebungen von O. N.)

105 Ebd., S. 195. (Hervorhebung von O. N.)

106 Christian Meier, *Caesar.* Severin & Siedler Verlag, Berlin 1982, S. 348.

107 Siehe dazu die Titelgeschichte *Der charmante Verbrecher.* In: *Spiegel,* Nr. 18/ 2.5.2005, S. 74 f.

108 Albrecht Schöne, *Faust, Kommentare,* a.a.O., S. 707 f.

109 Eckermann, *Gespräche mit Goethe,* a.a.O., S. 556 f.

110 Hugo von Hofmannsthal, *Jedermann.* Reclam Verlag, Stuttgart 2000, S. 8.

111 Ebd., S. 8 f.

112 Das Paralipomenon 195 schließt mit der Bemerkung: »Gericht über Faust.« Siehe dazu Albrecht Schöne, *Faust, Kommentare,* a.a.O., S. 781 f.

113 Erich Trunz in: Johann Wolfgang von Goethe, *Faust. Der Tragödie erster und zweiter Teil. Urfaust.* Hg. und kommentiert von Erich Trunz, a.a.O., S. 729.

114 Albrecht Schöne, *Faust, Kommentare,* a.a.O., S. 784.

115 Ebd., S. 785.

116 Ebd., S. 786.

117 Albrecht Schönes großartiger Kommentar zu »Bergschluchten, Wald, Fels« zeichnet ein sehr genaues und differenziertes Bild des Abschlusses der *Faust*-Tragödie.

118 Heinrich Heine, *Deutschland: Ein Wintermärchen*, Caput VI.

119 Zu verweisen ist auf eine aufschlußreiche Zusammenstellung von Texten für Unterrichtszwecke: *Goethe in Ökonomie, Technik und Politik*, in: *Der Deutschunterricht*, Jg. 39, 4/1987. Hg. von Stephan Lohr.

120 Albrecht Schöne, *Faust, Kommentare*, a.a.O., S. 739.

121 Christine Morgenroth, *Subjektives Zeiterleben, gesellschaftliche Entgrenzungsphänomene und depressive Reaktionen. Ein sozialpsychologischer Versuch*, In: *Depression. Psychoanalytische Erkundigungen einer Zeitkrankheit. Sonderheft Psyche*, 59. Jg., September/Oktober 2005, S. 999 f. Ich verweise ausdrücklich auf das ganze Heft dieser *Psyche*, weil es in vielfältiger Form die depressiven Ausprägungen unseres Zeitalters analysiert, deren Symptome in der Tat von Goethe in der Faust-Figur großartig beschrieben sind. Siehe zu den sozialpsychologischen Folgen der Zeitfragmentierung auch die Untersuchung: Christine Morgenroth, *Von der Eile, die krank macht, und der Zeit, die heilt*. Herder Verlag, Freiburg i.Br. 2004.

122 Siehe dazu den Artikel von Otto F. Best, *Wer immer strebend sich bemüht. Eine Betrachtung über den ›unvergnügten‹, sehnsüchtigen und gelangweilten Faust*. In: *Frankfurter Rundschau*, 21.10.1995.

123 Zu Christopher Marlowes Faust-Drama vgl. S. 66 ff. in diesem Band.

124 Dietrich Bonhoeffer, *Widerstand und Ergebung. Briefe und Aufzeichnungen aus der Haft*. Hg. von Eberhard Bethge. Kaiser Verlag, München 1951, S. 156 f.

125 Ebd.

126 Nikolaus Lenau, *Faust*. Reclam Verlag, Stuttgart 1971, S. 10.

127 Friedrich Schiller, *Das verschleierte Bild zu Sais*. In: *Sämtliche Werke*, Bd. I. Hg. von Gerhard Fricke und Herbert G. Göpfert. Carl Hanser Verlag, München 1980, S. 226.

128 Goethe an Eckermann, 2.5.1831, zitiert in: Albrecht Schöne, *Faust, Kommentare*, a.a.O., S. 704.

129 Albrecht Schöne, *Solch ein Gewimmel möcht ich sehn, auf freyem Grund mit freyem Volke stehn*. In: Albrecht Schöne, *Vom Betreten des Rasens. 17 Reden über Literatur*. C. H. Beck Verlag, München 2005, S. 164 f.

130 Ebd., S. 176.

131 Ebd.

132 Ebd., S. 173.

133 Ekkehart Krippendorff, *Wie die Großen mit den Menschen spielen*, a.a.O.

134 Leo Kreutzer, *Phantasie des Lokalen. Globalisierungsdiskurs in der Goethe-Zeit – Afrikaner befragen deutsche Literatur nach alternativen Entwicklungsoptionen*. In: *epd-Entwicklungspolitik* 22/1997.

135 Aristoteles, *Politik, Buch I, Über die Hausverwaltung und die Herrschaft des Herren über Sklaven*. Übersetzt und erläutert von Eckart Schütrumpf. Aristoteles, Werke, Bd. IX. Wissenschaftliche Buchgesellschaft, Darmstadt 1991, S. 13.

136 Wilhelm von Humboldt, *Ideen zu einem Versuch, die Gränzen der Wirksamkeit des Staats zu bestimmen*. In: *Werke in fünf Bänden*. Bd. I: *Schriften zur Anthropologie und Geschichte*. Wissenschaftliche Buchgesellschaft, Darmstadt 1960, S. 64.

137 Karl Marx, *Das Kapital*, Bd. 1, *MEW*, Bd. 23, a.a.O., S. 210 f.

138 Friedrich Schiller, *Über die ästhetische Erziehung des Menschen in einer Reihe von Briefen*. In: *Sämtliche Werke*, Bd. 5. Carl Hanser Verlag, München 1975, S. 618.

139 *Meyers Großes Taschenlexikon in 24 Bänden*. Bd. 22. Bibliographisches Institut und F. A. Brockhaus, Mannheim 1998, S. 259.

140 Karl Marx, *Das Kapital*, Bd. 1, *MEW*, Bd. 23, a.a.O., S. 191.

141 Meinhard Miegel, *Der Arbeitsmarkt der Zukunft*. In: Wirtschaft und Wissenschaft, Februar 1/1998, S. 31.

142 Ebd. Siehe dazu auch Miegels aufschlußreiches Interview *Wir sind alt, müde und satt*. In: Spiegel, 29.8.2005, S. 64 ff.

143 Siehe dazu die überzeugende Studie der »Arbeitsgruppe Alternative Wirtschaftspolitik«: Heinz-Josef Bontrup, *Arbeit, Kapital und Staat. Plädoyer für eine demokratische Wirtschaft*. Papyrossa Verlag, Köln 2005. Auszug daraus von Heinz-J. Bontrup in: *Frankfurter Rundschau*, 27.10.2005, S. 7.

144 Kommission für Zukunftsfragen der Freistaaten Bayern und Sachsen, *Erwerbstätigkeit und Arbeitslosigkeit in Deutschland: Entwicklung, Ursachen und Maßnahmen*. Teil III: *Maßnahmen zur Verbesserung der Beschäftigungslage*. Bonn 1997, S. 43.

145 Siehe dazu die Arbeit von Tatjana Freytag: *Spätkapitalismus oder unternehmerische Bürgergesellschaft? Zur Ideologie des Unternehmerischen* (unveröffentliches Manuskript). Dieser Arbeit verdanke ich in diesem Zusammenhang mannigfache Anregungen und wichtige Hinweise.

146 Ulrich Beck, *Schöne neue Arbeitswelt: Vision – Weltbürgergesellschaft*. Campus Verlag, Frankfurt/Main, New York 1999, S. 153.

147 Karl Marx, *Das Kapital*, Bd. 1, *MEW*, Bd. 23, a.a.O., S. 191.

148 Die letzte Auflage, die neunte, ist 1997 erschienen: Joseph Schumpeter, *Theorie der wirtschaftlichen Entwicklung.* Berlin 1997. Das Werk ist immer wieder aufgelegt und verändert worden, aber der Grundriß ist seit 1911 geblieben.
149 Ebd., S. 116.
150 Ebd., S. 119 f.
151 Ebd., S. 116.
152 Tatjana Freytag, a.a.O., S. 73.
153 Meinhard Miegel, *Der Arbeitsmarkt der Zukunft,* a.a.O., S. 26.
154 Frank Wiebe, *Von Kant lernen.* In: *Handelsblatt,* 9.5.2005.
155 Vgl. Hans-Olaf Henkel, *Die Ethik des Erfolgs,* a.a.O.
156 Auszüge aus einer Ansprache im Hannoverschen Kanapee anläßlich Goethes 255. Geburtstag am 28. August 2004. Gemeinsame Veranstaltung von Goethe-Gesellschaft und Kanapee.

Inhalt

Vorwort 5

Schicksal und Charakter. Eine »philosophische Tragödie« .. 17

»Faust II« versiegelt als »inneres Märchen« 24

Ein lebenslanges inneres Märchen – am Ende versiegelt ... 31

Vom Glück und Unglück des »Prothesengottes«.
Aktuelle Überlegungen 2005 35

Die für dramatische Zwecke auseinandergelegte Einheit:
Faust und Mephisto 50

»Meere des Irrtums« und »Inseln der Wahrheit«.
Der englische und der deutsche Faust 66

Exkurs I:
Die Aufdringlichkeit der Sinne. Vom machtgeschützten
Verlust der gesellschaftlichen Sehkraft 78

Zur politischen Dialektik von Achtung, Nähe und Distanz .. 84

Goethes Weimar – Himmlers Buchenwald 102

Wetten und Verträge 125

Störungen im Verhältnis von Innen und Außen 151

Exkurs 2:
Kältestrom 158

Zeiten der Schatzgräber und der Zaubermeister 170

»Es wird ein Mensch gemacht!« 182

Fausts »ursprüngliche Akkumulation« 200

Jedermanns Rechenbuch – das fehlende Gericht 217

Der Tod und die Utopie 228

Der Unternehmer-Mensch – Über Zumutbarkeit und
    Verantwortung 256

Epilog:
    Mein Goethe. Episode aus einer beschwerlichen
    Schulkarriere 283

Anmerkungen 293